ESCRAVIDÃO E ETNIAS AFRICANAS NAS AMÉRICAS

Coleção África e os Africanos

Coordenadores:
Álvaro Pereira do Nascimento – Universidade Federal Rural do Rio de Janeiro (UFRRJ)
José Costa D'Assunção Barros – Universidade Federal Rural do Rio de Janeiro (UFRRJ)
José Jorge Siqueira – Universidade Federal do Maranhão (UFMA)

Conselho consultivo:
Alexsander Gebara – Universidade Federal Fluminense (UFF)
Kabengele Munanga – Universidade de São Paulo (USP)
Mariza Soares – Universidade Federal Fluminense (UFF)
Mônica Lima – Universidade Federal do Rio de Janeiro (UFRJ)
Nei Lopes – Universidade Federal Rural do Rio de Janeiro (UFRRJ)
Robert Wayne Slenes – Universidade Estadual de Campinas (Unicamp)
Selma Pantoja – Universidade de Brasília (UnB)

Dados Internacionais de Catalogação na Publicação (CIP)
(Câmara Brasileira do Livro, SP, Brasil)

Hall, Gwendolyn Midlo
  Escravidão e etnias africanas nas Américas : restaurando os elos / Gwendolyn Midlo Hall ; tradução de Fábio Ribeiro ; revisão da tradução de Alexandre dos Santos. – Petrópolis, RJ : Vozes, 2017. – (Coleção África e os Africanos)

  Título original em inglês: Slavery and African ethnicities in the Americas: restoring the Links.
  Bibliografia.

  2ª reimpressão, 2024.

  ISBN 978-85-326-5350-5

  1. Africanos – América – Identidade étnica 2. Escravidão – América – História 3. Escravos – América – História I. Santos, Alexandre dos. II. Título. III. Série.

16-08258   CDD-305.896

Índices para catálogo sistemático:
1. Africanos : Américas : Étnicas : Sociologia 305.896

ESCRAVIDÃO E ETNIAS AFRICANAS NAS AMÉRICAS

Restaurando os elos

GWENDOLYN MIDLO HALL

Tradução de Fábio Ribeiro
Revisão da tradução de Alexandre dos Santos – Jornalista e professor de Relações Internacionais da PUC-Rio

Petrópolis

© 2005, The University of North Carolina Press

Publicação em língua portuguesa de acordo com a University of North Carolina
Press, Chapel Hill, North Carolina, 27514 USA
www.uncpress.unc.edu

Tradução do original em inglês intitulado *Slavery and African Ethnicities in the
Americas: Restoring the Links,* by Gwendolyn Midlo Hall

Direitos de publicação em língua portuguesa – Brasil:
2017, Editora Vozes Ltda.
Rua Frei Luís, 100
25689-900 Petrópolis, RJ
www.vozes.com.br
Brasil

Todos os direitos reservados. Nenhuma parte desta obra poderá ser reproduzida
ou transmitida por qualquer forma e/ou quaisquer meios (eletrônico ou mecânico,
incluindo fotocópia e gravação) ou arquivada em qualquer sistema ou
banco de dados sem permissão escrita da editora.

CONSELHO EDITORIAL

Diretor
Volney J. Berkenbrock

Editores
Aline dos Santos Carneiro
Edrian Josué Pasini
Marilac Loraine Oleniki
Welder Lancieri Marchini

Conselheiros
Elói Dionísio Piva
Francisco Morás
Gilberto Gonçalves Garcia
Ludovico Garmus
Teobaldo Heidemann

Secretário executivo
Leonardo A.R.T. dos Santos

Editoração: Fernando Sergio Olivetti da Rocha
Diagramação: Sheilandre Desenv. Gráfico
Revisão gráfica: Nilton Braz da Rocha / Nivaldo S. Menezes
Capa: Renan Rivero
Ilustração de capa: © trubavin | Shutterstock

ISBN 978-85-326-5350-5 (Brasil)
ISBN 978-0-8078-5862-2 (Estados Unidos)

Este livro foi composto e impresso pela Editora Vozes Ltda.

Para minha filha, Rebecca L. Hall, e minha neta, Sajia I. Hall, as próximas duas gerações de historiadoras entre meus descendentes.

Sumário

Apresentação da coleção, 9

Prefácio – Verdade e reconciliação, 13

Agradecimentos, 21

1 Ouro, Deus, raça e escravos, 27

2 Tornando visíveis os africanos invisíveis: costas, portos, regiões e etnias, 61

3 A aglomeração de etnias africanas nas Américas, 113

4 Grande Senegâmbia/Alta Guiné, 151

5 Baixa Guiné: Costa do Marfim, Costa do Ouro, Costa dos Escravos/Golfo do Benim, 185

6 Baixa Guiné: O Golfo de Biafra, 223

7 As terras bantas: África Centro-ocidental e Moçambique, 251

Conclusão – As implicações para a formação cultural nas Américas, 283

Apêndice – Preços de escravos por etnia e gênero na Louisiana, 1719-1820, 295

Referências, 305

Índice de ilustrações, figuras, mapas e tabelas, 329

Índice analítico, 333

APRESENTAÇÃO DA COLEÇÃO

A *Coleção África e os Africanos*, à qual este volume está integrado, propõe-se a enfrentar o desafio de trazer ao mercado editorial brasileiro uma produção atualizada sobre a temática, sem excluir os clássicos, visando atender aos interesses tanto de especialistas sobre o tema como de um público mais geral que tem se mostrado ávido por conhecer esse continente e estes povos que tão intensamente fazem parte da nossa história e da própria constituição de nossa população e cultura. A coleção propõe-se a abordar temas diversos, os quais podem abarcar tanto a África propriamente dita como questões ligadas à afrodescendência nas Américas. De igual maneira, os títulos inscrevem-se ou interagem com um universo bastante amplo de campos de saber, como a História, Geografia, Antropologia, Sociologia, Filosofia, Educação, entre outros.

Os livros que aqui se apresentam, e cujas publicações estão previstas para os próximos anos, foram sugeridos por especialistas das diversas áreas acima citadas, e em especial aqueles ligados aos Estudos Africanos. Uma das motivações principais da série é a valorização, nos últimos anos, da história e da cultura africana em todos os níveis de ensino, a qual tem produzido uma demanda crescente por obras de qualidade sobre este campo temático. Assim, para dar um exemplo, no âmbito dos estudos de graduação em História já é obrigatória em todos os cursos de graduação do país a disciplina "História da África", no âmbito da qual se estuda a História da África e dos povos africanos da

Antiguidade à Contemporaneidade. De igual maneira, a História da África imbrica-se à História do Brasil em diversos momentos de nossa história, desde a diáspora africana estabelecida no período colonial até à atualidade, quando os países africanos se afirmaram como alguns dos parceiros mais importantes do Brasil no cenário global. Desse modo, não apenas os professores e alunos de História da África, mas também os de História do Brasil, além de outras áreas como a História Moderna e Contemporânea, necessitam de uma produção bibliográfica atualizada, e também das obras já clássicas, para o encaminhamento de seus estudos.

Também o curso de graduação em Antropologia inclui em seu currículo disciplinas relacionadas à Etnografia e Etnologia, apresentando-se com ênfase especial as disciplinas ligadas à Etnologia Africana, as quais fazem parte da matriz curricular de muitos cursos de graduação em Antropologia. Tais disciplinas enfatizam as organizações sociais do continente africano e suas cosmologias, além da dinâmica cultural das sociedades africanas e problemas oriundos da colonização, de resto uma preocupação também presente na Sociologia e na Geografia. Para esta última, aliás, estudar o continente africano é imprescindível para uma compreensão adequada dos problemas globais. Vale lembrar ainda que também os cursos de Filosofia têm se empenhado em incluir em suas grades aberturas para outros universos filosóficos para além da tradicional matriz do pensamento ocidental, tais como a filosofia oriental e a filosofia africana, sendo que esta última também será foco de interesse de nossa coleção. Diante de um vasto quadro de demandas nos diversos cursos de ciências humanas e sociais, dos quais apenas citamos alguns exemplos aos quais poderiam ser acrescentados muitos outros, um interesse importante da coleção é o de municiar com conhecimento atualizado os professores e alunos de graduação, para que estes possam desempenhar futuramente a função de atuarem na área de estudos africanos não apenas no Ensino Superior, mas também nos ensinos Fundamental e Médio.

10

Com relação a este último aspecto, cabe lembrar a Lei 10.639/03 (alterada pela Lei 11.645/08), a qual torna obrigatório o ensino da história e cultura afro-brasileira e africana em todas as escolas, públicas e particulares, do Ensino Fundamental até o Ensino Médio. Em vista disso, professores que ocuparam as funções de lecionar aspectos relativos à África – nestes dois níveis – precisam cada vez mais de bibliografia especializada. Ao lado disso, tem crescido o interesse do público brasileiro em geral pela África, pela cultura africana e pela cultura afro-brasileira, sem contar que os movimentos sociais também produzem as suas demandas sobre o tema.

Em vista do que foi colocado, a *Coleção África e os Africanos* procura oferecer com os seus diversos livros uma produção de qualidade tanto para os pesquisadores especializados como para os professores de todos os níveis de ensino, e tanto para as demandas dos movimentos sociais como para o público mais amplo. É um desafio assumido pela Editora Vozes a busca de títulos que atendam a essas diversas demandas e a atualização da coleção com novos títulos que serão publicados, a partir daqui, nos próximos anos.

José D'Assunção Barros
Álvaro Nascimento
José Jorge Siqueira
Coordenadores da coleção

PREFÁCIO
Verdade e reconciliação

> *Este tráfico negreiro e a escravidão*
> *espalharam mais miséria humana,*
> *inculcaram maior desrespeito e negligência*
> *da humanidade, maior insensibilidade ao*
> *sofrimento, e mais ódio humano mesquinho*
> *e cruel do que é possível calcular. Podemos*
> *justificá-los e mitigá-los, e escrever a história*
> *de modo que os homens os esqueçam;*
> *eles permanecem como a mancha mais*
> *imperdoável e desprezível na história humana*
> *moderna.*
>
> DU BOIS, W.E.B. *The Negro* (1915).

Os americanos em todo o hemisfério ocidental têm uma grande dívida com a África que raramente é reconhecida. Nossas culturas nacionais e regionais surgiram do processo de crioulização: a fertilização cruzada dos aspectos mais adaptáveis do conhecimento e das tradições dos diversos povos que aqui se encontraram e se misturaram. Por todas as Américas, os africanos e seus descendentes tiveram um papel fundamental nesse processo. Grande parte da riqueza das principais nações da Europa e da América foi construída com o trabalho e o sofrimento de muitos milhões de africanos. No entanto, a África ainda é o Continente Negro. Seus povos são em grande parte invisíveis como seres humanos concretos. Quase invariavelmente, referimo-nos a seus descendentes nas Américas como negros e/ou escravos ou ex-escravos ou, no máximo, como africanos genéricos. Este livro busca ir além desses conceitos abstratos e tornar mais visíveis esses africanos que desempenharam um papel crucial na formação das culturas por todas as Américas. Ele dá apenas alguns passos nessa tarefa vasta e complexa.

O tráfico atlântico de escravos da África Subsaariana começou em 1444, mais de meio século antes de Colombo "descobrir" as Américas. Essas primeiras viagens portuguesas pela costa atlântica da África Ocidental foram motivadas, acima de tudo, pela busca do ouro. O tráfico atlântico de escravos começou quase incidentalmente quando africanos livres foram atacados, sequestrados, colocados num navio português, arrastados para Portugal em correntes e vendidos. O valor dos africanos escravizados rapidamente aumentou, e o mercado para eles cresceu.

Depois da conquista e colonização das Américas, a demanda por africanos escravizados intensificou-se, e o tráfico transatlântico de escravos aumentou progressivamente. Ele trouxe muitos milhões de africanos para as Américas. Apesar dos números de africanos que chegaram ao hemisfério ocidental terem sido fortemente debatidos entre acadêmicos há muitos anos, não podemos apresentar mais do que um número mínimo. W.E.B. Du Bois estimou que cerca de 100 milhões de africanos perderam suas vidas como resultado do tráfico marítimo de escravos. Ele pressupôs que 15 milhões de africanos chegaram às costas americanas e deixaram cinco corpos para trás na África ou no mar para cada africano que chegou vivo; e que quase a mesma quantidade de africanos morreu durante o tráfico de escravos transaariano e no Oceano Índico[1]. Esse tráfico de seres humanos começou séculos antes do tráfico atlântico de escravos, continuou muito depois deste terminar, e ainda existe no Sudão e na Mauritânia. Antes do século XX, a população mundial era muito menor do que é hoje, o que torna essas perdas ainda mais assombrosas. Os estimados 100 milhões de mortos eram uma parte importante da população produtiva da África[2].

---

1. DU BOIS. *The Negro*, p. 155-156. • HARRIS, J.E. *Global Dimensions of the African Diaspora*.

2. Para um estudo recente da demografia dos tráficos de escravos na África, cf. MANNING. *Slavery and African Life*.

Durante a primeira metade do século XIX, quase 400 anos depois de começar, o tráfico atlântico de escravos foi gradualmente ilegalizado. Os esforços para suprimi-lo desenvolveram-se lentamente com o passar do tempo, e com sucesso limitado. O tráfico ilegal de escravos continuou a passo acelerado[3]. Para evitar o custo e o trabalho de devolvê-los à África, muitos africanos tomados de navios capturados a caminho de Cuba pelas patrulhas britânicas para combater o tráfico de escravos foram levados a Cuba e mantidos lá sob o eufemismo de *emancipados*[4]. Navios ianques e navios de outras nações sob bandeiras ianques operavam livremente, protegidos pelo governo americano de serem vasculhados e capturados até Abraham Lincoln os suprimir durante a guerra civil dos Estados Unidos. Mesmo depois do tráfico atlântico de escravos realmente terminar (em 1850 no Brasil, em 1866 em Cuba), os chamados trabalhadores contratados continuaram a ser capturados e exportados de várias regiões da África, para ilhas em suas costas, e também para o Caribe. Chamar esses trabalhadores de "contratados" certamente não era correto. Eles não concordaram nem assinaram voluntariamente contratos, e não podiam fazê-lo. Eles eram pessoas livres capturadas em guerras ou sequestradas para serem vendidas no exterior[5]. A supressão do tráfico de escravos e da escravidão dentro da África tornou-se um pretexto para a penetração e colonização do continente pelas principais potências europeias. A Conferência de Berlim de 1885, que partilhou a África para criar colônias para as principais potências europeias, passou uma declaração contra o tráfico de escravos[6]. O "Estado Livre do Congo" do Rei Leopoldo

---

3. Para um bom resumo, cf. DAGET. "Abolition of the Slave Trade".

4. HALL. *Social Control in Slave Plantation Societies*, p. 131-135, 150. • Em espanhol no original [N.T.].

5. SUNDIATA. *From Slavery to Neoslavery*. Para um bom resumo sobre os trabalhadores contratados, cf. LOVEJOY. *Transformations in Slavery*, p. 151-152.

6. Sobre a Conferência de Berlim de 1885, cf. "Timeline of Slavery". In: FINKELMAN & MILLER (eds.). *Macmillan Encyclopedia of World Slavery*. Vol. 2, p. 981.

da Bélgica foi criado sob a bandeira ideológica da luta contra os traficantes de escravos. A população das florestas tropicais dessa e de outras áreas produtoras de borracha da África diminuiu pela metade em uma década por causa do terror que forçou os africanos a trabalhos brutais em troca de salários de fome. Os trabalhadores eram chicoteados para forçá-los a trabalhar além de suas capacidades. Suas esposas e filhos eram sequestrados e presos para forçar os homens a cumprir sua cota de borracha. Governantes e investidores europeus fizeram fortunas enormes. Depois da revolta dos herreros[7] na África Sudoeste Alemã (atual Namíbia), seus governantes alemães executaram uma política de genocídio deliberada e anunciada publicamente contra esse povo. Nas colônias europeias na África, terras comunitárias foram privatizadas, taxadas e tomadas. Taxas por cabeça em dinheiro foram impostas para forçar os africanos a trabalhar para os europeus[8]. Números cada vez maiores de escravos dentro da África produziram mercadorias "legítimas" exportadas para a Europa e as Américas. Portanto, o tráfico atlântico de escravos durou mais de 400 anos, e a escravidão e o trabalho forçado na África intensificaram-se quando o tráfico atlântico de escravos terminou[9].

Nós não podemos ignorar, desprezar nem racionalizar os quatro séculos terríveis do tráfico atlântico de escravos, o número assombroso de suas vítimas em ambos os lados do Atlântico e no mar, e a riqueza fabulosa que ele criou na Europa, no Brasil, nos Estados Unidos, no Caribe e na América Espanhola. Ele abriu o caminho para a colonização europeia da África, que às vezes se mostrou ainda mais destruidora de vidas humanas que o próprio

---

7. Hereró, herero, ovaherero, ochiherero, tjiherero, dama, damara, dimba [N.R.].
• A tradução de nomes étnicos e geográficos africanos para o português seguiu, em linhas gerais, o modelo proposto por Alberto da Costa e Silva em *A enxada e a lança* (Rio de Janeiro: Nova Fronteira, 2006) e *A manilha e o libambo* (Rio de Janeiro: Nova Fronteira, 2002). Também foi utilizado o livro *Devotos da cor*, de Mariza de Carvalho Soares (Rio de Janeiro: Civilização Brasileira, 2000) [N.T.].
8. HOCHSCHILD. *King Leopold's Ghost*, esp. p. 281-282. • SUNDIATA. *Black Scandal*.
9. LOVEJOY. *Transformations in Slavery*, p. 141.

tráfico atlântico de escravos. Esta história é muito mais do que um peso do passado. Ela transformou-se no presente em formas novas. Suas vítimas não podem ser culpadas nem ignoradas.

Na África do Sul, Nelson Mandela proclamou e praticou o princípio da verdade e reconciliação. Não pode haver reconciliação sem a verdade. A história é uma história contada por historiadores. Apesar de ela basear-se parcialmente em fatos, ela não é nem fato nem ficção. Um bom historiador é um detetive que faz perguntas importantes, busca coleções de documentos e outras evidências, seleciona o que ele ou ela considera importante, e sujeita essa seleção a avaliação e interpretação cautelosa. Todo esse processo é um juízo de valor onde racionalizações e negações assomam a cada passo. Não importa o quão sofisticada e abstrata seja a metodologia – a história é contar uma história que é mais ou menos verdadeira. Algumas dessas histórias conformam-se a modismos de vida curta. O maior desafio para os historiadores é buscar e aproximar-se o máximo possível da verdade, evitando racionalizações e negações que servem para disfarçar o comportamento de nações particulares para exibi-lo sob uma luz benigna. Os historiadores precisam comunicar suas descobertas para a maior audiência possível, de modo a ajudar a transcender identidades nacionais estreitas. Enfrentar esse desafio exige coragem, um senso de justiça e o nível mais alto de competência, habilidade e trabalho duro.

Este livro desafia a crença ainda predominante entre acadêmicos e também entre o público geral de que os africanos eram tão fragmentados quando chegaram ao hemisfério ocidental, que as regiões e etnias africanas específicas tiveram pouca influência em regiões particulares nas Américas. Na maior parte dos lugares, o padrão de introdução de africanos não fundamenta essa crença. O impacto de regiões e etnias africanas específicas em lugares particulares nas Américas emerge deste estudo. Grupos específicos de africanos deram contribuições fundamentais para a formação de novas culturas que desenvolveram-se por todas as Américas. Esse processo é chamado de crioulização. Todos os diversos povos que se encontraram e se misturaram nas Américas deram contribuições fundamentais para sua economia, cultura, estética, linguagem e habilidades de sobrevivência. Os africanos e seus descendentes receberam muito pouco reconhecimento por suas contribuições e sacrifícios, e muito pouco dos benefícios. É hora de tornar visíveis os africanos invisíveis.

Espero que o leitor ou a leitora não se incomode se eu explicar minhas experiências com essa tarefa muito desafiadora. Em 1984, eu entrei no tribunal da Paróquia Pointe Coupée, em New Roads, Louisiana, para pesquisá-lo para meu livro *Os africanos na Louisiana colonial*. O funcionário do tribunal me perguntou o que eu procurava. Eu disse a ele que estava estudando escravos e escravidão, e pedi para ver documentos datados do século XVIII. Ele me informou, muito educadamente, que não existiram escravos em Pointe Coupée durante o século XVIII. Para provar o que dizia, e com muita confiança, ele pegou uma cópia de um censo datado da metade do século XVIII. Nós o examinamos juntos, e ele ficou chocado ao descobrir que a população listada no censo, em sua grande maioria, era escravizada. Depois de estudar vários tipos de documentos armazenados nesse tribunal, eu percebi que eles eram extraordinários. Eles descreviam os escravos em muitos detalhes, e, o mais surpreendente, incluíam muitas informações sobre suas etnias africanas. Pesquisas posteriores indicaram que essas designações étnicas nos documentos da Louisiana eram, muito provavelmente, autoidentificações ou, mais raramente, identificações de outros africanos.

A informação contida nesses documentos era tão densa e complexa que eu criei um banco de dados para registrá-la e analisá-la. Uma década depois, e alguns anos depois da publicação de meu livro *Os africanos na Louisiana colonial*, eu retornei ao tribunal de Pointe Coupée com dois outros pesquisadores, trabalhando sob um contrato da Bolsa Nacional para as Humanidades para estender os bancos de dados para todos os documentos descre-

18

vendo escravos em toda a Louisiana até 1820. Disseram-nos que os documentos de Pointe Coupée não podiam mais ser consultados porque a maioria deles fora queimada por um incêndio criminoso direcionado aos documentos coloniais. Felizmente, os mórmons microfilmaram os documentos antes de eles serem incendiados. A Bolsa da Louisiana para as Humanidades, com apoio da Bolsa Nacional para as Humanidades, agora restaurou o volume mais valioso.

Este livro foi inspirado por conversas com plateias de todos os Estados Unidos, além do Canadá, Cuba, Jamaica, Martinica, Costa Rica, França, Espanha, Burquina Faso, Marrocos e Senegal. Estranhamente, as primeiras palestras públicas que eu dei foram em francês na África francófona. Essa experiência me deu confiança de poder palestrar também em inglês e espanhol.

Este livro é ambicioso, mas curto. Como seu título implica, ele busca modos de restaurar os elos entre os africanos por todas as Américas com os africanos na África. Isso não é simples. Ele discute 400 anos do tráfico atlântico de escravos. A pesquisa para este livro exigiu conhecimento de mudanças entre povos e condições variáveis em grandes regiões da África e das Américas, além de padrões variáveis do tráfico transatlântico de escravos e do transbordo de escravos nas Américas. Sua metodologia é comparativa. O trabalho dos historiadores é, com frequência, muito especializado. Suas informações e compreensão sobre sua especialidade, um período e local particulares, é obviamente superior. Mas, às vezes, quando eles tentam ser globais, tendem a generalizar através de projeções daquilo que sabem sobre suas áreas de especialização para outras épocas e lugares. Essa metodologia é defeituosa. Nada no domínio da escravidão ficou parado. Os padrões mudaram com o tempo e os lugares tanto na África quanto nas Américas.

Não está claro para mim por que alguns acadêmicos da diáspora africana ficam tão enamorados de teorias de fronteiras e formação de identidades a ponto de aplicá-las a todos os africanos negros, e utilizam essas teorias para negar a existência de grupos conscientes de sua identidade entre quaisquer africanos em ambos os lados do Atlântico. As nações modernas atuais não existiam na África Subsaariana durante o tráfico atlântico de escravos, mas elas também não existiam na Europa nem nas Américas. É apenas para africanos que etnônimos e nomes de tipos complexos, variados, obscuros e mutantes são invocados para evitar seu estudo como grupos humanos concretos. Nem europeus nem americanos nativos são amontoados como abstrações e tornados invisíveis. Os significados dos nomes étnicos africanos mudaram com o tempo e o espaço. Para compreender os significados dessas designações registradas em documentos, precisamos cruzar o Atlântico e compará-los em regiões na África e na América ao longo do tempo. Quando essas etnias tiverem sido identificadas com uma confiança razoável para um local e período particulares, precisamos estudar as condições existentes quando elas chegaram a seus destinos finais e como elas interagiram com outros povos: vermelhos, negros, marrons, brancos e de sangue misto. Essa tarefa difícil e complexa, mas fascinante, acabou de começar.

Agradecimentos

Minha vida e carreira de historiadora são perturbadas por uma combinação de uma grande fé no impacto social da história, uma confiança crescente no concreto e desconfiança do abstrato, uma falta de deferência com modismos passageiros na metodologia e na interpretação, uma autoconfiança em minha habilidade de realizar trabalhos originais e importantes, e o desejo de comunicar minhas descobertas ao vasto mundo além da academia profissional. Quando eu era jovem, as mulheres não eram levadas a sério como historiadoras. A história da escravidão permaneceu um bastião masculino guardado zelosamente por muito mais tempo que outras especialidades na história. Quanto mais eu aprendi e amadureci, mais confiante fiquei de que meu trabalho era pelo menos tão bom quanto o de qualquer outro. Minhas atitudes não conformistas, além das dificuldades de viajar para encontros profissionais devido a responsabilidades familiares pesadas que não pude compartilhar, mantiveram-me isolada.

Pesquisar e escrever este livro, e falar sobre ele em vários estágios de seu desenvolvimento foram experiências muito recompensadoras. Ele começou como um aspecto de um projeto de pesquisa e redação sob contrato com a Bolsa Nacional para as Humanidades envolvendo uma colaboração entre Patrick Manning como um africanista, e eu como uma latino-americanista. Os bancos de dados sobre escravos da Louisiana que eu criara para meu livro *Os africanos na Louisiana colonial* foram estendidos sob esse contrato e ganharam vida própria. Eu fiquei particularmente surpresa pelo grande interesse que meus bancos de dados inspiraram. Foram publicados em CDs pela primeira vez em 2000. Eles foram discutidos de forma muito perceptiva e detalhada com ilustrações importantes no artigo de David Firestone, "Escravos anônimos da Louisiana recuperam sua identidade", publicado na primeira página da edição de domingo do *New York Times* em 30 de julho de 2000. (O artigo está disponível em <http://www.nytimes.com/library/national/073000la-slaves. html>.) Depois de grande cobertura da mídia, meus bancos de dados foram transferidos para páginas da internet com motores de busca. Os escravos da Louisiana, outrora invisíveis, estão agora no ciberespaço. Os dados sobre eles podem ser obtidos de graça em vários pacotes de software (cf. as listas dos bancos de dados nas referências). Pessoas de todo o mundo agora estão conhecendo esses escravos da Louisiana, outrora anônimos.

Este livro é o resultado dos últimos vinte anos de criação de bancos de dados, estudo e armazenamento de documentos em três línguas, uso de bancos de dados criados por outros historiadores, estudo de livros e artigos publicados em quatro línguas, muitas perguntas feitas por e-mail para acadêmicos que moram e trabalham em vários continentes, participação e apresentação de artigos em algumas conferências e seminários, e obtenção de opiniões sobre meus rascunhos de leitores peritos, principalmente especialistas em história africana. Ele foi inspirado por conversas tanto com acadêmicos quanto plateias de comunidades em vários países. A maioria das pessoas de comunidades que assistiram minhas palestras não se intimidou com a novidade e complexidade das ideias apresentadas, nem com minha compreensão às vezes imperfeita de suas línguas.

Patrick Manning foi meu primeiro professor de História Africana. Mas nossos planos para um livro colaborativo não se materializaram. Ele passou a concentrar-se em seus projetos muito importantes de ensino e desenvolvimento de programas de história mundial. Eu tive que continuar a aprender sozinha o que pude sobre a história africana. Durante esse processo, entrei em contato com alguns dos melhores e mais generosos acadêmicos: Joseph E. Inikori, Robin Law, Paul E. Lovejoy e Joseph C. Miller. Eles dedicaram muito tempo e atenção para responder minhas muitas perguntas, ler partes ou todo o meu manuscrito e enviar comentários detalhados. Esses acadêmicos às vezes discordam entre si, ou comigo. Mas eu estou certa de que todos nós acreditamos na importância dos trabalhos uns dos outros. Paul Lovejoy me deu o único lar intelectual que já conheci. Seu entusiasmo e energia não têm limites. Como diretor do Centro de Recursos sobre a Diáspora Africana Harriet Tubman na Universidade York em Toronto, ele inspira o melhor da excitante comunidade internacional de acadêmicos e pós-graduandos que ele atraiu para lá. Eu tenho uma grande dívida com meus colegas com ligações com o Centro Tubman: Catherine Coquery-Vidrovitch, José Curto, David Eltis, Manolo Garcia Florentino, Rina Cáceres Gómez, Jane Landers, Carlos Liberato, Ugo Nwokeji, João José Reis, David Richardson, Mariza Soares, Renée Soulodre-LaFrance e David V. Trotman. Seus belos escritos e publicações falam por si. Outros colegas leram partes do meu manuscrito em vários estágios e ofereceram comentários e ajuda muito úteis. Eles incluem Douglas B. Chambers, Michael A. Gomez, minha filha Rebecca L. Hall, Ibrahima Seck e Lorena Walsh. Minha dívida com colegas cubanos, minha velha amiga Fé Iglesias García e minha nova amiga Olga Portuando Zúñiga, é profunda.

Muitos outros colegas e amigos apreciaram meu trabalho e me deram grande ajuda e encorajamento. Eles incluem Joe Lewis Caldwell, Rafael Casimir, John e Donna Cummings, David Hackett Fischer, Sylvia Frey, Jerome S. Handler, John Holmes, Martin A. Klein, Virginia Gould, Kathe Hambrick, Linda Heywood, Maureen Hewitt, Lance Hill, Joyce Marie Jackson, Eileen Julien,

Mary Karesch, Joyce King, Paul LaChance, Hassimi Maiga, Steven H. Miles, Rhonda Miller, Steven Mintz, Andres Perez y Mena, Hyman Samuelson, Michael Sartisky, Charles Siler, Ibrahim K. Sundiata, Leon R. Tarver II, John K. Thornton, Timothy Tyson, Michael G. White e Mabel Robinson Williams. Lucy Dunderdale me ajudou a preparar as referências num prazo muito curto.

Minha irmã Razele Lehmann, recém-falecida, deu-me um apoio moral unicamente bondoso e sem limites. Sinto muita falta dela. Seu marido, René Lehmann, assumiu parte dessa tarefa. Meu filho Leo Yuseph continua tentando, apesar de sua doença devastadora. Agradeço especialmente a meu velho amigo Henry Austin, que ao longo dos anos me ajudou a localizar livros e carregá-los indo e vindo da Biblioteca Memorial Howard Tilton da Universidade Tulane e sua esplêndida Biblioteca Latino-americana. Ele mantém a lareira acesa durante minhas muitas ausências longas de Nova Orleans e cuida de mim da melhor forma possível sempre que eu volto. Por fim, mas de modo nenhum menos importante, está meu filho, o Dr. Haywood Hall, que tirou tempo de seus projetos exigentes ajudando a desenvolver a medicina de emergência internacional no México e na América Latina. Ele compartilhou comigo alguns dos triunfos de minha velhice.

Este livro cobre muitos assuntos. Grande parte dele é conhecimento bastante recente para mim. Eu tentei ser o mais precisa possível em minhas apresentações, discussões e interpretações da história africana. Mas eu sei que algumas vezes falhei. Espero que aqueles mais bem-informados do que eu corrigirão meus erros e que algumas das perguntas que levantei continuarão a ser discutidas dentro do método de comparações amplas no tempo e no espaço em ambos os lados do Atlântico. Inevitavelmente, o livro é altamente político. É por isso que desafiei algumas das ideias de acadêmicos eminentes cujo trabalho eu aprecio e respeito profundamente, e nos quais me embasei muito em outros contextos.

Esses acadêmicos incluem David Eltis, David Northrup, Richard Price e John K. Thornton, todos eles figuras dominantes nos estudos da diáspora africana. Espero que eles compreendam que minhas críticas a alguns de seus argumentos partem de minha crença profunda no poder da história de moldar as percepções de pessoas em todo o mundo e de criar e melhorar a consciência universal enquanto nosso mundo encolhe-se e conflitos étnicos e religiosos aumentam progressivamente.

Metodologicamente falando, o estudo da diáspora africana moderna deveria, em minha opinião, começar com a África. O continente africano – a pátria ancestral – precisa ser central para qualquer análise e compreensão bem-informada da dispersão de seus povos [...]. Pode-se afirmar que os acadêmicos não podem e não devem definir-se como especialistas na diáspora se sua área de especialização confinar-se a uma sociedade, ou, pior, a um pequeno canto dessa sociedade.

PALMER, C. *Defining and Studying the Modern African Diaspora* (1998).

1

Ouro, Deus, raça e escravos

A escravidão nas Américas foi justificada pela ideologia racista. Muitos acadêmicos, assim como o público em geral, acreditam que os africanos negros foram escravizados porque eles eram considerados inferiores pelos brancos. Mas a identificação da raça com a escravidão é, em grande parte, uma projeção no passado de crenças e ideologias que se intensificaram durante os quatro séculos do tráfico atlântico de escravos, da ocupação e colonização europeia direta da África durante o final do século XIX até a segunda metade do XX, e da exploração brutal do trabalho e dos recursos naturais da África desde então.

Antes do tráfico atlântico de escravos começar, o racismo que justificava a escravidão na Espanha e Portugal medievais era direcionado a pessoas de pele clara. Apesar de lá existirem alguns negros escravizados, a posição de escravo era identificada com brancos. A própria palavra "escravo" é derivada de "eslavo": brancos que eram capturados no Leste Europeu e enviados para a Espanha medieval em grande número. A ideologia racista baseava-se no determinismo climático, mas eram os eslavos aqueles considerados escravos naturais. Um acadêmico que viveu na Espanha durante o século XI escreveu:

> Todos os povos dessa categoria que não cultivaram as ciências são mais como animais do que homens [...]. Eles vivem muito longe dos países do sul [...] em

temperaturas glaciais com céus nublados [...]. Como resultado, o temperamento deles tornou-se indiferente, e seus humores são grosseiros; os estômagos deles cresceram, a pele empalideceu e o cabelo ficou comprido. A fineza da mente deles, a perspicácia da inteligência, é nula. A ignorância e a indolência os dominam. A ausência de juízo e a grosseria são gerais entre eles. Assim são os eslavos, os búlgaros e os povos vizinhos[1].

Na Espanha e Portugal medievais, pessoas de pele escura eram muitas vezes identificadas como conquistadoras e governantes, não como escravas. A conquista islâmica da Espanha começou em 711 sob liderança árabe. A conquista moura começou em 1085. Os mouros governaram a Península Ibérica por quase 400 anos antes de o tráfico atlântico de escravos começar. O comércio transaariano que liga a África Subsaariana ao mundo mediterrâneo é anterior ao nascimento do islã. Ouro puro autêntico chegava através do antigo comércio de caravanas de camelos através do deserto do Saara. A pureza e o peso confiável das moedas cunhadas na Espanha medieval estimularam o comércio por todo o mundo mediterrâneo. D.T. Niane escreveu:

No século X, o rei do Ghana* era, aos olhos de Ibn Hawķal, "o soberano mais rico da Terra [...] ele possui grande riqueza e reserva o ouro que foi extraído desde os tempos antigos para beneficiar antigos reis e sua família". No Sudão**, acumular ouro era uma tradição antiga, enquanto no Ghana o rei tinha um monopólio sobre as pepitas de ouro encontradas nas minas: "se

---

1. *Kitab tabakat al-uman*, p. 36-37. Exceto quando indicado, esta e todas as traduções do francês, espanhol e português são da autora.

* Optamos por grafar o antigo reino do Ghana (que ocupou partes do atual Senegal, Guiné, Mauritânia e Mali entre os séculos VIII e XIII) com "h", mesmo em português, para evitar confundi-lo com o atual país Gana (como em MAESTRI, Mário. História da África pré-Colonial. São Paulo: Mercado Aberto, 1998) [N.R.].

** O nome Sudão é utilizado para designar a faixa geográfica que se estende entre o sul do deserto do Saara e o norte das florestas tropicais e savanas que se estendem do Mali, na África ocidental, ao atual Sudão, na África oriental. Essa faixa "sudanesa" compreende trechos dos atuais Mali, Burquina Faso, Benim, Nigéria, Níger, Camarões, Chade, República Centro-Africana, Sudão e Sudão do Sul [N.R.].

pepitas de ouro são descobertas nas minas do país, o rei as reserva para si e deixa o pó de ouro para seus súditos. Se ele não fizesse isso, o ouro tornar-se-ia abundante demais e perderia valor [...]. Dizem que o rei possui uma pepita tão grande quanto uma pedra enorme". Entretanto, os sudaneses sempre mantiveram os árabes na ignorância mais completa sobre a localização das minas de ouro e como elas eram operadas.

Sal, prata, cobre e nozes de cola também eram usados como moedas de troca. Marfim, peles, ônix, couro e cereais eram itens de exportação importantes. Os escravos negros exportados eram, em sua maioria, escravas domésticas requisitadas pela aristocracia dos árabes berberes. Niane afirma que os números de escravos negros homens exportados no período medieval através do Saara para trabalhar no Egito e no Mediterrâneo foram exagerados[2].

Enquanto a Reconquista avançava, os reinos cristãos ibéricos buscaram evitar o comércio transaariano controlado pelos mouros, navegar pela costa oeste da África, e explorar diretamente os depósitos de ouro subsaarianos. Era o ouro, e não escravos, a principal preocupação dos governantes, comerciantes e exploradores portugueses que navegaram pela primeira vez na costa atlântica do oeste da África. Escravos negros, inicialmente um resultado secundário da busca do ouro, tornaram-se uma fonte de riqueza cada vez maior nos reinos cristãos ibéricos.

O vale do rio Senegal tinha laços econômicos, tecnológicos, culturais, religiosos e políticos profundos e duradouros com a Espanha e Portugal. Esses contatos começaram muito cedo. Comunidades comerciais judaicas no oeste da África Subsaariana

---

2. NIANE. "Relationships and Exchanges", p. 614-634 (citação p. 616-617). Para uma discussão esclarecedora dos limites do registro histórico disponível desse tráfico, cf. AUSTEN. "Trans-Saharan Slave Trade". • NIANE. "Mali and the Second Mandingo Expansion", p. 119-123. Para uma discussão que ignora o avanço inicial dos almorávidas no sul do Saara, e o impacto da liderança militar e política africana negra na Espanha moura – uma discussão enviesada do governo almorávida embasada fortemente em fontes cristãs –, cf. FLETCHER. *Moorish Spain*, p. 105-118.

manifestamente precederam o islã. Já nos séculos VIII e IX, crônicas árabes relatam fazendeiros judeus na região de Tendirma*, no rio Níger. Uma crônica portuguesa datada do início do século XVI fala de "judeus" muito ricos, mas oprimidos em Ualata[3] **.

Cultura Nok-Sokoto, Nigéria. "Cabeça de figura da corte", terracota, c. 300aC-200dC

Esta peça é uma das esculturas mais antigas encontradas no oeste da África Subsaariana (Museu de Arte de Nova Orleans. Presente da Sra. Françoise Billion Richardson, 95.357.)

---

* No atual Mali [N.R.].
3. NIANE. "Relationships and Exchanges", p. 620.
** Oualata ou Walata, na atual Mauritânia [N.R.].

Os almorávidas, um movimento religioso puritano, foram os primeiros conquistadores islâmicos na África Subsaariana. Estabelecidos por Ibn Yasin entre os berberes azenegues*, eles moveram-se para o sul através do deserto do Saara para controlar o comércio de ouro do Galam** e as minas de ouro de Bambuk*** e Buré**** no alto Rio Senegal. Uar-Jabe, rei de Tacrur, foi um dos primeiros convertidos. Ele e seu filho Labi aliaram-se aos almorávidas e começaram a atacar Godala, rei do Ghana, em 1056. Eles capturaram Koumbi Saleh, a capital do antigo reino do Ghana, em 1076. O reino de Tacrur controlava então o rio Senegal e sua bacia e monopolizava o famoso comércio de ouro do Galam. Os almorávidas, quase simultaneamente, moveram-se para o norte através do Saara, fundaram Marraquexe e lá estabeleceram sua capital em cerca de 1060. Na Espanha, Toledo caiu para os cristãos em 1085. As taifas islâmicas permitiram que os cristãos avançassem devido a intrigas e lutas entre elas. Elas chamaram os almorávidas para protegê-las. Os almorávidas derrotaram os cristãos, recuaram, e foram chamados novamente depois que as taifas mais uma vez fracassaram em impedir o avanço cristão. Dessa vez, os almorávidas permaneceram como governantes. Em 1090, eles haviam recuperado grande parte da Península Ibérica dos cristãos, pararam os pagamentos em ouro feitos aos reinos cristãos pelas taifas e criaram a primeira dinastia moura na Espanha. Essa dinastia fundiu o islã ocidental num Estado enorme que abrangia o vale do rio Senegal, a Mauritânia, o oeste do Sudão*****, o Marrocos e grande parte do que são hoje a Espanha e Portugal.

---

* Sanhaja, senhaja ou zenaga [N.R.].

** Região aurífera no que corresponde ao atual Senegal [N.R.].

*** Bambouk, Bambuhu. No alto rio Senegal (entre os atuais Senegal e Mali) [N.R.].

**** Ou Burê. Na atual Guiné [N.R.].

***** Mais uma vez o nome não se refere ao país Sudão, na África Oriental, mas à faixa geográfica que se estende entre o sul do deserto do Saara e o norte das florestas tropicais e savanas que se estendem do Mali, na África ocidental, ao atual Sudão, na África oriental [N.R.].

Assim, quatro séculos antes de o tráfico atlântico de escravos começar, africanos negros da região do Senegal eram bastante familiares na Península Ibérica. Muitos povos de pele escura apareciam no final do século XI não como escravos, mas como guerreiros, conquistadores, governantes, bardos e músicos. Em pinturas que retratam encontros e negociações entre cristãos e mouros durante a Reconquista espanhola, os generais, negociantes e governantes mouros eram muitas vezes retratados como negros[4]. Os almorávidas recrutavam mercenários negros como soldados. Em Sevilha, durante a primeira metade do século XII, funcionários tentaram fazer distinções entre os governantes almorávidas e suas tropas de mercenários negros exigindo que estes usassem máscaras (*abid*) diferentes daquelas usadas pelos governantes almorávidas (*litām*)[5].

O governo dos almorávidas na Espanha recebeu uma injustificada má reputação de dois historiadores do norte da Europa no século XIX: Philip K. Hitti e Reinhart Dozy[6]. Esses eminentes fundadores da história europeia do mundo islâmico não escaparam do racismo intenso e aberto de sua época. Eles às vezes aceitavam imediatamente fontes de objetividade questionável. Apologistas ressentidos dos reinos de taifas escreveram algumas de suas fontes. Outras fontes foram derivadas de apologistas da dinastia almóada*, que derrubou os almorávidas. Os almorávidas são discutidos raramente na história, e, quando o são, sua má reputação persiste. Ainda assim, eles foram bastante elogiados por seus contemporâneos e por historiadores espanhóis, alguns dos quais proclamaram orgulhosamente que a África começava nos Pireneus[7]. Alguns historiadores espanhóis enfatizaram a dívida

---

4. COSTA E SILVA. *A manilha e o libambo*, p. 133.

5. *Sevilla a comienzos del siglo XII*, § 56, p. 98-100.

6. Para as interpretações racistas deles, cf. HITTE. *History of the Arabs*, p. 540-545. • DOZY. *Spanish Islam*, p. 702, 721-723.

* Almôada ou almôade [N.R.].

7. Eu sempre serei grata à Dra. Concepción Muedra, uma refugiada catalã da Guerra Civil Espanhola vivendo no México, que me apresentou a parte dessa

não reconhecida que a Europa renascentista tem com a Espanha moura. Em 1899, Francisco Codera, citando uma crônica antiga em árabe, argumentou contra interpretações racistas do governo almorávida na Espanha. O cronista escreveu:

> Os almorávidas eram um povo rural, religioso e honesto [...]. O reino deles foi tranquilo, e não foi perturbado por nenhuma revolta, nem nas cidades nem no campo [...]. Seus dias foram felizes, prósperos e tranquilos, e durante sua época eram tantas mercadorias abundantes e baratas que, com meio ducado, podia-se comprar quatro cargas de farinha, e os outros cereais não eram nem comprados nem vendidos. Não havia nenhum tributo, imposto ou contribuição para o governo com exceção da taxa de caridade e o dízimo. A prosperidade cresceu constantemente; a população aumentou, e todos podiam cuidar livremente de suas coisas. O reino deles estava livre de engodos, fraudes e revoltas, e eles eram amados por todos.

Mesmo depois de sua derrubada, outros cronistas da Espanha islâmica elogiaram o governo dos almorávidas. Eles escreveram que o aprendizado era valorizado, a alfabetização espalhou-se, acadêmicos eram financiados, a pena capital foi abolida, e suas moedas de ouro eram tão puras e de peso tão confiável que garantiram a prosperidade e estimularam o comércio por todo o mundo mediterrâneo. Cristãos e judeus eram tolerados em seus domínios. Quando os cristãos revoltaram-se, eles não foram executados, apenas exilados para o Marrocos. Entretanto, os almorávidas foram criticados por serem influenciados excessivamente por suas mulheres[8].

Quando os mouros governaram o islã ocidental, uma grande variedade de mercadorias passou nessa região vasta com abun-

---

literatura fascinante quando estudei com ela em 1962-1963 na Universidade da Cidade do México (atual Universidade das Américas). Ela teria sido a primeira mulher a receber um doutorado em história na Espanha.

8. CODERA. *Decadencia y desaparición de los Almoravids en España*, p. 190-217. • HULAL AL MAWSIYYA. *Colección de crónicas árabes*, p. 95.

dância. Cavalos e gado, peles, produtos de couro, frutas secas, artesanato, ferramentas, espadas e outras armas, marfim, ônix, cereais, ouro, prata, cobre, pedras preciosas, tecidos, tapeçarias, cerâmica, sal e noz de cola eram amplamente comerciados. As moedas dos almorávidas eram cunhadas principalmente com ouro vindo de Galam no alto rio Senegal, que chegava através de rotas de caravanas de camelos estabelecidas há tempos no Saara. Não só o conhecimento, mas também a tecnologia movia-se pelo Saara em todas as direções[9]. Al-Ŝaqudī (m. 1231/1232) identificou dezenove instrumentos musicais, incluindo o violão, encontrados por todo o islã ocidental. Ele atribuiu a origem da maioria desses instrumentos à Espanha islâmica pré-moura. A precisão dessa atribuição não deve ser aceita imediatamente. O livro dele foi uma defesa e glorificação da Espanha pré-moura[10]. A música, obviamente, é a característica cultural de transporte mais fácil, pois ela utiliza uma linguagem não verbal universal. O estilo musical, os instrumentos musicais e os sistemas de transcrição musical viajavam livremente por todo o Saara. Parte da música europeia renascentista e pós-renascentista, incluindo a transcrição do tom e do ritmo, provavelmente foi transmitida da Espanha moura[11]. Alonso de Sandoval, um missionário jesuíta que trabalhou em Cartagena das Índias na primeira metade do século XVII, escreveu que os guinéus* ensinaram aos espanhóis e portugueses uma dança famosa chamada "Canarios"[12]. A transculturação da música e da dança por toda a Grande Senegâmbia, o noroeste da África, a Espanha, Portugal, e daí para as Américas, é uma ques-

---

9. NIANE. "Relationships and Exchanges", p. 618.

10. SHAKUNDI. *Elogio del Islam español*, p. 98.

11. Para as origens obscuras e envoltas em plágio do crédito da transcrição rítmica em partituras na Europa do início do Renascimento, cf. MAITLAND. *Grove's Dictionary of Music and Musicians*, vol. 2, p. 100-102.

* Neste caso específico, em referência às populações da região da Alta Guiné ou Grande Senegâmbia, compreendendo o litoral e boa parte do interior dos atuais Senegal, Gâmbia, Guiné, Guiné-Bissau e Serra Leoa [N.R.].

12. SANDOVAL. *Naturaleza*, p. 45.

Mapa 1.1 Dinastia almorávida, 1090-1146

Fonte: Adaptado a partir de mapas de O. Saidi e P. Ndiaye, em NIANE, D.T. (ed.). *Unesco História Geral da África* – Vol. 4: África do século XII ao XVI e OGOT, B.A. (ed.). Vol. 5: África do séc. XVI ao XVIII. São Paulo: Universidade Federal de São Carlos, 2010. (Todos os oito volumes da coleção podem ser baixados gratuitamente em: http://www.unesco.org/new/pt/brasilia/education/inclusive-education/general-history-ofafrica/) [N.R.].

tão em aberto. As origens e direções desse fluxo de música ainda precisam ser estudadas. O ritmo, o canto, a dança e os instrumentos musicais demonstram um cruzamento de culturas através do Saara em todas as direções. Esse antigo berço da música pode ajudar a explicar a atração universal do *jazz*, assim como da chamada *world music*.

As línguas ibéricas contêm um vocabulário substancial derivado de palavras árabes para o direito, administração, cargos públicos, termos e cargos militares e navais, arquitetura, irrigação, manufatura e outras tecnologias. A Espanha exportou princípios da Reconquista espanhola para as Américas. Durante seus estágios iniciais, o papa justificou o tráfico atlântico de escravos como uma extensão da Reconquista para a África Subsaariana e concedeu a Portugal um monopólio do comércio marítimo lá. As crenças, leis e práticas cristãs na Espanha e em Portugal foram profundamente influenciadas por conceitos islâmicos de direito internacional, dos direitos e privilégios do conquistador e do conquistado, da justificativa para a escravidão, da lei da escravidão, e das obrigações e direitos mútuos de senhores e escravos. Os conceitos de guerra justa e escravização legal, incluindo limitações ao direito de escravizar correligionários, vieram em grande parte do direito islâmico. As discussões sobre a escravização legal no início da ocupação da América envolveram principalmente o conceito mutável de religião, e não o conceito imutável de raça. Quando a escravidão africana foi introduzida nas colônias inglesas nas Américas durante o século XVII, era o cristianismo, e não a raça, que continuava a dominar as discussões sobre escravidão legal, escravização justa, e se africanos escravizados que se convertessem para o cristianismo precisavam ser libertados. A ligação entre religião e raça centrada na maldição de Cam teve um papel menor nessas primeiras discussões[13]. As justificativas

---

13. BLACKBURN. *The Making of New World Slavery*. • WOOD. *Origins of American Slavery*, p. 10.

racistas para a escravização e escravidão de africanos negros aumentaram com o tempo.

Apesar da relativa fluidez do preconceito de cor na Espanha e Portugal medievais, com o desenvolvimento do tráfico atlântico de escravos a escravidão passou a ser associada a negros, e o racismo contra negros tornou-se muito poderoso na América Espanhola e Portuguesa. Apesar de suas formas terem sido diferentes, o racismo tinha a mesma força do que em outras colônias americanas. O corporativismo era a fundamentação do direito. O sistema legal corporativista baseava-se na desigualdade perante a lei. Ele fazia distinções legais e sociais entre grupos de pessoas definidos de acordo com quantidades comparativas de sangue branco entre pessoas de sangue mestiço e quantas gerações elas tinham de distância da escravidão. Assim, distinções importantes foram feitas entre os não brancos, criando conflitos entre eles. Isso foi um mecanismo muito eficiente de controle social para sociedades onde os espanhóis e portugueses eram uma pequena minoria governando e explorando uma grande população subalterna. Ele permitiu que a elite ibérica exercesse um controle mais eficaz sobre todas as camadas sociais abaixo dela. Dessa forma, ter um pouco de sangue branco nas castas inferiores tinha muito mais importância na América Latina do que nas colônias britânicas. Em sociedades de fronteira inseguras como a Flórida e a Louisiana espanholas e em outros locais da América Latina, a utilização militar e policial de escravos e seus descendentes foi promovida como uma política estratégica. A alforria de escravos era encorajada para expandir a camada de proteção de colonos e governantes espanhóis contra seus próprios súditos e também contra ameaças estrangeiras[14]. Esperava-se que esses setores mais privilegiados e militarizados da população mantivessem a ordem, perseguissem escravos em fuga e operassem como milícias durante as guerras

---

14. LANDERS. *Black Society in Spanish Florida*. • HANGER. *Bounded Lives, Bounded Places.*

frequentes entre os colonizadores europeus das Américas. A *pureza de sangre* era muito valorizada na elite latino-americana, ainda que seus antecedentes africanos e nativo-americanos possam às vezes ser documentados. O racismo contra os negros era e é muito poderoso na América Latina. Alguns acadêmicos dos Estados Unidos, impressionados por esses contrastes formais com o racismo em seu próprio país, disseminaram mitos ainda muito populares de uma escravidão leve e de relações raciais benignas na América Latina, dificultando muito o combate do racismo, já que sua existência é negada com muita frequência[15].

Pouco mudou desde que W.E.B. Du Bois lamentou o estado de negação e o alto nível de racionalização entre os historiadores do tráfico atlântico de escravos e da escravidão nas Américas. Alguns historiadores eminentes ainda a desculpam e racionalizam, e suas ideias estão espalhando-se na Europa e até mesmo na África. Um argumento popular é que a escravidão era disseminada na África antes de o tráfico atlântico de escravos começar e que os africanos participaram desse tráfico numa base igual à dos europeus. Muitos historiadores "ocidentais" negam que a riqueza e o poder europeu e americano foram construídos em grande parte a partir do tráfico atlântico de escravos e do trabalho forçado de africanos e seus descendentes nas Américas.

O tráfico de escravos e a escravidão existem no mundo há milênios. Mas ela não era sempre igual em todos os períodos e locais. A escravidão é uma categoria histórica – não sociológica. O tráfico transatlântico de escravos foi singularmente devastador. Ele certamente foi o exemplo mais cruel e duradouro de brutalidade e exploração humana na história. Foi uma atividade marítima móvel e intrusiva realizada por potências distantes protegidas

---

15. Para uma literatura que combate esses mitos, cf. HALL. *Social Control in Slave Plantation Societies*, p. 96-107. • KNIGHT. *Slave Society in Cuba during the Nineteenth Century.* • ROUT. *The African Experience in Spanish America.* • HELG. *Our Rightful Share.*

contra qualquer retaliação do mesmo tipo. Por mais de 400 anos, ele envolveu a hemorragia das faixas etárias mais produtivas e potencialmente produtivas das populações nas regiões africanas afetadas profundamente por ele[16].

Por que foram os africanos aqueles escravizados e arrastados para as Américas para preencher as necessidades de trabalho dos colonizadores? Por que os europeus vitimaram os africanos em vez de mandar seu próprio povo ou outros europeus para as Américas, ou como imigrantes voluntários ou como trabalhadores forçados? Até tempos muito recentes, quando a tecnologia avançada tornou-se a base primária da riqueza e do poder das nações, o fator mais crucial era a população. As populações da Espanha, Portugal e Holanda eram muito pequenas e seus impérios eram enormes. A França era uma potência continental com grandes fronteiras vulneráveis. Seus esforços para encontrar números significativos de trabalhadores voluntários franceses para suas colônias fracassaram. Seus ministros registraram uma séria preocupação sobre a perda da população "útil" do país e da deportação de homens e mulheres franceses, a não ser que eles fossem desertores militares, criminosos, prostitutas ou considerados inúteis e/ou causadores de problemas. Grandes protestos em Paris e outros lugares forçaram a França a parar de sequestrar cidadãos franceses para deportá-los para suas colônias. As terras da Holanda eram minúsculas, e sua população era correspondentemente pequena. O Império Holandês nas Américas era em grande parte comercial. Os comerciantes holandeses forneciam africanos escravizados principalmente para as colônias de outras potências europeias, compravam açúcar mascavo para as refinarias de seu país em Amsterdã e o vendiam pela Europa.

A Inglaterra tinha um excedente populacional maior do que as potências continentais. Localizada ao norte da costa europeia e protegida pelo Canal da Mancha, ela tinha uma posição estra-

---

16. MANNING. *Slavery and African Life*.

tégica muito melhor do que a França. Camponeses expropriados foram retirados de suas terras pelos pastos de ovelhas para o crescimento da indústria lanífera. Prisioneiros de guerra irlandeses, "criminosos" ingleses e dissidentes religiosos estavam disponíveis para serem enviados, ou partirem voluntariamente, para as Américas. David Eltis concluiu que números semelhantes de europeus e africanos (cerca de 300.000 de cada) chegaram à América inglesa durante a segunda metade do século XVII, enquanto os "imigrantes" africanos tinham números muito maiores do que os europeus nas colônias holandesas, francesas e portuguesas[17]. Mas o desenvolvimento do sistema de *plantation* açucareira de trabalho intensivo no Caribe significou que a necessidade britânica de trabalho em suas próprias colônias e para a venda em outros lugares da América não poderia ser satisfeita internamente sem o risco de escassez de trabalho, custos trabalhistas crescentes, e protestos e perturbações internas. As potências europeias evitaram desorganizar suas próprias sociedades e enfraquecer sua riqueza e poder limitando duramente o número de seus próprios súditos enviados para a América. Elas não realizaram guerras para obter escravos de potências vizinhas, evitando assim retaliações semelhantes. Em vez disso, elas impuseram à distante África o custo financeiro, a destruição, a desorganização social, a desmoralização e a perda populacional resultante da guerra e do sequestro para obter prisioneiros para a escravização. Os colonizadores europeus importaram milhões de jovens africanos para trabalhar em suas colônias nas Américas. A África suportou o fardo de alimentar e suprir os muito jovens e os muito velhos. Muitos dos africanos mais produtivos morreram em guerras ligadas ao tráfico atlântico de escravos, em fomes e perturbações sociais, em comboios de escravos levados a portos de tráfico de escravos, e em chiqueiros

---

17. ELTIS. *The Rise of African Slavery in America*, p. 261. Para uma discussão mais nuançada, que contradiz sua própria conclusão, cf. ibid., tabela I-1 (p. 9) e p. 29-56, onde ele inclui os britânicos nascidos na América em seu total de 300.000 imigrantes ingleses.

imundos com pouca comida e água, muitas vezes contaminada, enquanto esperavam ser embarcados em navios negreiros; mais deles morreram durante a travessia do Atlântico em navios lotados, imundos e pestilentos, ou logo depois de desembarcar e enquanto eram transferidos para seus destinos finais. Essas são as principais razões pelas quais os africanos, e não os europeus, foram escravizados e enviados através do Atlântico[18].

Durante a última década, David Eltis argumentou que os africanos foram escravizados e enviados para as Américas porque os brancos consideravam outros brancos como membros [*insiders*] que não podiam ser escravizados e os negros como forasteiros [*outsiders*] que podiam. Ele conclui que o tráfico atlântico de escravos e a escravidão nas Américas devem ser vistos como um fenômeno "ideológico", sem base na economia. Ele escreveu que "a liberdade, como desenvolvida na Europa, primeiro possibilitou a escravização na América e depois causou sua abolição". Essa explicação "ideológica" para o tráfico atlântico de escravos – e, também, para sua abolição – é lisonjeira para os europeus. Ela descarta motivos econômicos e a exploração econômica. Pressupõe que apenas os brancos ("ocidentais") tinham um conceito de liberdade que eles, magnânimos, em um certo momento finalmente estenderam para os negros. De acordo com esse argumento, os africanos escravizados nas Américas não tiveram nada a ver com sua própria libertação. A Revolução Haitiana é descartada como "possivelmente um fenômeno ocidental"[19]. David Brion Davis comentou que "num exercício inédito de história contrafatual, David Eltis afirmou que os europeus ocidentais teriam povoado o novo mundo com escravos europeus brancos, se inibições culturais não tivessem bloqueado o puro interesse econômico"[20].

---

18. Para uma discussão estimulante sobre o poder estatal e a escravização comparando a Europa e a África, cf. INIKORI. "The Struggle against the Slave Trade".

19. ELTIS. "Europeans and the Rise and Fall of African Slavery in America". • ELTIS. *The Rise of African Slavery in America*, p. 1-28, 267-273 [citação na p. 4].

20. DAVIS. "Looking at Slavery from Broader Perspectives".

Vale notar a brutalidade da elite governante da Europa contra sua própria população antes da Revolução Francesa de 1789. Em 1760, um memorando do escritório do rei da França relatou casualmente que 60.000 soldados franceses foram executados por deserção. As autoridades coloniais francesas na Louisiana propuseram dar aos índios choctaw uma soma igual à que eles recebiam por escalpos de índios chickasaw pelos escalpos de desertores militares franceses. O coração doce da coroa francesa em relação aos pobres e desprotegidos da França é bem revelado por um relato para o rei da França: "O povoamento da Louisiana tem sido completamente negligenciado desde que a França tomou posse da colônia. Homens e mulheres que eram criminosos e prostitutas, dos quais desejávamos nos livrar em Paris e por todo o reino, foram enviados em vários momentos, mas o pouco cuidado que se teve com eles ao chegarem, assim como sua preguiça e licenciosidade, resultaram em sua destruição e praticamente não resta nenhum deles hoje em dia. Podemos considerar afortunado para essa colônia que uma raça tão má tenha sido exterminada em seu começo e não tenha dado à luz um povo cruel de sangue corrupto"[21].

Há um argumento cada vez mais popular de que os africanos e europeus dividiram igualmente a responsabilidade pelo tráfico atlântico de escravos[22]. Infelizmente, alguns africanos, cuja grande maioria foi vítima, e não causadora, estão aceitando a culpa. Realizaram-se cerimônias na África onde africanos aceitaram a responsabilidade e pediram perdão pelo tráfico atlântico de escravos. Não é verdade que a diligência e produtividade africanas tornaram os africanos participantes iguais e ativos no tráfico atlântico de escravos. Os africanos subsaarianos eram realmente produtivos. Eles tinham que ser, para poder sustentar as dezenas de milhões de pessoas destruídas e engolidas pelo tráfico atlân-

---

21. HALL. *Africans in Colonial Louisiana*, p. 23, 25, 26.
22. THORNTON. *Africa and Africans in the Making of the Atlantic World*. • ELTIS. *The Rise of African Slavery in America*. [Trad. em português *A África e os africanos na formação do mundo atlântico*. Rio de Janeiro: Campus, 2004 [N.R.].]

tico de escravos. Apesar dos comerciantes marítimos europeus terem que negociar como iguais – e muitas vezes como inferiores – com comerciantes africanos por toda a costa atlântica, numa perspectiva temporal ampla o poder africano foi enfraquecido e despedaçado pelo tráfico de escravos e a guerra, desorganização social e perda populacional que ele envolveu. A Europa e a África não foram parceiros iguais nessa atividade horripilante.

Havia uma grande distinção entre a escravidão na África e a escravidão nas Américas. Existiam muitas formas de sistemas de trabalho na África Subsaariana. Elas envolviam várias obrigações mútuas. Muitas palavras diferentes eram usadas para as várias formas de escravidão. Na África, a escravidão era muitas vezes um sistema de incorporação à sociedade. De acordo com Robert Harms:

> Quando um escravo recém-comprado chegava a uma aldeia bobangi*, ele era ou um *montambu*, um escravo comprado, ou um *montangi*, um prisioneiro de guerra. Os prisioneiros de guerra normalmente eram vendidos novamente para afastá-los o máximo possível do local de captura, mas escravos comprados geralmente eram incorporados à sociedade, [o que] geralmente levaria a um pertencimento total [...]. Apesar da posição de escravo dar à pessoa submetida um senhor que a protegia dos outros, essa segurança era apenas limitada, pois não havia ninguém para protegê-la do senhor [...]. A principal diferença entre um escravo e uma pessoa livre era que uma pessoa livre não podia ser morta por capricho de seu senhor ou no funeral de seu senhor. Essa era não apenas uma distinção legal, mas também uma distinção prática derivada do fato de que a família da pessoa livre a protegeria, enquanto um escravo não tinha ninguém. Entretanto, um escravo rico e poderoso teria seus próprios escravos para protegê-lo, portanto havia pouca diferença prática em direitos legais. [...] Os

---

* Em referência aos bobangis, bobanguis, bangis, banguis ou rebus, da África Central, que viviam nos atuais norte da República Democrática do Congo e Sul da República Centro-Africana [N.R.].

> escravos definiam seu relacionamento com o senhor e a família dele, e também seus relacionamentos entre si, utilizando a linguagem do parentesco. Um escravo chamava seu senhor de "pai", e a esposa do senhor que fora escolhida para cuidar dele de "mãe". Escravos da mesma idade e também filhos do senhor nascidos livres eram chamados de "irmão" e "irmã". [...] Um jovem escravo podia chamar um escravo mais velho do mesmo senhor de "tio", mesmo que ambos chamassem seu senhor de "pai".

Durante os primeiros anos de escravidão, o escravo comprado corria grande perigo de ser morto quando seu senhor morresse para acompanhá-lo no além, ou como parte de um ritual para selar um acordo entre chefes. Mas esse perigo diminuía quando ele aprendia a língua e era incorporado à família[23].

Alguns acadêmicos afirmam que antes de os portugueses chegarem não havia uma palavra para "escravo" nas línguas bantas da África Centro-ocidental. Costa e Silva descreve uma forma leve de escravidão. Os filhos e sobrinhos desses "escravos" eram absorvidos na sociedade. Aceitava-se amplamente em grande parte da África durante séculos que os filhos de escravos eram livres. Faziam-se distinções entre escravos mantidos na África e aqueles separados para envio pelo tráfico atlântico de escravos. Eles às vezes recebiam um nome diferente. A utilização militar de escravos e a utilização de escravas como concubinas e às vezes coesposas e mães dos filhos de homens da elite continuaram a permitir uma mobilidade de ascensão significativa para alguns escravos e seus descendentes na África. Alguns deles subiram até as posições mais altas da sociedade. Esses padrões existiam muito antes do tráfico atlântico de escravos começar e continuaram até o período moderno[24].

---

23. HARMS. *River of Wealth, River of Sorrow*, p. 148-153.
24. Para a época medieval, cf. GOMEZ. "Medieval Western Sudan".

As distinções feitas entre escravos mantidos na África e escravos vendidos para fora continuaram a operar por toda a história do tráfico atlântico de escravos. Havia regras que governavam quem podia ser escravizado. Os escravos muitas vezes eram encarados e tratados como membros inferiores de famílias estendidas enquanto estavam no processo de serem absorvidos por elas. Eles, ou seus descendentes, normalmente não podiam ser vendidos. Em 1738, F. Moore escreveu: "Apesar de em algumas partes da África os escravos nascidos na família serem vendidos, no Rio Gâmbia isso é considerado algo muito cruel; e eu nunca ouvi falar de ninguém que tenha vendido um escravo de família, exceto por crimes que os obrigariam a ser vendidos se fossem homens livres. Se existem muitos escravos de família, e um deles comete um crime, o senhor não pode vendê-lo sem o consentimento conjunto do resto; pois, se ele o fizer, todo o resto fugirá, e será protegido pelo reino para o qual fugirem". Essas regras ainda eram aplicadas rigorosamente na Grande Senegâmbia no final do século XVIII*. Escravos nascidos na casa do senhor, ou que ele possuísse há mais de doze meses, não podiam ser vendidos, "a não ser que fugissem, ameaçassem a vida de uma pessoa livre ou apresentassem comportamento incorrigível"[25].

Robin Law escreveu:

> Na tradição daomeana**, uma das leis fundamentais atribuídas ao Rei-fundador Huegbajdá***, no século

---

* Neste caso, o nome Senegâmbia se referia à região entre os assentamentos franceses controlados pelos britânicos a partir de 1758 (após a guerra dos Sete Anos) desde a cidade de Saint-Louis, no litoral norte do atual Senegal, até a ilha James, atual ilha de Kunta Kinteh, na atual Gâmbia.
O nome continuou sendo usado até 1783, quando a cidade de Saint-Louis – e os demais assentamentos no litoral do atual Senegal – foi devolvida aos franceses com a assinatura do Tratado de Paris (que determinou o fim da guerra de independência dos Estados Unidos) [N.R.].

25. MOORE. *Travels into the Inland Parts of Africa.*

** Em referência ao reino do Daomé (ou Danxomé, Dangomé ou Dahomei), reino escravocrata na região central do atual Benim [N.R.].

*** Hwegbadjá ou Huegbadja [N.R.].

XVII, proibia a venda como escravo de qualquer um nascido no reino, e a contravenção era uma ofensa capital; a princípio, essa regra era aplicada tão rigorosamente a ponto de proibir a venda mesmo de prisioneiras que engravidaram enquanto passavam por Daomé [...]. Os escravos em Daomé eram a princípio estrangeiros, prisioneiros de guerra ou comprados de fora do país; os daomeanos só deviam ser escravizados como punição para algum crime específico e sério. Quando os reis de Daomé, devido à falta de oferta suficiente de escravos estrangeiros, apelaram à "venda de seus próprios súditos", como alegou-se tanto de Tegbesu nos últimos anos de seu reino quanto de Gezo no início da década de 1820, isso foi considerado aberrante e ilegítimo, um sintoma de desagregação social[26].

Até em entrevistas realizadas em 1972-1973 por David Northrup no sudeste da Nigéria com quarenta informantes, indicou-se que eram feitas distinções entre escravos destinados a permanecer na África e aqueles que seriam vendidos para o tráfico atlântico de escravos. Os filhos dos escravos mantidos na África tornavam-se livres[27].

Nas Américas, os europeus usavam uma palavra para chamar todos que compravam: "escravo". A incorporação à família do senhor raramente era uma possibilidade, apesar de existirem algumas exceções para concubinas e seus filhos durante os estágios iniciais da colonização. A escravidão nas Américas era variada, mas não por definição legal, forma e distinção linguística como na África. A escravidão nas Américas era sem dúvida mais brutal e exploradora do que a escravidão na África antes do século XIX porque seu objetivo era maximizar a produção de mercadorias para um mercado internacional inexaurível e minimizar os custos. A escravidão em fazendas de trabalho intensivo que produziam mercadorias valio-

---

26. LAW. *Ouidah*, 149.
27. NORTHRUP. "A Collection of Interviews Conducted in Southeastern Nigeria, 1972-1973".

sas para a exportação, especialmente o açúcar, era diferente da escravidão em fazendas que produziam outras mercadorias menos exigentes. A escravidão rural e a urbana eram substancialmente diferentes. A escravidão em minas, onde as habilidades africanas eram altamente requisitadas, era diferente da escravidão em outras ocupações. A extração de prata, ouro e cobre era realizada sob condições distintas. A extração de diamantes, esmeraldas e outras pedras preciosas era diferente da extração de metais. O mergulho para obtenção de pérolas era uma ocupação especialmente perigosa. Apesar de, por definição, escravos poderem ser comprados e vendidos, as restrições ao desmembramento de famílias durante a venda variavam com o lugar e o tempo tanto na lei quanto na prática. A aplicação era desigual. Dependendo do momento, de padrões demográficos e de tradições variáveis entre os colonizadores, escravas concubinas e filhos de senhores brancos às vezes eram libertados por costume, ainda que não por lei. Os direitos e regulamentações de alforria também variavam com o lugar e o período. Escravos hábeis tinham maior probabilidade de ter esposas e filhos do que escravos sem habilidades específicas. Em muitos momentos e lugares nas Américas, os escravos podiam vender produtos de hortas designadas para eles; os animais domésticos que criavam; as frutas, ervas e crustáceos que coletavam; os peixes, pássaros e outros animais que caçavam; a lenha e a madeira de lei que cortavam e carregavam para serrarias e mercados; e o artesanato que produziam. De fato, muitas colônias e estados americanos dependiam quase totalmente da comida produzida e vendida por escravos nos mercados de aldeias e cidades, assim como nas estradas. Escravos domésticos geralmente comiam e vestiam-se melhor que escravos do campo. Assim, não havia uma única condição ou sistema de escravidão na América. Mas ela diferia de padrões africanos de incorporação de escravos e seus descendentes às famílias dos senhores e à comunidade em geral. Apesar de o paternalismo ser um fator no controle de escravos nas Américas, suas possibilidades eram mais limitadas. O avanço social extremamente restrito para escravos nas Américas, em comparação com a mobilidade dos escravos na África, deixava poucas alternativas além de métodos brutais. Os senhores tinham um repertório mais limitado para controlar seus escravos e menos a oferecer além de desprezo e medo.

Mulheres guerreiras desfilando diante do rei de Daomé e homens europeus

Fonte: DALZEL, A. *The History of Dahomey: An Inland Kingdom of Africa*, 1793.

O tráfico atlântico de escravos teve um impacto devastador na África. Preços crescentes pagos por milhões e milhões de pessoas no decorrer dos séculos transformaram os métodos de obter e tratar escravos e enfraqueceram atividades produtivas, mas menos lucrativas. Ele criou um nível progressivamente maior de violência e desorganização nas sociedades africanas. Já em 1526, Afonso, rei do Congo, um aliado próximo dos portugueses e um cristão devoto, reclamava: "Há muitos traficantes em todos os cantos do país. Eles trazem ruína ao país. Todo dia, pessoas são escravizadas e sequestradas, mesmo nobres, mesmo membros da própria família do rei"[28].

O Rei Afonso tentou banir os traficantes portugueses e expulsar todos os brancos, com exceção de professores e missionários, mas fracassou. O estudo de John K. Thornton da correspondência de governantes da África Centro-ocidental estabelece que não era a escravidão em si que motivava suas reclamações, mas a violação europeia de regras africanas que a limitavam e controlavam[29]. O caos, a guerra e a construção de impérios ligados ao tráfico de escravos tiveram um efeito destrutivo, turbulento e desmoralizador incalculável. É difícil desagregar a guerra na África do aumento do tráfico atlântico de escravos. Apesar de a guerra muitas vezes ser impelida por considerações internas, ela cada vez mais era provocada, inspirada, financiada e apoiada pela demanda europeia por escravos nas Américas enquanto as fronteiras para captura, sequestro e venda de africanos para abastecer o tráfico atlântico de escravos expandiam-se cada vez mais para o interior. Em 1650, a Costa do Ouro* tornou-se um grande mercado para armas e pólvora europeias. As armas foram incorporadas no exército por falanges que as disparavam de longe antes de entrar em combate corpo a corpo. Mercenários acuamus** e minas*** foram utilizados na Costa dos Escravos****. Podemos de fato encontrar na Baixa Guiné***** depois de 1650 uma proliferação do comércio de escravos impulsionada por compras crescentes e de grande escala de armas europeias[30]. É difícil divorciar

---

28. Apud VANSINA. *Kingdoms of the Savanna*, p. 52-53.

29. THORNTON. "African Political Ethics and the Slave Trade".

* Atual Gana [N.R.].

** Akwamu [N.R.].

*** Popô, adjigo, ane, fante-ane, gê, gê-mina, guin-mina, guin [N.R.].

**** Área que abarca os litorais dos atuais Togo, Benim e Nigéria ocidental [N.R.].

***** Em referência à região litorânea da África ocidental que vai da atual Costa do Marfim até a região ocidental do atual Camarões [N.R.].

30. BOAHEN. "The States and Cultures of the Lower Guinea Coast", p. 409.

a guerra na África do tráfico atlântico de escravos. A tentativa de Philip D. Curtin de separar a guerra política da guerra econômica na África foi convincentemente criticada por Boubacar Barry[31]. John K. Thornton está correto ao dizer que a discussão da guerra na África não pode ser reduzida a ataques "primitivos" em busca de escravos. Mas ele continua defendendo a separação analítica da guerra econômica da guerra política na África – uma distinção difícil de fazer para qualquer lugar do mundo – e projeta de modo amplo demais a utilidade limitada das armas de fogo europeias na África Centro-ocidental durante os séculos XVI e XVII para outros períodos e lugares da África[32].

Os europeus não simplesmente aproveitaram uma oferta preexistente de escravos ou de um tráfico de escravos na África. Não era fácil comprar escravos em várias costas por décadas depois da chegada dos primeiros europeus que começaram a procurar seres humanos. Foi necessário criar um novo mercado para escravos. Apesar das primeiras crônicas de empreendedores portugueses indicarem que a escravidão doméstica existia no Senegal quando eles chegaram, e que escravos eram exportados para o tráfico transaariano, há poucas evidências de que um grande comércio de escravos operava na costa ocidental da África antes de o primeiro navio português coletar escravos na Senegâmbia em 1444[33]. A tripulação desse navio atacou e sequestrou suas vítimas[34]. Sempre era mais seguro e mais fácil comprar pessoas que já estavam escravizadas do que atacar, sequestrar e capturá-las diretamente. Os africanos vendidos para o tráfico atlântico de escravos raramente eram escravos nas sociedades africanas. Eles eram em grande parte pessoas livres capturadas para satisfazer o

---

31. BARRY. "Senegambia from the Sixteenth to the Eighteenth Century".

32. THORNTON. *Warfare in Atlantic Africa*, p. 4, 128.

33. KLEIN, M.A. "Senegambia".

34. Para uma descrição vívida do primeiro ataque português por escravos na Senegâmbia pelo cronista Gomes Eanes da Zurara, cf. CONRAD. *Children of God's Fire*, p. 5-11.

mercado insaciável por escravos nas Américas. Com o aumento da demanda por escravos e do preço deles, o sistema judicial corrompeu-se para "produzir" mais escravos para exportação para as Américas. As vítimas incluíam pessoas livres, além de escravos. Foi apenas depois que o tráfico atlântico de escravos terminou que a dinâmica interna, além da demanda europeia por mercadorias "legais" produzidas por escravos na África, resultaram na escravização em larga escala, no tráfico de escravos e num sistema escravista cada vez mais brutal dentro da própria África[35].

Não havia nenhum tráfico de escravos visível nas terras ajas/iorubás* da Costa dos Escravos quando os europeus as visitaram pela primeira vez. Eles procuraram bastante e perguntaram sobre mercados de escravos, mas a informação que obtiveram foi de que tais mercados só existiam a 1.300 quilômetros no interior. Isso, obviamente, não era verdade, e pode ter sido um meio de encorajar os portugueses a irem embora. O primeiro tráfico português de escravos no Golfo do Benim começou no reino do Benim, não muito distante, mas ele durou apenas algumas décadas antes de o rei acabar com ele. Durante o século XVIII, um grupo de povos ajas contou para um viajante inglês que a raiz de sua infelicidade era "que eles foram visitados pelos europeus. Eles dizem que nós cristãos introduzimos o tráfico de escravos e que antes de nossa chegada eles viviam em paz"[36].

O desenvolvimento de estados africanos grandes ao longo da costa ocidental da África e seguindo rotas comerciais importantes no interior muitas vezes foi impulsionado pelo desejo de exercer controle sobre o comércio marítimo e de aproveitar a demanda europeia por escravos. O reino de Segu baseava-se na venda de prisioneiros de guerra para o tráfico atlântico de escravos e incor-

---

35. LOVEJOY. *Transformations in Slavery*. [Título publicado no Brasil: LOVEJOY. *A escravidão da África: uma história de suas transformações* [N.R.].

* Ioruba, yoruba, yorouba, nagô [N.R.].

36. AKINJOGBIN. *Dahomey and Its Neighbours*, p. 18, 19.

porava alguns deles a seus exércitos. Ainda que capturar guerreiros e vendê-los provavelmente não tenha sido o principal motivo para a expansão de Segu, isso certamente ajudou a aumentar sua força militar e a financiar suas guerras de expansão.

O reino do Daomé capturou Ajudá* em 1727, avançando para a costa do Atlântico. Depois de Daomé destruir o Porto de Jakin em 1732, Ajudá tornou-se a saída exclusiva para o comércio marítimo na Costa dos Escravos. De acordo com Robin Law, "a opinião geral de observadores europeus contemporâneos de que Agajá** (rei de Daomé) buscou o controle de Ajudá principalmente para garantir um acesso mais efetivo e irrestrito ao comércio europeu ainda é persuasiva"[37].

Duas das principais entidades políticas que se desenvolveram na África Ocidental, Axante*** na Costa do Ouro e Daomé na Costa dos Escravos, tentaram proteger seus próprios povos do tráfico atlântico de escravos. Mas isso não significa que elas opunham-se à escravização e venda de outros povos, incluindo seus vizinhos próximos[38]. Havia números substanciais de fons**** e ararás***** listados em documentos de cartórios americanos, mas essa designação pode ter sido ampla. Arará era uma designação étnica de uso comum em São Domingos/Haiti. Muito poucos makis ou sabarus, vizinhos ao norte atacados regularmente pelo Daomé por escravos, foram encontrados listados em documentos de cartórios na

---

* Ouidah, Uidá, Whydah ou Hweda [N.R.].

** Agadja, Agaja [N.R.].

37. LAW. *Ouidah*, p. 50. • KINJOGBIN. *Dahomey and Its Neighbours*, p. 73-81: argumenta que Daomé queria acabar com o tráfico atlântico de escravos. Em *The Slave Coast of West Africa*, p. 300-308, Law rebate que Daomé estava interessado em proteger seu próprio povo do tráfico atlântico de escravos, mas não outros povos.

*** Ashanti, achante, achanti, axanti, assante, assanti [N.R.].

38. Para a conquista da costa por Daomé, cf. AKINJOGBIN. *Dahomey and Its Neighbours*, p. 64-100. • LAW. *The Slave Coast of West Africa*, p. 278-297.

**** Fon nu, fongbe, djedji, fo [N.R.].

***** Aradá, aladá, ardra [N.R.].

América do Norte. Um maki e um sabaru foram encontrados em documentos na Bahia, datados entre 1816 e 1850[39]. Marizá Soares descobriu que makis e sabarus que falavam línguas gbe diferenciavam-se enfaticamente de pessoas do Daomé em irmandades religiosas no Rio de Janeiro durante o século XVIII[40].

Os bens comerciais europeus fizeram contribuições modestas para as necessidades da África. Os produtos mais úteis introduzidos pelos europeus foram os alimentos domesticados há milhares de anos por americanos nativos. Eles incluíam o milho, mandioca, abacaxi, abacates, tomates, amendoim, batatas brancas, algumas batatas-doces, abobrinha, abóboras e algumas formas de pimentas e feijões. As mercadorias africanas eram produzidas com alto padrão e comerciadas a longas distâncias muitos séculos antes de o tráfico atlântico de escravos começar. Os têxteis e metais eram muitas vezes de alta qualidade. O tráfico atlântico de escravos importou quantidades enormes de substitutos baratos para troca por escravos e outras mercadorias, perturbando, até certo ponto, as redes comerciais tradicionais estabelecidas das regiões costeiras da África para o interior, e criando economias de enclave na costa para suprir o tráfico atlântico de escravos. Os europeus trouxeram e venderam alguns produtos úteis: várias formas de moeda, incluindo cauris* do Oceano Índico, tecido barato – primeiro principalmente da Índia, e depois na forma de têxteis produzidos em massa na Grã-Bretanha – ferro, cobre, latão e outros metais também da Grã-Bretanha, e bens de luxo de todo o mundo.

Alguns dos produtos importados eram destrutivos e viciantes. Os europeus introduziram grandes quantidades de armas de fogo, incluindo alguns canhões, e a pólvora. Independentemente de sua qualidade, mosquetes e rifles tiveram um impacto militar e

---

39. LOVEJOY. "Ethnical Designations of the Slave Trade", p. 27, apud Oliveira.

40. Cf. a discussão detalhada no capítulo 2.

* Espécie de búzio [N.R.].

psicológico profundo na África, e certamente ajudaram a aumentar as guerras e os ataques por escravos. A guerra era subsidiada pela venda de guerreiros capturados e de aldeões sequestrados tanto durante guerras quanto em ataques localizados. O papel do vício na promoção do tráfico atlântico de escravos está apenas começando a receber a atenção que merece. O tabaco domesticado por americanos nativos foi introduzido. Algumas variedades eram cultivadas na África, mas o mercado para o tabaco na África era especializado. Havia grande demanda pelo tabaco forte, barato e adoçado da Bahia em toda a Costa dos Escravos. O tabaco da Virgínia era popular na Alta Guiné. Bebidas alcoólicas leves – o vinho de palma, por exemplo – existiam na África antes de o tráfico atlântico de escravos começar. Os traficantes de escravos europeus e americanos introduziram bebidas cada vez mais fortes, primeiro principalmente o vinho, e depois o conhaque e o rum. Essas mercadorias importadas certamente prejudicaram a saúde física e mental de muitos africanos e os tornaram cada vez mais dependentes do tráfico atlântico de escravos[41].

Na África Centro-ocidental, o vinho português foi introduzido logo no começo. Havia grande excedente em Portugal e também em suas ilhas atlânticas na costa da África. A venda de vinho na África era um negócio especialmente lucrativo para Portugal, porque a exportação e reexportação de mercadorias para a África da Ásia e do norte da Europa através de Portugal aumentava os custos e reduzia os lucros. Ele tinha um papel cerimonial no processo de negociações comerciais. Às vezes era usado para embebedar governantes e comerciantes africanos para promover o comércio e obter os melhores termos possíveis. A venda do vinho estava disseminada na África Centro-ocidental antes de 1640. Mas a introdução do rum, com conteúdo alcoólico muito maior, foi particularmente devastadora. As primeiras referências sobre

---

41. Para a importância do rum durante os séculos XVIII e início do XIX em Angola, cf. MILLER. *Way of Death*, p. 466-467.

a venda de rum destilado na África Centro-ocidental datam do início da década de 1640. Comerciantes holandeses começaram a vender rum para obter controle do tráfico de escravos no Porto de Pinda na costa atlântica na margem sul do rio Congo. Africanos escravizados do reino do Congo e também alguns do norte do rio Congo eram enviados desse porto[42].

Apesar de os holandeses terem capturado Luanda em 1641, os portugueses e os afro-portugueses continuaram a controlar as rotas comerciais de seu interior. Em 1648, quando os holandeses foram expulsos de Luanda por uma frota brasileira liderada por Salvador de Sá, comerciantes brasileiros começaram a substituir os traficantes portugueses de escravos em Angola, expandindo o comércio direto entre o Brasil e Luanda. Eles vendiam cachaça brasileira extremamente forte, e compravam grande número de africanos escravizados "produzidos" pela guerra crescente[43].

Por mais de cem anos, o rum da Nova Inglaterra teve um papel significativo no tráfico de escravos da Costa do Ouro e da Grande Senegâmbia. Ele era extremamente popular na Costa do Ouro, onde 80,8% (n = 198) das 245 viagens que partiram de Rhode Island com regiões de compra identificadas na África vendiam sua carga[44]. Na Grande Senegâmbia havia grande demanda pelo rum da Nova Inglaterra e o tabaco da Virgínia. Nem o rum das Antilhas nem o conhaque francês serviam. Durante a Revolução Americana, com a falta do rum da Nova Inglaterra, o tráfico de escravos de lá quase acabou[45]. Em Serra Leoa, durante o início dos anos de 1790, um observador escreveu: "Sem o rum [trocado por arroz e por escravos], logo passaremos fome"[46]. O

---

42. Niuelaut e P. Moortamer para o Conselho do Brasil, maio de 1642. In: JADIN. *L'ancien Congo e l'Angola, 1639-1655*. Vol. 1, p. 294.

43. CURTO. *Álcool e escravos*. Para uma versão resumida em inglês que trata apenas de Luanda e seus arredores, cf. CURTO. *Enslaving Spirits*.

44. Calculado de ELTIS et al. *The Trans-Atlantic Slave Trade Database*.

45. COUGHTRY. *Rhode Island and the African Slave Trade*, p. 103-142.

46. Apud BROOKS. *Eurafricans in Western Africa*, p. 307.

rum da Nova Inglaterra e o ouro foram os únicos produtos que atingiram o *status* de moedas. Os estudos de Joseph E. Inikori sobre as exportações britânicas para a África Ocidental mostram que entre 1750 e 1807 os "destilados" eram menos de 5%, subindo para mais de 10% depois disso e então 20% durante os anos de 1840. Claramente, os "destilados" britânicos não eram populares enquanto o rum da Nova Inglaterra estava disponível[47].

A escravidão africana nas Américas normalmente é discutida dentro do contexto da necessidade de trabalho bruto e braçal em plantações de açúcar, arroz, anil, café e algodão. Mas os africanos eram especialmente necessários nas Américas devido a suas habilidades. Espanha e Portugal começaram a colonizar as Américas mais de um século antes da Grã-Bretanha e da França. As colônias hispano-americanas concentravam-se principalmente na mineração de prata, ouro e pedras preciosas, e na construção em larga escala de portos, armazéns, estradas, pontes, casas, igrejas, catedrais e fortalezas. O trabalho especializado era desesperadamente necessário, e as habilidades africanas eram conhecidas muito antes da conquista e colonização da América começarem. A população americana nativa foi dizimada pela conquista, guerras, trabalhos forçados e doenças trazidas da Europa e da África para as quais ela não tinha imunidade. Apesar da proteção de americanos nativos ser descrita através de termos religiosos, humanitários e ideológicos, a principal razão para a adoção dessas políticas protetoras foi para evitar a destruição total da força de trabalho nativa nas colônias da Espanha, para que ela pudesse continuar a ser explorada através do trabalho forçado em projetos de construção pesada e do pagamento de impostos na forma de comida, roupas, artesanato, trabalho e dinheiro. Apesar de muitos africanos serem utilizados por suas habilidades, especialmente em cidades portuárias, alguns deles substituíram sistema-

---

47. INIKORI. "West Africa's Seaborne Trade" [Comunicação de Joseph E. Inikori, 2003].

ticamente os americanos nativos nas ocupações mais brutais e perigosas no início da América Espanhola – em minas, plantações de açúcar e no mergulho por pérolas. A Espanha rapidamente ilegalizou a escravidão indígena porque ela temia a aniquilação completa da população indígena em suas colônias americanas. A escravidão de africanos e de seus descendentes permaneceu legal na América Espanhola por todo o período colonial, e muito depois da independência em várias nações latino-americanas.

A colonização da América dependeu muito de habilidades trazidas da África. Africanos escravizados do Congo desenvolveram e trabalharam na indústria do cobre em Santiago de Cuba, onde estiveram em grande demanda por séculos[48]. Africanos que eram mineradores de ouro experientes estavam em demanda na Colômbia desde o começo para desenvolver a mineração lá. Africanos designados como "minas" foram trazidos para o Brasil de regiões produtoras de ouro na África Ocidental, incluindo a Grande Senegâmbia e a Costa do Ouro, para descobrir e desenvolver o garimpo e as escavações por ouro[49]. Os africanos escravizados eram ferreiros, metalúrgicos, ferramenteiros, escultores e gravadores, prateiros e ourives, curtidores, sapateiros e seleiros. Eles eram projetistas e construtores de armazéns e portos, casernas e casas, edifícios públicos, igrejas, canais e represas. Eram tanoeiros, carroceiros e cocheiros; criadores, tratadores e treinadores de cavalos; e vaqueiros que sabiam pastorear e criar gado. Eles eram caçadores e pescadores, e também pescadores de pérolas. Eram construtores de navios, navegadores, tocadores, calafetadores, veleiros, carpinteiros de navios, marinheiros e remadores. Eles eram produtores de anil, tecelões e pintores de tecido, alfaiates e costureiras. Eram cesteiros, ceramistas e produtores de sal. Eles

---

48. PORTUANDO ZÚÑIGA. *Entre esclavos y libres de Cuba colonial*, p. 44-57.
49. COSTA E SILVA. *A manilha e o libambo*, p. 816.

eram cozinheiros, padeiros, confeiteiros, vendedores de rua, estalajadeiros, criados pessoais, empregados domésticos, lavadeiras, médicos ou cirurgiões e enfermeiras. Cultivavam milho, arroz, hortas e tabaco; criavam galinhas, porcos, ovelhas e cabras[50].

Por quatro séculos, as elites econômicas e políticas das nações da Europa e das Américas foram enriquecidas pelo tráfico de escravos internacional e doméstico, e pelo trabalho não pago de escravos. O tráfico transatlântico de escravos foi enormemente lucrativo para as cabeças coroadas da Europa. A venda de licenças e os impostos sobre o tráfico atlântico de escravos tornaram-se uma das principais fontes de riqueza para os reinos ibéricos. A coroa espanhola obteve rendas extraordinárias vendendo licenças para participação no tráfico atlântico de escravos e então coletando impostos por cada escravo que chegava, enquanto transferia todos os riscos para os traficantes de escravos no Atlântico. A coroa inglesa investiu e lucrou diretamente com o tráfico atlântico de escravos. A coroa francesa subsidiou o tráfico atlântico de escravos ao pagar uma gratificação para os traficantes marítimos por cada africano que desembarcasse nas colônias americanas da França. Esse subsídio encorajou o tráfico de escravos para as colônias francesas, e a coroa lucrava com os impostos de suas ricas ilhas açucareiras no Caribe e dos produtos valiosos que elas produziam e exportavam. Governantes, comerciantes, navios mercantes e refinarias de açúcar ganharam muito dinheiro.

Uma vasta quantidade da riqueza acumulada pelas nações europeias foi derivada direta ou indiretamente do tráfico atlântico de escravos e da escravidão. Eric R. Williams afirmou que a Revolução Industrial britânica foi financiada pela riqueza re-

---

50. Todas essas habilidades foram encontradas entre escravos nascidos na África e na Louisiana. Cf. HALL. *Louisiana Slave Database*. • HALL. *Louisiana Free Database*. • BOWSER. *The African Slave in Colonial Peru*, p. 125-146. Para as habilidades que os africanos trouxeram para o Brasil, cf. KLEIN, H.S. *African Slavery in Latin America and the Caribbean*, p. 42. Para uma discussão das habilidades africanas na medicina e com ervas, cf. GALVIN. "The Creation of a Creole Medicine Chest in Colonial South Carolina".

sultante do tráfico atlântico de escravos e da escravidão em suas colônias nas Américas. A tese de Williams, publicada em 1944, sustentou-se muito bem contra críticas feitas a ela desde então. Ela vale para além da Grã-Bretanha, ainda que talvez numa escala mais modesta. Sua maior fraqueza é que ela não estabelece as ligações globais necessárias entre as nações europeias envolvidas no tráfico atlântico de escravos e na escravidão nas Américas[51]. Joseph Inikori corrigiu isso. Ele discute o papel do tráfico atlântico de escravos e da escravidão da Inglaterra nas Américas na Revolução Industrial na Inglaterra num contexto global da *longue durée* (entre 1650 e 1850), enfatizando a hegemonia crescente da Grã-Bretanha no comércio marítimo internacional, incluindo o tráfico transatlântico de escravos, a produção nas Américas de quantidades cada vez maiores de mercadorias de exportação por trabalho africano barato, e a ascensão das indústrias navais, bancárias e de seguros na Inglaterra para dar apoio a esse comércio. O trabalho dele é bem abastecido por uma abordagem comparativa; mas ele tende a menosprezar a riqueza acumulada por outras potências europeias e americanas através da exploração da África e dos africanos. A obra definitiva de Inikori sobre a Inglaterra deve inspirar outros acadêmicos a tratar dessas mesmas perguntas em relação à Espanha, Portugal, França, Holanda, Estados Unidos, Brasil e a América Espanhola[52].

Em muitos períodos e em muitos lugares, as unidades políticas costeiras africanas exerceram poder e controle considerável sobre as condições do comércio com os negociantes marítimos de escravos. Mas o tráfico atlântico de escravos e a escravidão nas Américas formaram um sistema que operou durante quatro séculos. Ele arrancou a posse mais preciosa da África, suas pessoas, para criarem a riqueza e o poder de terras distantes a um custo extremamente alto de sofrimento e vidas humanas. Esse fato simples não é discutível.

---

51. CATEAU & CARRINGTON. *Capitalism and Slavery Fifty Years Later.*
52. INIKORI. *Africans and the Industrial Revolution in England.*

2

Tornando visíveis os africanos invisíveis: costas, portos, regiões e etnias

Nós somos chamados, nós recebemos nomes exatamente como uma criança recebe um nome e como quem não tem poder nenhum de decisão sobre a escolha de nosso próprio nome, como uma criança.
YAI, O. *African Ethnonyms and Typonyms,* 1978.

Qui se disent leur nation Bambara (Eles dizem que sua nação é Bambara).
De um documento de venda de escravos na Louisiana, 1799.

Os estudos da diáspora africana nas Américas começaram com maior vigor no início do século XX entre os antropólogos: mais notavelmente, Nina Rodrigues no Brasil e Fernando Ortiz em Cuba, e então, uma geração depois, Frances e Melville Herskovits nos Estados Unidos. O trabalho de campo era uma das metodologias primárias. Eles muitas vezes estudavam comunidades de ascendência africana nas Américas, conectando-as com regiões ou etnias particulares na África através da busca de características culturais compartilhadas. A obra deles é muito útil, informativa e fascinante, e suas metodologias são mais sofisticadas do que alguns críticos recentes estão dispostos a reconhecer. Ainda assim, a abordagem deles coloca problemas para o estudo da diáspora africana nas Américas. A religião, a visão de mundo e os princípios estéticos – incluindo os estilos e papel social das artes plásticas, música, instrumentos musicais e dança – estão entre as heranças culturais mais duradouras e resistentes. Mas elas também são as mais generalizadas. Há muitas características culturais comuns na

África. Nem sempre é fácil desagregar quais aspectos são característicos de alguma etnia ou região em particular. Pouquíssimos acadêmicos têm familiaridade com um número substancial de linguagens africanas. Alguns se agarram a uma palavra ou nome que conhecem e a extrapolam para provar a presença e influência de uma etnia africana em particular nas Américas. Mas o mesmo nome ou palavra (ou nomes ou palavras semelhantes) existe em várias linguagens africanas, e pode ter o mesmo significado, um significado semelhante ou um significado diferente. O resultado são opiniões às vezes românticas e imprecisas sobre a influência de etnias e linguagens africanas particulares. O suaíli* torna-se a "língua africana", mas poucos falantes de suaíli foram trazidos para as Américas. "Iorubá" torna-se a etnia africana, mas a presença "iorubá" nas Américas antes do final do século XVIII (registrado como "nagô" ou "lucumí" nos documentos americanos) não era muito substancial. Com exceção da Louisiana, onde os nagôs eram 4% das etnias identificadas, a presença dos iorubás nos Estados Unidos foi insignificante. Eles foram importantes em São Domingos/Haiti (nagôs) depois de 1780, em Cuba (lucumís) durante o século XIX e, principalmente, na Bahia do século XIX (nagôs).

Durante as últimas décadas, os antropólogos tomaram a frente na negação da importância das etnias africanas nas Américas. Seus argumentos incluem questionar tanto a precisão quanto a significância dessas designações em documentos americanos e também a própria existência de etnias africanas na África. Com base em seus estudos de documentos em Cuba, Moreno Fraginals escreveu:

> A principal tendência atual (talvez devido à influência de Roger Bastide) é dar pouca importância a referências étnicas; a pressuposição é de que elas foram impostas arbitrariamente pelo traficante de escravos para en-

---

* Swahili, suaíle, suhali, kiswahili, ou waswahili. É a principal língua oficial do Quênia e uma das línguas oficiais da Tanzânia e do Uganda. Também é falada no sul da Somália (regiões próximas à fronteira com o Quênia) e da Etiópia, no leste da República Democrática do Congo, no nordeste da Zâmbia, nas áreas urbanas do Burundi e do Ruanda e no norte de Moçambique [N.R.].

ganar seus clientes, ou que elas devem ter sido afetadas pela ignorância geográfica do traficante sobre a zona na qual ele operava ou por preconceitos pseudocientíficos da época. Nós afirmamos o completo oposto. Nossa pressuposição básica é que o tráfico de escravos era o negócio que envolvia o maior investimento de capital no mundo durante os séculos XVIII e início do XIX. E um negócio desse tamanho nunca teria mantido um esquema classificatório se ele não fosse significativo (em termos gerais, parecido com a realidade) para designar *de modo muito preciso* a mercadoria que era negociada[1].

Nós veremos que existem fortes evidências de que os africanos frequentemente identificavam suas próprias etnias registradas em documentos americanos. O conhecimento e as percepções dos traficantes de escravos tinham muito menos a ver com esse processo do que os estudiosos pressupuseram até então.

A pressuposição da atemporalidade é uma falha metodológica básica da antropologia. Mas esse é um problema compartilhado por muitos historiadores da diáspora africana. Eles às vezes projetam padrões de épocas e lugares que eles conhecem para todas as épocas e lugares. Em sua ânsia de compreender dados vastos e complexos, os estudiosos às vezes adotam conceitos abstratos e generalizados que obscurecem o passado, em vez de revelá-lo. Os estudos da diáspora africana nas Américas precisam ser concretos e contextualizados. Os povos e suas culturas evoluíram e mudaram em ambos os lados do Atlântico. Não há um único padrão de crioulização nem na África nem nas Américas. A escravidão, assim como outras formas de exploração do trabalho, variou muito no tempo e no espaço. Graças à aplicação de computadores à história, agora é possível organizar quantidades enormes de dados, facilitando assim comparações de padrões no tempo e no espaço. Os estudos de DNA são a mais nova fronteira de exploração das raízes dos povos descendentes de africanos nas Américas.

---

1. MORENO FRAGINALS. "Africa in Cuba".

Mapa 2.1 Etnias africanas proeminentes na América do Sul, 1500-1900

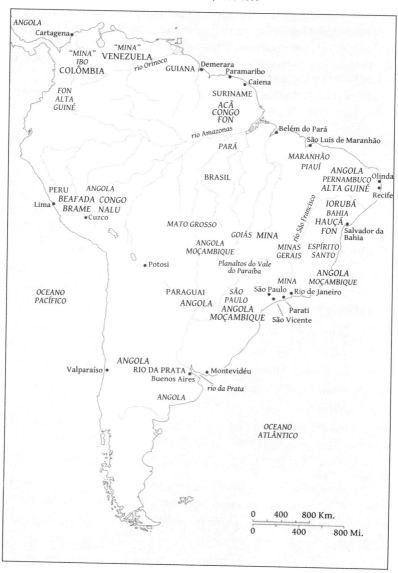

Mapa 2.2 Etnias africanas proeminentes na América do Norte e Caribe, 1500-1900

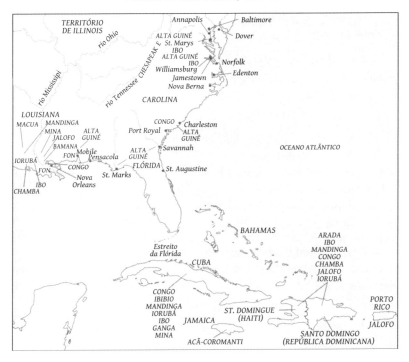

O estudo das viagens do tráfico transatlântico de escravos não é o bastante. Esses documentos não listam etnias africanas, e raramente as mencionam. Os documentos gerados por essas viagens podem no máximo nos dar as costas ou portos de origem africanos e/ou os portos nas Américas onde ocorria a primeira venda dos escravos. Mais raramente, eram listados os números, gêneros ou faixas etárias da "carga" de escravos. As proporções de etnias africanas exportadas das costas e portos africanos mudou com o passar do tempo. Depois de os africanos escravizados chegarem a portos americanos, eles normalmente eram vendidos e depois transbordados para outros lugares, às vezes fora da colônia ou país onde eles inicialmente desembarcaram. Estudos baseados inteiramente em viagens do tráfico transatlântico de escravos precisam ser suplementados por estudos do tráfico de escravos por transbordo e também de outros tipos de documentos gerados em vários lugares nas Américas. Esses estudos podem nos ajudar a descobrir quais africanos de quais regiões, etnias e gêneros foram mandados para onde, quando e em quais proporções. Esses estudos transcendem completamente a história local. Eles têm implicações importantes para o estudo da diáspora africana por todas as Américas e também para a história africana. Os padrões de introdução de etnias africanas nas Américas são imagens espelhadas de sua exportação da África. Eles podem nos ajudar a compreender quando etnias africanas particulares começaram a ser vitimadas profundamente pelo tráfico atlântico de escravos e também onde elas acabaram sendo colocadas.

As etnias exportadas das várias costas africanas definidas e nomeadas por traficantes de escravos no Atlântico mudaram. As mesmas etnias foram exportadas de duas ou mais dessas costas com o passar do tempo. As origens costeiras das viagens do tráfico transatlântico de escravos podem oferecer resultados contrastantes com as descrições étnicas de africanos derivadas de documentos gerados nas Américas. Este livro tenta evitar fazer separações artificiais entre africanos exportados de mais de uma dessas costas africanas. Muitas vezes é melhor não tratar as costas africanas definidas e nomeadas de muitos modos por traficantes europeus de escravos como regiões inteiramente separadas. Fronteiras firmes entre algumas dessas costas são uma ilusão. Algumas das definições costeiras africanas de Curtin foram desafiadas convincentemente. Boubacar Barry argumentou cogentemente que muitas vezes é desajeitado e questionável separar a "Senegâmbia" da "Serra Leoa". A designação "Costa do Barlavento"* de Curtin coloca problemas que serão discutidos abaixo.

---

* Nome pelo qual se descrevia, em muitos textos, o litoral da atual Libéria, por causa do regime de ventos fortes que sopram do mar para o litoral, desafiando e dificultando a navegação das embarcações à vela [N.R.].

Eu afirmo que nossa melhor evidência para a distribuição dos africanos em seu destino final nas Américas está em documentos que contêm descrições de "nação" de africanos escravizados, apesar do fato de essas designações étnicas serem às vezes obscuras e equívocas. O estudioso mexicano Gonzalo Aguirre Beltrán publicou uma obra pioneira sobre as etnias africanas na América do Norte. Ele realizou estudos sistemáticos de documentos americanos ao longo do tempo e do espaço e os conectou a acontecimentos na África e também a padrões no tráfico transatlântico de escravos. Sua obra concentrou-se no México e no Caribe durante o século XVII. James Lockhart estudou designações étnicas africanas no Peru em meados do século XVI, mas seus dados são esparsos. Gabriel Debien e seus colegas estudaram as etnias africanas listadas em documentos das Antilhas francesas datados quase totalmente do século XVIII. Philip D. Curtin baseou-se em grande parte na obra desses três acadêmicos[2]. O livro de Colin Palmer sobre o México discute as etnias africanas lá[3]. Estudos subsequentes normalmente se basearam em números maiores de designações étnicas africanas listadas em documentos americanos. Durante as três últimas décadas, alguns acadêmicos realizaram grandes contribuições para nosso conhecimento dos documentos que listam designações étnicas africanas. A obra deles é estudada e citada por todo este livro.

A introdução de africanos nas Américas foi um processo complexo. Ele envolveu regiões vastas do mundo por quase quatro séculos. Deve ser colocado dentro do contexto de padrões sempre variantes ao longo do tempo e do espaço em ambos os lados do Atlântico e também no mar. Existem fontes primárias, e livros e artigos muito importantes foram publicados em grandes línguas europeias: inglês, francês, espanhol, português, holan-

---

2. AGUIRRE BELTRÁN. *La población negra de México*. • LOCKHART. *Spanish Peru*, p. 173. Para um resumo das Antilhas francesas, cf. DEBIEN. "Les origines des esclaves des Antilles" e "Les origines des esclaves des Antilles (conclusion)".
3. PALMER. *Slaves of the White God*.

dês, alemão, dinamarquês e russo. Existem fontes importantes publicadas em árabe e também em línguas africanas escritas no alfabeto árabe[4]. Também existem histórias orais inestimáveis. Muitos estudos foram publicados sobre várias regiões da África e das Américas em períodos e locais específicos. Existem outras belas obras acadêmicas sobre o tráfico de escravos de nações europeias e americanas específicas.

Duas sínteses importantes do tráfico atlântico de escravos e da escravidão nas Américas foram publicadas recentemente em inglês. Ambos os livros – um de Robin Blackburn, o outro de Hugh Thomas – discutem a escravidão africana e o tráfico atlântico de escravos ao longo dos séculos na *longue durée*. Eles baseiam-se na literatura das principais línguas europeias, evitando o foco estreito no inglês de alguns historiadores. Organizar e sintetizar esse corpo de conhecimento vasto, difícil e desajeitado é uma realização enorme. Mas esses livros não discutem as etnias africanas envolvidas no tráfico atlântico de escravos, o que limita sua utilidade para este estudo[5].

Muitos dos historiadores mais importantes do tráfico atlântico de escravos, especialmente aqueles que escrevem em inglês nos últimos trinta e cinco anos, são fascinados por estudos quantitativos. A primeira grande obra que utilizou métodos quantitativos foi o livro pioneiro de Philip D. Curtin, *The Atlantic Slave Trade: A Census*[6], publicado em 1969. Essa obra ousada, imaginativa e de pesquisa impressionante inspirou mais de uma geração de historiadores a buscar maior precisão para estimar os números de africanos que embarcaram em navios negreiros na África e desembarcaram nas Américas. Alguns desses historiadores foram

---

4. NIANE. "Introduction". • TALBI. "The Spread of Civilization in the Maghrib and Its Impact on Western Civilization".

5. BLACKBURN. *The Making of New World Slavery*. • THOMAS. *The Slave Trade*.

6. *O tráfico atlântico de escravos: um censo* [N.T.].

alunos de Curtin que se destacaram. Mas até anos recentes, poucos deles seguiram o interesse de Curtin pelas etnias africanas.

Existem interpretações conflitantes sobre o número de africanos removidos da África que desembarcaram nas Américas. Joseph E. Inikori notou que muitas viagens que envolviam contrabando e pirataria obviamente não foram documentadas, e que muitas viagens do tráfico de escravos foram diretamente das Américas para a África e depois de volta para as Américas, sem passar pela Europa. Muitas delas não foram notadas ou tiveram seu número subestimado por historiadores que trabalharam principalmente em grandes arquivos centralizados na Europa. Inikori aumentou a estimativa de Curtin de que 9,55 milhões de africanos desembarcaram nas Américas para cerca de 15,4 milhões[7]. Hugh Thomas oferece uma estimativa maior dos números de viagens do tráfico transatlântico de escravos, aumentando a estimativa de David Eltis de aproximadamente 40.000 viagens para 50.000. Thomas estima que cerca de 2 milhões de africanos escravizados partiram para as Américas apenas da Senegâmbia e de Serra Leoa, um número muito maior do que a maioria dos historiadores aceita. Este livro confirma e explica a subestimação substancial de viagens da Grande Senegâmbia[8].

Acadêmicos africanos, espanhóis, portugueses e latino-americanos apreciaram a obra de Curtin. Mas alguns dos historiadores de maior prestígio entre eles permaneceram razoavelmente céticos quanto aos limites da quantificação, independentemente de sua sofisticação, quando ela baseia-se em dados desiguais e incompletos. Eles, assim como Curtin, enfatizaram a importância de compreender o contexto histórico em que essas viagens

---

7. INIKORI. "Unmeasured Hazards of the Atlantic Slave Trade".

8. CURTIN. *The Atlantic Slave Trade*, p. 268 (tabela 77). • INIKORI. "The Known, the Unknown, the Knowable and the Unknowable". • INIKORI. "Africa in World History", p. 82. • THOMAS. *The Slave Trade*, p. 809, 862. [INIKORI, "A África na história do mundo: o tráfico de escravos a partir da África e a emergência de uma ordem econômica no Atlântico" [N.R.].].

ocorreram. Alguns apontaram que, por várias razões, esses documentos do tráfico atlântico de escravos relatavam informações falsificadas. Muitos documentos ainda precisam ser encontrados, ou estão faltando. Outras viagens nunca foram documentadas. Portanto, a quantificação por si só é uma ferramenta insuficiente na ausência de um aprofundamento de nosso conhecimento, compreensão e apreciação de estudos que se baseiam em fontes não quantificáveis[9]. Muitos excelentes historiadores assiduamente coletaram, traduziram, anotaram e utilizaram com prudência fontes tradicionais sem levar em consideração modismos passageiros, e muitas vezes sem o apoio e reconhecimento que merecem. A obra deles, parte dela citada neste livro, é essencial para colocar carne nos ossos dos estudos quantitativos para assegurar que eles sejam utilizados criteriosamente.

The Trans-Atlantic Slave Trade Database[10] é a melhor síntese recente do trabalho da escola quantitativa de estudos do tráfico atlântico de escravos[11]. Ele é uma compilação extremamente útil de pesquisas realizadas principalmente durante os últimos trinta anos e, o que é especialmente importante, é uma informatização de grande parte das informações conhecidas sobre as viagens do tráfico transatlântico de escravos. Ele foi publicado como um banco de dados relacional num CD com um motor de busca, que permite respostas rápidas a perguntas sobre as viagens documentadas e estudadas do tráfico transatlântico de escravos além de comparações de padrões amplos ao longo do tempo e do espaço. Alguns desses resultados são de importância transcendente. Por exemplo, eles indicam que as viagens individuais do tráfico transatlântico de escravos coletavam sua "carga", em sua imensa maioria, da mesma costa africana, muitas vezes de apenas um ou dois portos. Uma conclusão válida muito importante é que

---

9. BARRY. "Senegambia from the Sixteenth to the Eighteenth Century". • MORENO FRAGINALS. "Africa in Cuba". • VILA VILAR. "The Large-Scale Introduction of Africans into Veracruz and Cartagena".

10. *O banco de dados do tráfico transatlântico de escravos* [N.T.].

11. ELTIS et al. *The Trans-Atlantic Slave Trade Database.*

as etnias africanas não eram de modo algum tão fragmentadas pelo tráfico transatlântico de escravos quanto os acadêmicos e o público em geral acreditam há muito tempo[12].

Obviamente, muitas perguntas importantes sobre o tráfico transatlântico de escravos não podem ser respondidas apenas através do estudo do *The Trans-Atlantic Slave Trade Database*. Dados inexistentes ou desiguais sobre as viagens, além de interpretações imprecisas de termos geográficos levaram, às vezes, a conclusões imprecisas e distorcidas. Usos contrastantes do termo geográfico "Angola" por traficantes de escravos britânicos e de outros países europeus, e de "Angola" como uma designação étnica por senhores de escravos causam confusão. O tráfico britânico de escravos documentado foi estudado extensivamente, o que leva a uma ênfase exagerada sobre esse tráfico em comparação ao de outros países. Manolo Florentino apontou que mais que o dobro de africanos escravizados foram trazidos para o Brasil do que para as colônias britânicas. Os africanos que chegavam em viagens para o Caribe britânico tinham probabilidade muito maior de serem transbordados para colônias de outras potências, especialmente espanholas e francesas, do que os africanos que chegavam ao Brasil, ainda que um número relativamente pequeno tenha sido transbordado para o sul, do Brasil para o Rio da Prata espanhol (atuais Argentina e Uruguai) e para o oeste, para o Alto Peru (atuais Paraguai e Bolívia), Baixo Peru e o Chile[13]. O déficit de viagens portuguesas e brasileiras em *The Trans-Atlantic Slave Trade Database* é amplamente reconhecido, inclusive por seus criadores. Revisões pós-publicação já adicionaram cerca de 7.000 viagens, a maioria delas portuguesas e brasileiras.

---

12. ELTIS. *Rise of African Slavery in America*, p. 244-246. • LAW & STRICKRODT. *Ports of the Slave Trade.*

13. STUDER. *La trata de negros.* • GARCIA FLORENTINO. *Em costas negras*, p. 23.

A verdade é que não sabemos e provavelmente nunca saberemos quantos africanos escravizados foram embarcados em navios negreiros na África e quantos desembarcaram nas Américas. Qual é a representatividade das viagens incluídas em *The Trans-Atlantic Slave Trade Database*? Minha pesquisa em documentos invulgarmente ricos abrigados em arquivos na Louisiana reforça a conclusão de que as viagens diretas entre a África e as Américas foram subestimadas. Mais estudos de outros portos americanos deverão ser reveladores. Esse banco de dados é uma amostra muito grande que exibe tendências importantes. Ele não deve ser negligenciado nem transformado num fetiche utilizado sem critérios críticos.

As costas africanas definidas na obra influente de Philip D. Curtin permaneceram, de modo geral, em voga e foram adotadas por completo pelos criadores do *The Trans-Atlantic Slave Trade Database*. A demarcação de Curtin dos territórios ao longo da costa oeste da África claramente procedeu a partir da perspectiva externa de traficantes europeus e americanos de escravos, e não da visão nativa dos povos que habitavam várias regiões africanas. Historiadores de distinção desafiaram duas dessas definições costeiras. Boubacar Barry define a região entre os rios Senegal e Serra Leoa como Grande Senegâmbia. A interpenetração cultural entre grupos étnicos nessa região foi intensa por muitos séculos. Línguas dos dois principais grupos linguísticos, mandês* e oeste-atlântico, são faladas por toda essa vasta região[14]. O mandê era a língua franca. Separar a Senegâmbia da Serra Leoa cria problemas indesejados quando designações étnicas em documentos americanos são utilizadas para definir origens costeiras. O momento histórico é um fator importante. Algumas etnias

---

* Mandinga, mandingo, manden, mandenka, mandeng, mandingue, mande ou mandinka [N.R.].

14. BARRY. *La Sénégambie du XVe au XIXe siècle.*

encontradas frequentemente em documentos americanos – por exemplo, os fulas (listados em documentos como fulbes, fulanis, poulards, peuls) – migraram para o sul e o leste por longas distâncias. Durante os anos de 1720, devido ao ressecamento crescente de suas pastagens, muitos fulas migraram com seus rebanhos das margens do Rio Senegal e estabeleceram-se em Futa Jalom*. Em 1780, eles estavam fortemente envolvidos em guerras com os mandingas na região definida por Curtin como Serra Leoa. Muitos cativos fulas e mandingas foram exportados de portos em Serra Leoa[15].

As mesmas etnias foram exportadas de mais de uma região ou costa. Os dados americanos podem nos dar etnias presentes num momento e local particulares. Estes podem não corresponder a etnias africanas enviadas de qualquer porto ou costa particular. O estudo das etnias africanas nas Américas requer a obtenção de dados de ambos os lados do Atlântico ao longo do tempo. Por exemplo, depois de 1750, etnias africanas normalmente associadas com o Senegal (definido estritamente) chegaram às Américas em viagens que partiram de Serra Leoa. As viagens do tráfico atlântico de escravos de Serra Leoa aumentaram mais rapidamente do que as do Senegal. Mais timenés**, quissis*** e quincangas**** aparecem em documentos americanos durante a segunda metade do século XVIII. Mas a porcentagem de etnias associadas à Senegâmbia (definida estritamente) não chega a declinar em documentos registrados nas Américas. Fulas***** e

---

* Região de maciços montanhosos na parte central da Guiné-Conacri. Também grafada como: Futa Jalo, Futa Djallon, Fouta-Djalon ou Futa Yallon [N.R.].

15. BROOKS. *Eurafricans in Western Africa*, p. 293-294.

** Yemne, atemne, timne, temene, timmanee ou teimene [N.R.].

*** Kissi, kisi, gihi, gisi, gizi, assim ou den [N.R.].

**** Kikanga ou kanga [N.R.].

***** Fulani, foulbé, peul, peulh, foulah, fulanke, afuli, fellata, pulo, bafilache, fulakunda, jeeri [N.R.].

hauçás* foram exportados de costas africanas localizadas mais ao sul e ao leste na Costa dos Escravos ao longo do tempo durante o século XVIII; e também do Golfo de Biafra durante o século XIX.

O termo "Costa do Barlavento"** utilizado por traficantes de escravos no Atlântico designava uma localização imprecisa na África. Ele podia referir-se a qualquer lugar da Costa do Ouro até a Grande Senegâmbia e também aos locais que normalmente consideramos que signifique a Libéria e a Costa do Marfim. Em 1980, Armah, Jones e Johnson publicaram o primeiro desafio à definição de Curtin da "Costa do Barlavento", a costa das atuais Libéria e Costa do Marfim. Eles concluíram que o termo era vago, que ele nem sempre se encaixava na definição geográfica de Curtin, e que o número de africanos escravizados exportados da "Costa do Barlavento" de Curtin foi exagerado substancialmente. Michael A. Gomez incluiu viagens listadas como vindas da Costa do Barlavento nas viagens vindas de Serra Leoa. A região definida por Curtin como a "Costa do Barlavento" causava muitas dificuldades para os traficantes marítimos de escravos devido a rebentações severas e a uma resistência contínua e eficaz ao tráfico de escravos do povo cru***, que eram marinheiros muito hábeis que viviam na região. Desde os primeiros anos do tráfico atlântico de escravos, eles recusaram-se a fornecer africanos escravizados para os traficantes marítimos de escravos. Eles eram navegadores, remadores e nadadores muito hábeis que provocaram e auxiliaram revoltas entre africanos aprisionados em navios negreiros ancorados em suas praias. Os crus, descritos como *mala gente*, eram considerados muito perigosos pelos capitães do tráfico de escravos. Para obter escravos, os capitães tinham que enviar tripulações em barcos pequenos para surpreender, atacar e sequestrar suas vítimas. Essas invasões eram perigosas para os invasores e impro-

---

* Hawsa, haoussa, hausa, hausawa e as variantes em português: auçá, haussá, haússa [N.R.].

** Windward Coast [N.R.].

*** Kru, kra, krou, cravi, krawi ou krao [N.R.].

dutivas para a coleta de escravos[16]. Quando traficantes europeus de escravos tinham que atacar diretamente para obter escravos, isso normalmente significava que não existia um mercado para exportação de escravos. Eles certamente teriam preferido comprar africanos escravizados, em vez de se arriscar em ataques diretos para obtê-los. Ao longo do tempo, alguns africanos escravizados foram exportados da Costa do Barlavento. Mas o tráfico atlântico de escravos a partir dessa costa foi exagerado significativamente. Depois que a Costa do Ouro começou a exportar grande número de escravos, começando na década de 1650, a Costa do Marfim continuou a exportar marfim, e não escravos.

Em *The Trans-Atlantic Slave Trade Database*, 252 viagens (41,6% de 606 viagens) foram registradas como vindas simplesmente da "Costa do Barlavento (Windward Coast)". Isso poderia significar qualquer lugar da Grande Senegâmbia/Alta Guiné até o Golfo do Benim. O número de escravos comprados no primeiro porto de compra ao longo dessa "Costa do Barlavento" está faltando em 98,5% das viagens registradas. Sabe-se de apenas 62 viagens (10,2%) que resultaram na venda de escravos nas Américas. Muitas podem ter sido simples paradas para obter madeira, água e comida, e para a compra de outros produtos. Nossos peritos mais instruídos recomendam que excluamos os quincangas da Costa do Barlavento e os incluamos em Serra Leoa. Se excluirmos os quincangas, as designações étnicas africanas da "Costa do Barlavento" de Curtin são extremamente raras em documentos americanos. Armah, Jones e Johnson apontaram que elas eram muito raras nas listas de etnias africanas de escravos estudadas por Gabriel Debien e seus colegas. A única exceção possível é Cabo Lahou* – na verdade um porto, não uma designação étnica – que Debien incluiu na Costa do Ouro. Debien en-

---

16. AGUIRRE BELTRÁN. *La población negra de México*, p. 119.

* Atualmente Grande-Lahou ou "Grand-Lahou" na moderna Costa do Marfim [N.R.].

controu 26 quincangas e 25 Cabo Lahou entre 6.188 escravos na São Domingos ocupada pelos britânicos em 1796-1797[17]. David Geggus contou 253 etnias da Costa do Barlavento em seu estudo mais recente de 13.344 escravos em São Domingos. Entre eles, 124 foram listados como Mesurado/quincanga. Nenhuma outra etnia foi listada para essa costa. Apenas um "caplao" foi encontrado nos documentos da Louisiana: um cozinheiro de 25 anos chamado Joseph, que foi vendido pela primeira vez em 1815. Algumas das ilhas caribenhas menores listaram mais "Cabo Lahou". Inventários de Guadalupe listaram 49 "caplaous" (7% dos africanos de etnias identificadas" entre 1770 e 1789[18]. Barry Higman encontrou 231 Cabo Lahou entre 2.638 africanos de etnias identificadas, e nenhum quincanga, nas listas de registros de Santa Lúcia em 1815; nenhum Cabo Lahou e 140 quincangas estavam entre 2.986 africanos de etnias identificadas nas listas de São Cristóvão de 1817; 473 cuacuas (falantes do grupo linguístico cua que incluímos na Baixa Guiné), 160 Cabo Lahou e 270 quincangas nas 13.398 entradas para Trinidad de 1813; 62 quincangas e nenhum Cabo Lahou nos 1.136 escravos listados em Berbice em 1819. Nenhum africano da Costa do Barlavento, seja qual for a definição, foi listado entre os escravos em Anguila em 1827[19]. Os dados publicados depois de 1980 confirmam que a "Costa do Barlavento" de Curtin mal estava envolvida no tráfico atlântico de escravos a não ser que incluamos Cabo Lahou como parte da Costa do Barlavento; de qualquer forma, Cabo Lahou demorou a envolver-se e não gerou grandes números. Até meados do século XIX, os britânicos utilizavam principalmente marinheiros crus ao longo das praias inóspitas da Costa do Marfim para ajudá-los a suprimir o tráfico ilegal de escravos. Mas nessa épo-

---

17. ARMAH et al. "Slaves from the Windward Coast". • DEBIEN. *Les esclaves aux Antilles françaises*, p. 45, 46, 67.

18. GEGGUS. "Sex Ratio, Age, and Ethnicity". • VANONY-FRISCH. *Les esclaves de la Guadeloupe*, p. 32.

19. HIGMAN. *Slave Populations of the British Caribbean*.

ca alguns crus já estavam envolvidos nesse tráfico ilegal de escravos, e eles podem ter sido fundamentais no envio de alguns africanos da Libéria e da Costa do Marfim para as Américas[20].

Para compreendermos os padrões em fluxo da exportação de africanos de várias etnias, precisamos transcender o conceito de costas africanas como definidas por traficantes europeus de escravos e olhar para os padrões internos em fluxo na África. As etnias que viviam perto da costa do Atlântico muito provavelmente eram enviadas de portos nas costas onde viviam. Mas não há acordo entre os acadêmicos sobre a rapidez e a profundidade com as quais o tráfico atlântico de escravos envolveu povos que viviam no interior a distâncias consideráveis desses portos. Os povos africanos muitas vezes eram móveis, para escapar de ataques de traficantes de escravos, secas, fomes, guerras e formação de estados. No século XVIII, algumas das mesmas etnias do Cinturão Médio da África Ocidental localizado ao norte das costas da Baixa Guiné começaram a ser enviadas para as Américas de todas as três costas da Baixa Guiné nomeadas por traficantes de escravos no Atlântico. Por exemplo, sambas* foram enviados da Costa do Ouro e da Costa dos Escravos. No século XIX, hauçás foram enviados da Costa dos Escravos e do Golfo de Biafra.

Documentos que listam e descrevem africanos escravizados por todas as Américas são incrivelmente valiosos. Mas, como todas as formas de evidência histórica, eles têm suas vantagens e desvantagens. Uma de suas grandes vantagens é serem volumosos. Os escravos eram definidos legalmente como propriedade, portanto, muitas vezes há mais informações listadas em documentos sobre eles do que sobre pessoas livres. Muitos documentos contêm descrições detalhadas de escravos: seus nomes

---

20. BROOKS. *The Kru Mariners*.

* Chamba, tchamba, camba, tsamba, tshamba, batsaam, tsaam, samá, samma, danka [N.R.].

e os nomes de seus senhores, seus gêneros, idades, habilidades, doenças, familiares, suas personalidades como percebidas pelos senhores, suas origens (incluindo às vezes designações étnicas africanas) e seus preços. Quando escravos eram interrogados, eles muitas vezes identificavam suas próprias etnias (descritas como nações ou *castas*[21] nos documentos) ou as etnias de outros africanos. Existe todo um mundo de documentos conhecidos, desconhecidos e ainda a ser estudados que descrevem escravos e às vezes registram seu testemunho quando eles eram interrogados por várias razões: principalmente por fugirem ou por envolvimento em conspirações e revoltas contra a escravidão. As informações sobre escravos em documentos por todas as Américas são tão enormes que só agora é possível começar a compreendê-las graças aos avanços na tecnologia da informação. Essa nova fronteira da pesquisa histórica pode começar a restaurar os elos rompidos entre os africanos na África e seus descendentes nas Américas.

Tabela 2.1 Informação de origem de escravos em documentos da Louisiana

Origem Identificada			Porcentagem
Nascidos na África	"Nação" informada	8,994	55,9
	Guiné ou Costa da Guiné	1,043	6,5
	Outra origem costeira ou portuária	148	0,9
	"Africana", sem maiores detalhes	831	5,2
	"*Brut*" apenas, africanos novos	3,046	19,0
	Nascidos antes do tráfico de escravos começar	2,037	12,7
	Total	16,099	54,01

---

21. Em espanhol no original [N.T.].

Nascidos na América	Crioulo da Louisiana	9,814	72,1
	América britânica	2,183	16,0
	Caribenho não britânico	1,414	10,4
	Americano nativo	207	0,2
	Total	13,618	45,9
Total geral		**29,769**	

Fonte: calculada de HALL. *Louisiana Slave Database, 1719-1820*.

Nota: viagens do tráfico atlântico de escravos excluídas. Categoria "outros" (n = 52) não incluída.

Os documentos gerados no hemisfério ocidental são claramente a fonte mais rica de informações sobre as origens e etnias de africanos escravizados. Mas eles variam imensamente em qualidade e quantidade de informação, principalmente de acordo com as línguas em que foram escritos. Na América Latina, todas as transações envolvendo escravos eram registros públicos mantidos em ordem cronológica por tabeliães que trabalhavam em locais específicos, e podem ser estudadas sistematicamente ao longo do tempo e do espaço. Os documentos escritos em francês são de longe os mais informativos. Os documentos franceses normalmente listam centenas de etnias africanas distintas. Essas listagens raramente são portos ou outras designações geográficas.

Os documentos em francês são abundantes, bem organizados e, de modo geral, bem preservados, muitas vezes em volumes encadernados. Para São Domingos/Haiti, eles estão abrigados nos Arquivos Coloniais Franceses em Aix-en-Provence, na França. Eles ainda não foram estudados sistematicamente. Na Louisiana, os documentos de cartórios estão abrigados em tribunais de paróquias. Quase todos esses documentos datados entre 1723 e 1820 foram estudados e informatizados em bancos de dados. A riqueza de informações sobre etnias africanas em documentos em francês nas Américas explica por que os historiadores que os utilizaram – por exemplo, Gabriel Debien e sua equipe de pesquisadores, David Geggus, e eu – estão convencidos da importância de identificações étnicas nos documentos americanos.

Os documentos em inglês são os que contêm menos informações sobre etnias africanas. As colônias britânicas não tinham tabeliães para manter transações que envolviam escravos como registros públicos. Portanto, muitas vendas de escravos, inventários de escravos depois da morte de senhores, testamentos, contratos de casamento e outros tipos de documentos eram papéis particulares de indivíduos. Muitos desses documentos não foram preservados. Outros estão espalhados e são difíceis de obter e estudar ao longo do tempo e do espaço. As informações mais ricas e confiáveis sobre etnias africanas em documentos em inglês foram encontradas nas listas de registros de escravos em preparação para a emancipação geral nas Antilhas britânicas. Informações étnicas africanas sobre eles foram registradas em ilhas previamente francesas e também em Trinidad, que foi colonizada em grande parte por senhores franceses que falavam crioulo e escravos da Martinica. Barry W. Higman utilizou essas listas de registros para seus estudos sofisticados sobre a escravidão nas Antilhas britânicas. Além dessas listas, anúncios de jornal sobre escravos fugidos são a principal fonte de informação sobre etnias africanas em documentos em inglês. Daniel Littlefield foi o pioneiro no estudo deles para a Carolina do Sul. Sua análise detalhada e sofisticada ainda não foi superada. Michael A. Gomez utilizou eficazmente anúncios sobre escravos fugidos em seu estudo de etnias africanas nos Estados Unidos. Douglas B. Chambers coletou informações sobre etnias em anúncios de jornais sobre escravos fugidos na Jamaica[22].

Em documentos registrados no Brasil e na América Espanhola predominaram designações africanas costeiras e regionais amplas, e encontramos menos etnias africanas específicas registradas do que em documentos franceses. Enquanto os colonizadores e

---

22. GOMEZ. *Exchanging Our Country Marks.* • LITTLEFIELD. *Rice and Slaves.* • CHAMBERS. *Jamaican Runaways.*

funcionários espanhóis e portugueses agrupavam os africanos sob grandes denominações regionais ou costeiras, os africanos nessas colônias ibéricas nas Américas faziam distinções mais específicas entre eles do que às vezes emergem nos documentos, especialmente registros de testemunhos em tribunais onde africanos identificavam suas etnias específicas. Apesar de alguns africanos expostos a outros de etnias intimamente relacionadas nas Américas tenderem a superar suas identidades mais estreitas e localizadas e identificarem-se de modo mais amplo, eles muitas vezes resistiam às designações extremamente amplas projetadas sobre eles por traficantes ibéricos de escravos e funcionários coloniais[23]. Com exceção de Santiago de Cuba, onde refugiados franceses de São Domingos/Haiti eram uma parte significativa da população, os escravos registrados em documentos de vendas em Cuba eram listados sob categorias regionais amplas independentemente de suas etnias: por exemplo, "karabalí" para escravos do Golfo de Biafra; "mandês" para escravos da Senegâmbia; "ganga" (provavelmente derivado de quincanga) para escravos de Serra Leoa; "axante" para escravos da Costa do Ouro; "lucumí" para escravos da Costa dos Escravos; "congo" para escravos da África Centro-ocidental.

Tabela 2.2 Africanos com designações de "nação" vendidos em Cuba, 1790-1880

Etnia	Número vendido	Porcentagem
Karabalí (calabar)	1,873	27
Congo	1,901	28
Ganga (quincanga)	1,118	16
Lucumí (nagô/iorubá)	640	9
Mandê/Mandinga	663	9
Outra	712	10
Total	**6,917**	**100**

Fonte: Adaptada de BERGAD; IGLESIAS GARCÍA & BARCIA. *The Cuban Slave Market, 1790-1880*, p. 72, tabela 4.7.

---

23. REIS. "Ethnic Politics among Africans in Nineteenth-Century Bahia".

Moreno Fraginals encontrou algumas designações étnicas específicas listadas entre escravos inventariados depois da morte de senhores. Nós não sabemos de qual parte de Cuba esses inventários vieram, mas se eles seguirem os padrões de documentos de vendas, uma porcentagem muito grande de informações étnicas específicas vieram de documentos em francês em Santiago de Cuba.

Em Cuba, assim como no Brasil, sociedades de ajuda mútua oficiais foram organizadas e nomeadas de acordo com as designações africanas costeiras ou regionais mais familiares para os senhores e autoridades coloniais. Mas elas muitas vezes eram reorganizadas internamente de acordo com as etnias reconhecidas por seus membros africanos. Em Cuba, por exemplo, o nome de uma costa africana ou da etnia maior e mais bem conhecida vinda dessa costa era usada como a designação de um *Cabildo de Nación* particular, mesmo que ele provavelmente abrangesse povos bastante distintos. O *Cabildo de Karabalí* incluía os ibos*, falantes de uma língua cua, e os ibibios**, falantes de uma língua banta do noroeste. Alguns desses *Cabildos de Naciones* desintegraram-se seguindo linhas étnicas[24].

Em países latino-americanos onde a conversão de africanos para a fé católica era uma prioridade e a Igreja Católica mantinha registros de estatísticas vitais como documentos sacramentais (nascimentos, casamentos e mortes), algumas informações sobre etnias africanas foram colocadas no papel. Pelas razões discutidas abaixo, mesmo os melhores desses registros precisam ser utilizados com cuidado[25]. Apesar de os documentos sobre batismos de adultos refletirem a população africana melhor do que outros registros sacramentais, no Brasil eles não listaram etnias específicas, e as de-

---

* Igbo [N.R.].

** Ibíbio, Ibibyo ou agbishera [N.R.].

24. HOWARD. *Changing History*, p. 27, 37, 39, 74.

25. Para alguns registros sacramentais excepcionalmente úteis com informações ricas sobre designações étnicas africanas, cf. TARDIEU. "Origins of the Slaves in the Lima Region in Peru".

signações costeiras amplas que foram registradas não refletiam suas proporções entre os escravos africanos. Em documentos de batismo do Rio de Janeiro do século XVIII, as denominações de origens africanas eram poucas e muito amplas: Mina, Guiné, Costa Oeste, Cabo Verde e "Contracosta" (leste da África). Os escravos da África Centro-ocidental – congueses e angolanos – tinham maior probabilidade de ter sido batizados antes de saírem da África. Eles estariam sub-representados em documentos de batismo e super-representados em listas de pertencimento de igrejas devido à sua exposição ao cristianismo na África. Os africanos islamizados da Alta Guiné tinham maior probabilidade de resistirem ao batismo e, portanto, estariam sub-representados nos registros sacramentais. Os africanos da Costa dos Escravos, listados em documentos brasileiros sob a denominação ampla "Mina", raramente eram batizados na África, e, portanto, eram batizados no Brasil em proporções maiores. No Brasil, assim como na Louisiana, e provavelmente em outros lugares, as mulheres adultas aceitavam o batismo mais facilmente do que homens adultos. Portanto, os africanos da Costa dos Escravos, listados como Mina no Brasil, estariam super-representados parcialmente por causa de uma proporção maior de mulheres entre eles[26].

---

26. SOARES. *Devotos da cor*, p. 80, 83-84.

Tabela 2.3 Africanos com designações étnicas registrados em fazendas de açúcar e café cubanas

Designação étnica	1760-1769		1800-1820		1850-1870		Total	%
	Número	%	Número	%	Número	%		
Congo	1,305	30,3	1,201	22,21	1,532	16,71	4,038	21,6
Karabalí	1,090	25,31	1,380	25,53	1,589	17,37	4,059	21,7
Lucumí*	354	8,22	453	8,38	3,161	34,52	3,968	21,2
Mandinga	560	13,0	1,037	19,18			1,597	9,0
Mina	248	5,8	365	7,0	363	4,0	976	5,2
Arará**	168	3,9					168	0,9
Ganga***	151	3,5	409	7,57	1,053	11,45	1,613	8,6
Macua	134	3,11					134	0,7
Moçambique	117	2,72					117	0,6
Mondongo			201	3,72			203	1,1
Bricamo			199	3,68			199	1,1
Marabi	180				269	2,95	269	1,4
Bibi****					268	2,94	268	1,4
Outras		4,18			942	10,13	1,122	6,0
Total	**4,307**		**5,245**		**9,177**		**18,731**	

Fonte: Adaptação de FRAGINALS, M. "Africa in Cuba", p. 190-191, tabelas 2-4.
* Ioruba, nagô [N.R.].
** Aradá, aja, fom [N.R.].
*** Quincanga. Também escrito "Canca" ou "Canga" [N.R.].
**** Ibibio [N.R.].

Algumas designações que parecem ser etnias na verdade referem-se a regiões. Os primeiros documentos em espanhol aglomeravam todos os africanos da mesma região sob o nome da etnia mais bem conhecida dessa região. Durante o século XV, por exemplo, os escravos em Valência, na Espanha, eram designados através dos nomes das principais etnias que viviam em regiões amplas da Grande Senegâmbia. *"Jalof"** significava todo o norte da Alta Guiné, *"mandega"*** significava a Alta Guiné central (do Gâmbia até o

---

* Em referência aos "jalofos" (ou wolof, wólof, ouolof, uolofo, uólofe) [N.R.].
** Em referência aos mandês (ou mandinga, mandingo, manden, mandenka, mandeng, mandingue, mande, mandinka) [N.R.].

rio Geba), e *"sape"* significava o sul da Alta Guiné. De acordo com George E. Brooks, "sape" significava a etnia timené[27].

Mariza Soares descobriu e estudou documentos notáveis sobre os grupos makis organizados na Irmandade da Mina no Rio de Janeiro durante o século XVIII. Os makis viviam ao norte do reino de Daomé. Eles foram invadidos frequentemente depois de Daomé capturar Ajudá e estabelecer-se na costa atlântica no final da década de 1720, quando os makis começaram a chegar ao Brasil em números significativos. A Irmandade da Mina dividia-se em dois grandes grupos: os daomeanos (fons*) e outros grupos menos conhecidos que foram invadidos por Daomé para obter escravos. Essas etnias identificavam-se como maki, agolin, sabaru e ianno. Todas elas falavam a "língua geral da Mina" do Brasil, demonstrando um processo aparentemente contraditório de integração e desintegração ao longo de linhas étnicas. Cada etnia dentro dessa irmandade elegia seus próprios reis, rainhas e regentes. O primeiro rei maki, Capitão Ignacio Gonçales Monte, foi eleito em 1764. Ele afirmava ser descendente dos reis dos makis. Esses makis rejeitavam os daomeanos como pagãos[28].

Os documentos portugueses e brasileiros normalmente identificam os africanos pelo porto do qual partiram[29] ou, no caso de Moçambique, pela região da qual eles foram exportados[30]. Assim, os portos de origem da África Centro-ocidental muitas vezes eram usados para os nomes de africanos no Brasil: por exemplo, Fortunato Cabinda, José Benguela. Designações regionais am-

---

27. BUHNEN. "Ethnic Origins of Peruvian Slaves". • BROOKS. *Eurafricans in Western Africa*, p. 167.

* Fon nu, fongbe, djedji, fo [N.R.].

28. SOARES. *Devotos da cor*, p. 78, 92-93, 201-230.

29. LOVEJOY. "Ethnic Designations of the Slave Trade". Para uma discussão cuidadosa e sofisticada dos vários significados de designações raciais e étnicas de escravos em documentos brasileiros, cf. KARASCH. *Slave Life in Rio de Janeiro*, p. 3-28.

30. MEDEIROS. "Moçambicanização dos escravos saídos pelos portos de Moçambique". • ALPERS. "'Moçambiques' in Brazil".

plas eram frequentemente incluídas aos nomes de escravos: por exemplo, Domingos Mina, Vitorino Moçambique.

Os significados dessas "nações" registradas em documentos americanos não são óbvios. Não há nenhum corpo de conhecimento detalhado existente sobre etnias africanas históricas nem na África ou nas Américas. As designações e identidades étnicas mudaram em ambos os lados do Atlântico durante os 400 anos do tráfico atlântico de escravos. É fácil perder-se no labirinto de centenas de designações nominais de uma grande variedade de povos por mais de quatro séculos. Os acadêmicos frequentemente se concentram em como os europeus na África identificavam etnias africanas. Mas a relevância das observações de europeus na África sobre os africanos trazidos para as Américas é muitas vezes questionável. Há fortes evidências de que designações étnicas específicas registradas em documentos americanos eram, frequentemente, autoidentificações. Por exemplo, seria impossível os senhores terem familiaridade com as centenas de designações étnicas listadas em documentos franceses.

Apesar de muitos estudiosos voltarem-se para a África para compreender como os europeus designaram africanos de várias etnias ao longo do tempo e do espaço, nossa informação mais confiável vem de como os africanos identificavam-se nas Américas. Com exceção do caso dos recapturados de viagens ilegais do tráfico de escravos trazidos para Serra Leoa durante a primeira metade do século XIX, etnias africanas autoidentificadas são raras nos documentos históricos da África[31]. Mas elas são frequentes nas Américas. Parte de nossas informações melhores e mais detalhadas vem da Louisiana. A população total de escravos no início da Louisiana era pequena comparada à de muitos

---

31. *African Ethnonyms and Toponyms*. Para uma discussão de seu estudo recente sobre os recapturados em Serra Leoa e Havana, cf. ELTIS & NWOKEJI. "The Roots of the African Diaspora" e "Characteristics of Captives Leaving the Cameroons for the Americas, 1822-1837".

outros lugares nas Américas. Mas a riqueza da informação, especialmente sobre etnias africanas, é certamente única para os documentos sobre escravos que se tornaram parte da população dos Estados Unidos e muito possivelmente para os documentos gerados em qualquer lugar das Américas.

Africanos de Moçambique no Brasil

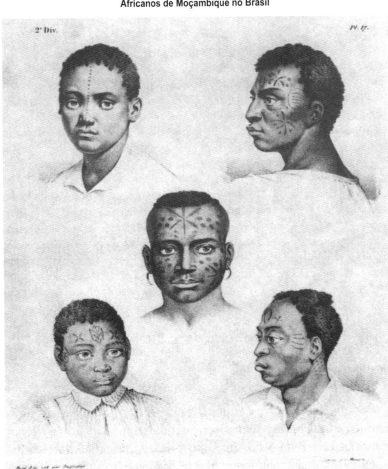

Fonte: RUGENDAS, J.M. *Voyage pittoresque dans le Brésil*, 1835.

Africanos centro-ocidentais no Brasil

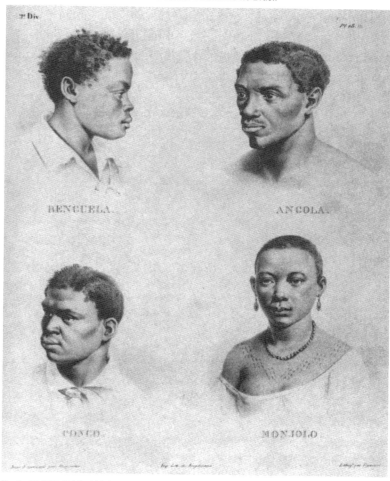

Fonte: RUGENDAS, J.M. *Voyage pittoresque dans le Brésil*, 1835.

O *Louisiana Slave Database, 1719-1820*[32] ilumina sistematicamente as circunstâncias sob as quais etnias africanas eram identificadas. Toda a documentação existente indica autoidentificações ou, ocasionalmente, identificações por outros africanos.

---

32. *Banco de dados de escravos da Louisiana, 1719-1820* [N.T.].

Diferentes "nações" africanas no Brasil

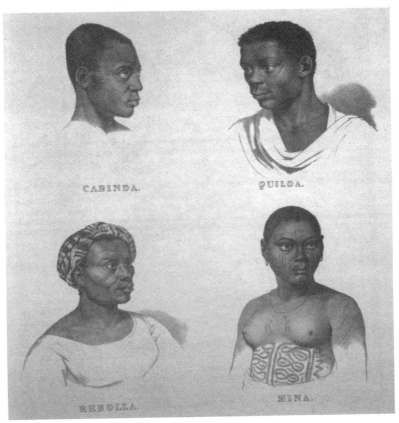

Fonte: RUGENDAS, J.M. *Voyage pittoresque dans le Brésil*, 1835 [Da página "The Atlantic Slave Trade and Slave Life in the Americas: A Visual Record" – Disponível em http://hitchcock.itc.virginia.edu/Slavery].

Os casos mais claros de autoidentificação envolvem escravos testemunhando em procedimentos jurídicos. Esses interrogatórios quase sempre envolviam escravos fugidos recapturados e escravos acusados de envolvimento em conspirações ou revoltas contra a escravidão. Após prestarem juramento, uma das perguntas que normalmente ocorria, entre outras perguntas-padrão, era "Qual é sua nação?"

Homens e mulheres de Benguela e do Congo vivendo no Brasil

Fonte: RUGENDAS, J.M. *Voyage pittoresque dans le Brésil*, 1835 [Da página "The Atlantic Slave Trade and Slave Life in the Americas: A Visual Record – Disponível em http://hitchcock.itc.virginia.edu/Slavery].

Quando se pedia para identificarem outros escravos, eles muitas vezes identificavam sua "nação" africana como parte da descrição. Como havia números substanciais de africanos da mesma etnia e região por toda a Louisiana, representações errôneas deliberadas de etnias africanas criariam problemas. Apesar de os africanos muitas vezes serem poliglotas, a língua usada pelos africanos novos dificultaria representações errôneas. Sem dúvida, alguns africanos identificavam-se com etnias maiores e mais conhecidas nas Américas que eram próximas às deles. Mas a grande variedade de designações étnicas encontrada nos documentos da Louisiana minimiza, ainda que não exclua, essa possibilidade.

Os 8.994 registros no *Louisiana Slave Database* que contêm informações específicas sobre etnias africanas envolvem 217 etnias diferentes, muitas delas soletradas de vários modos diferentes. Dessas, 96 foram identificadas, apesar de ainda ser necessário refinar melhor as identificações com a participação de outros estudiosos. Existem 121 designações étnicas (consistindo em apenas 152 indivíduos) cuja "nação" foi registrada, mas ainda não podem ser identificadas. Muitas das etnias identificadas e todas as não identificadas foram representadas por muito poucos indivíduos, frequentemente apenas um. Entre os 8.842 africanos de etnias identificadas (excluindo "Guiné" e etnias listadas, mas não identificadas), 96,2% (n = 8.508) aglomeraram-se em 18 etnias variando entre um mínimo de 66 para os edos do Golfo do Benim e um máximo de 3.035 para os congueses da África Centro-ocidental[33]. Apesar de as designações nominais das etnias mais frequentes variarem com o tempo e o lugar, todas elas podem ser encontradas em números substanciais por todas as Américas. As etnias africanas descritas em pouquíssimos documentos são de interesse particular para os especialistas em história africana, mas elas são de número pequeno demais para serem usadas em estudos sobre a distribuição de etnias africanas nas Américas.

A Tabela 2.4 mostra os padrões variáveis de introdução das etnias africanas mais frequentes na Louisiana ao longo do tempo e por gênero. Selecionando períodos de tempo mais curtos e locais particulares, podemos estudar o padrão do aparecimento de

---

33. HALL. *Louisiana Slave Database*. Recodificado no arquivo SPSS.sav fornecido na publicação em CD e na página da internet como o campo recodificado Afreq.

Tabela 2.4 As dezoito etnias mais frequentes por gênero na Louisiana, 1719-1820

Etnia		Homens	Mulheres	Total
Bambara	Número	413	53	466
	Porcentagem	88,6%	11,4%	100,0%
	% do total	4,9%	0,6%	5,5%
Mandê/Mandinga	Número	617	305	922
	Porcentagem	66,9%	33,1%	100,0%
	% do total	7,3%	3,6%	10,9%
Nar/Mouro	Número	101	35	136
	Porcentagem	74,3%	25,7%	100,0%
	% do total	1,2%	4,0%	1,6%
Poulard/Fula	Número	160	50	210
	Porcentagem	76,2%	23,8%	100,0%
	% do total	1,9%	0,6%	2,5%
Senegal/Jalofo	Número	363	234	597
	Porcentagem	60,8%	39,2%	100,0%
	% do total	4,3%	2,8%	7,1%
Quissi/Den	Número	51	35	86
	Porcentagem	59,3%	40,7%	100,0%
	% do total	0,6%	0,4%	1,0%
Quincanga	Número	210	129	339
	Porcentagem	61,9%	38,1%	100,0%
	% do total	2,5%	1,5%	4,0%
Aja/Fon/Arará	Número	126	117	243
	Porcentagem	51,9%	48,1%	100,0%
	% do total	1,5%	1,4%	2,9%
Samá	Número	276	139	415
	Porcentagem	66,5%	33,5%	100,05
	% do total	3,3%	1,6%	4,9%
Hauçá	Número	122	11	133
	Porcentagem	91,7%	8,3%	100,0%
	% do total	1,4%	0,1%	1,6%
Mina	Número	430	198	628
	Porcentagem	68,5%	31,5%	100,0%
	% do total	5,1%	2,3%	7,4%

Nagô/Iorubá	Número	247	111	358
	Porcentagem	69,0%	31,0%	100,0%
	% do total	2,9%	1,3%	4,2%
Edo	Número	38	28	66
	Porcentagem	57,6%	42,4%	100,0%
	% do total	0,5%	0,3%	0,8%
Ibo	Número	287	237	524
	Porcentagem	54,8%	45,2%	100,0%
	% do total	3,4%	2,8%	6,2%
Ibibio/Moco	Número	61	21	82
	Porcentagem	74,4%	25,6%	100,0%
	% do total	0,7%	0,2%	1,0%
Calabar	Número	88	59	147
	Porcentagem	59,9%	40,1%	100,0%
	% do total	1,0%	0,7%	1,7%
Congo	Número	2,064	924	2,988
	Porcentagem	69,1%	30,9%	100,0%
	% do total	24,4%	10,9%	35,4%
Macua	Número	67	35	102
	Porcentagem	65,7%	34,3%	100,0%
	% do total	0,8%	0,4%	1,2%
Total	**Número**	**5,721**	**2,721**	**8,442**
Porcentagem dentro do gênero		**67,8%**	**32,2%**	**100%**

Fonte: Calculada a partir de HALL. *Louisiana Slave Database, 1719-1820.*

etnias africanas em documentos da Louisiana em grande detalhe. Esses estudos, incluindo estudos etários, podem iluminar os padrões de exportação da África.

O *Louisiana Slave Database*, nossa ferramenta mais detalhada e sofisticada sobre as designações étnicas africanas nas Américas, indica que, quando os africanos novos eram vendidos pela primeira vez, suas etnias raramente eram identificadas. Quanto mais tempo os africanos permanecessem na Louisiana, maior a probabilidade de suas etnias serem identificadas. Se esses padrões da Louisiana puderem ser generalizados, parece que eram os africanos nas Américas, e não os traficantes de escravos ou senhores, que identificavam as etnias africanas registradas em documentos americanos. Os documentos de venda, especialmente de africanos recém-chegados (descritos como *new Africans* em inglês, *bruts* em francês, *bozales* em espanhol), tendem a aglomerar os africanos em apenas algumas das etnias ou origens costeiras mais bem conhecidas, e nem sempre oferecem tais descrições. Os africanos escravizados que passaram muitos anos nas Américas e depois foram revendidos tinham suas etnias específicas registradas com mais frequência do que africanos recém-chegados. Os inventários de africanos em propriedades depois de seus senhores morrerem oferecem designações étnicas muito mais numerosas e detalhadas do que qualquer outro tipo de documento. Em documentos de inventários de legado gerados depois da morte de senhores, assim como documentos de venda listando e descrevendo escravos na Louisiana, vários tabeliães explicaram que não podiam listar a "nação" africana de certos escravos porque esses escravos não sabiam qual era sua nação: por exemplo, Quebra "não sabe sua nação"; Marie "não sabe sua nação"; Francine, 23 anos, uma mulher da Guiné, "não sabe o nome de sua nação"[34].

Além dessas evidências impressionantes, mas ainda em grande parte anedóticas, os padrões gerais revelados por cálculos feitos a partir do *Louisiana Slave Database* argumentam de modo ainda mais convincente que os próprios africanos escravizados – e não os senhores ou avaliadores – normalmente identificavam suas etnias. Quanto mais os africanos permanecessem na Louisiana, mais provável seria que suas etnias africanas es-

---

34. Registros do Conselho Superior da Louisiana, 1738:04:11, 1743: 09:09:06. • Centro Histórico da Louisiana, Nova Orleans; Atos Originais da Paróquia Pointe Coupée, 6 de dezembro de 1802, New Roads, LA. Essa informação também pode ser encontrada nos campos de comentários dos registros sob essas datas e locais em HALL. *Louisiana Slave Database*.

pecíficas fossem identificadas. Dos africanos recém-chegados vendidos na Louisiana, 81,7% (n = 2.860; t = 3.499) eram listados simplesmente como *brut* ou *bozal*, e 3,0% (n = 106) deram apenas sua origem costeira africana. Apenas 15,3% (n = 553) listaram designações étnicas específicas. A idade média dos africanos recém-chegados que listaram idades numéricas era 19,2 anos (n = 2.867). Quando africanos com etnias registradas e não listados como *brut* ou *bozal* eram vendidos, sua idade média era 26,4 anos (n = 3.946). Eles eram principalmente escravos revendidos que já estavam na Louisiana havia sete anos, em média. Quando africanos com etnias registradas eram inventariados e avaliados em documentos de legado depois da morte de seus senhores, sua idade média era 34,5 anos (n = 4.489). Eles estavam na Louisiana havia 15 anos, em média. A idade média de todos os africanos com idade numérica e informação étnica africana específica registrada era 31,2 anos (n = 8.226). Os escravos com etnias africanas registradas eram 68,3% (n = 4.750; t = 6.955) de todos os escravos africanos listados em documentos de legado; 46,4% (n = 3.448; t = 7.435) listados em documentos de venda; e 46,6% (n = 796; t = 1.709) listados em todos os outros tipos de documentos. Essas cifras excluem cidades, aldeias, costas, portos ou outras designações geográficas. O maior número de designações costeiras, de longe, era listado como Guiné ou Costa da Guiné: um total de 1.052 registros, que foram excluídos dos cálculos exibidos acima.

Para recapitular, os africanos recém-chegados tinham a menor probabilidade de registro de suas etnias em documentos. Os africanos que passavam vários anos na Louisiana e depois eram revendidos tinham grande probabilidade de registro de suas etnias. Os africanos que ficavam muitos anos na Louisiana e eram inventariados e vendidos depois da morte do senhor tinham a maior probabilidade de registro de suas etnias. Uma explicação verossímil é que os africanos novos tinham maior dificuldade em comunicar-se, e portanto não conseguiam identificar suas etnias. Mas depois de passarem alguns anos na Louisiana, eles podiam comunicar-se melhor. Quanto mais tempo eles passassem na Louisiana, maior a probabilidade de eles poderem se comunicar e identificar suas etnias. É razoável concluir que as designações étnicas africanas listadas nos documentos da Louisiana, em sua imensa maioria, envolviam autoidentificações de africanos. O papel de traficantes marítimos de escravos nesse processo era aparentemente bastante limitado. Nem os senhores nem os avaliadores poderiam ter familiaridade com as centenas de designações étnicas listadas nesses documentos. Nós podemos minimizar com segurança o papel deles na identificação das etnias africanas dos escravos trazidos para a Louisiana, e provavelmente também em outros lugares das Américas. Esse padrão surpreendente de quando, onde e como as etnias africanas eram identificadas questiona a pressuposição de uma perda muito rápida de autoidentificações étnicas africanas particulares durante o processo de crioulização. Até termos estudos de bancos de dados de outras colônias, nações e regiões, não poderemos saber até que ponto esses padrões podem ser generalizados com confiança para todas as Américas.

É óbvio que os nomes para lugares, regiões e povos na África precisam ser examinados cuidadosamente. Poucos historiadores que estudam etnias africanas nas Américas as enxergam como "tribos"[35]. "Tribo" é um termo estático com fortes conotações que implicam um caráter primitivo. Ele pressupõe que todos os africanos identificavam-se de acordo com o parentesco, quando na verdade a base para a identificação grupal entre os africanos variava bastante e mudava com o lugar e a época. No processo de construção de estados, tradições matrilineares fortes eram uma força seriamente desestabilizadora, especialmente em sociedades polígamas. Por exemplo, em Angola, para destruir o

---

35. Um termo inapropriado utilizado corriqueiramente em MULLIN. *Africa in America.*

poder de descendentes matrilineares, os imbangalas* (jagas) impediam suas esposas de ter filhos, às vezes matando suas esposas e seus filhos biológicos, ou excluindo-os de suas comunidades. Eles adotavam crianças capturadas que não eram aparentadas a eles por sangue. Os homens da elite às vezes se casavam com mulheres escravas para frustrar as ambições, exigências e conflitos entre suas coesposas e filhos. Na região do Alto Níger durante o século XVIII, a expansão do Estado "bambara" de Segu foi construída e consolidada através da substituição da descendência pela afiliação a grupos etários e lealdades pessoais[36]. Assim, hierarquias tradicionais baseadas no parentesco e na descendência foram destruídas quando surgiram novas entidades políticas que exigiam novas lealdades.

Muitos africanos tinham uma identificação ampla e com bases políticas com impérios, reinos e entidades menores antigos e mais recentes. Alguns grupos de africanos receberam designações nominais de outros grupos africanos, mas, é claro, mantinham entre eles seus próprios nomes e identificações. Alguns traficantes atlânticos de escravos referiam-se a certos povos utilizando designações geográficas portuárias, regionais e costeiras, entre outras. Por exemplo, os portugueses nomearam as Ilhas Bijagós devido ao povo bijagó que lá vivia[37]. Línguas comuns, mutuamente inteligíveis e próximas eram fatores importantes, mas não necessariamente decisivos para a identidade. Por exemplo, os bamanas** e os mandês falavam dialetos mandês mutuamente inteligíveis, mas eles tinham conflitos históricos e religiosos que resultaram na manutenção de identidades separadas tanto nas

---

* Bângalas [N.R.].

36. Para os conflitos entre filhos de coesposas, cf. NIANE. *Sundiata*. Para o estado "bambara" de Segu, cf. HALL. *Africans in Colonial Louisiana*, p. 42-45. Para a África Centro-ocidental, cf. VANSINA. *Kingdoms of the Savanna*, p. 139-140. • MILLER. *Kings and Kinsmen*, p. 128-173.

37. COSTA E SILVA. *A manilha e o libambo*, p. 153.

** Maneira como os bambaras se autodenominavam. Também banmana ou bamanaw [N.R.].

Américas quanto na África. Os africanos da Costa dos Escravos no Brasil falavam a língua geral da mina criada no Brasil, mas aqueles atacados e escravizados na África pelo reino do Daomé distinguiam-se dos daomeanos e permaneciam hostis a eles.

As designações para regiões e etnias africanas variavam entre os traficantes europeus de escravos. Os traficantes britânicos na África referiam-se a toda a África Centro-ocidental como Angola, e os documentos em inglês nas Américas tendiam a listar todos os africanos centro-ocidentais como angolanos. Os documentos do tráfico inglês de escravos que indicam o porto de origem na África Centro-ocidental são vagos, o que obscurece ainda mais as origens das viagens inglesas a essa região. Entre as 933 viagens inglesas para a África Centro-ocidental registradas em *The Trans-Atlantic Slave Trade Database*, 68,7% (n = 641) listam o principal porto de compra de escravos simplesmente como Angola[38]. Os documentos franceses e espanhóis tendem a listar todos os africanos centro-ocidentais como congueses: por exemplo, 93% (n = 4.561) nas listas de São Domingos no século XVIII estudadas por David Geggus[39]. Os cálculos de Michael Gomez a partir da coleção de Gabriel Debien de designações étnicas em São Domingos durante 1796 e 1797 indicam que todos os africanos centro-ocidentais foram listados como congueses (n = 1.651)[40]. No *Louisiana Slave Database*, 97% (n = 3.152) dos africanos da África Centro-ocidental foram listados como congueses. Apenas 25 foram listados como angolanos, e 18 destes foram trazidos da Carolina do Sul em 1783 pelo Dr. Benjamin Farar. Apesar de todos os africanos centro-ocidentais serem normalmente registrados como angolanos em colônias britânicas, anúncios de

---

38. Calculado a partir de ELTIS et al. *The Trans-Atlantic Slave Trade Database.*
39. GEGGUS. "Sex Ratio, Age, and Ethnicity". Para a identidade conguesa dos escravos descritos em documentos da Carolina do Sul como "angolanos", cf. THORNTON. "African Dimensions of the Stono Rebellion". Calculado a partir de HALL. *Louisiana Slave Database.*
40. GOMEZ. "African Identity and Slavery in America".

escravos fugidos em jornais jamaicanos depois de 1775 (1776-1795 e 1810-1817) descreveram 499 deles como congueses enquanto apenas 27 foram descritos como angolanos. Cinco foram descritos como angolanos e nenhum como conguês antes de 1776, o que talvez indique um aumento de precisão quando mais africanos centro-ocidentais entraram na Jamaica com o passar do tempo[41]. Várias etnias da África Centro-ocidental registradas em números significativos não foram listadas simplesmente como conguesas ou angolanas; em vez disso, elas foram listadas como *mungolas* na Jamaica, monjolos no Brasil, *mandongos* na Louisiana e em Cuba e *mondongues* em São Domingos. Mas relativamente poucos documentos criados nas Américas listam um número ou variedade significativa de etnias distintas da África Centro-ocidental. A explicação parcial para isso talvez seja o padrão específico de povoamento das comunidades pescadoras ao longo do rio Congo, que resultou em relações linguísticas e de parentesco próximas entre povos que viviam em áreas geográficas amplas[42]. Mary Karasch encontrou um conjunto de etnias específicas da África Centro-ocidental descritas em relatos de viajantes ao Rio de Janeiro durante o século XIX[43].

Algumas designações que os acadêmicos consideram significar como portuárias ou costeiras tinham outros significados. Na Louisiana, e sem dúvida também em outros locais das Américas, "senegal", uma designação costeira, significava jalofo. Durante os primeiros anos da presença africana na Louisiana, Le Page du Pratz, diretor da Companhia das Índias, notou que os jalofos eram chamados de senegais pelos colonizadores franceses, mas continuavam a chamar-se de jalofos (*djolaufs*) entre si[44]. "Mina" normalmente não significava escravos que vinham da fortaleza/porto de São Jorge da Mina (Elmina) na Costa do Ouro. Ela era

---

41. Calculado por Chambers em seu *Jamaican Runaways*.
42. HARMS. *River of Wealth, River of Sorrow*, p. 111-142.
43. KARASCH. *Slave Life in Rio de Janeiro*.
44. LE PAGE DU PRATZ. *Histoire de la Louisiane*. Vol. 1, p. 342-345.

uma designação que referia-se a etnias diferentes ao longo do tempo e do espaço, mas ela certamente às vezes significava pessoas de Popó Pequeno, originalmente falantes de acã que migraram do oeste do rio Volta. Eles frequentemente eram chamados de mina-popó no Brasil e em Cuba. Popó muitas vezes se escrevia *"Pau Pau"* em inglês. As designações "mina-nagô" e mesmo "mina-congo" às vezes eram encontradas no Brasil[45].

Alguns africanos nas Américas, quando perguntados sobre a identidade de sua "nação", respondiam com o nome de sua aldeia ou distrito. Mas isso não necessariamente significava que eles não tivessem uma autoidentidade mais ampla ou que fossem tão isolados a ponto de não ter nenhum conceito da existência de outros povos. O isolamento não era de modo algum universal entre os africanos envolvidos no tráfico atlântico de escravos. Redes comerciais antigas e extensas que envolviam a venda de produtos feitos por toda a África ligavam regiões costeiras ao interior, e chegavam até o Saara e o Oceano Índico. Esse comércio ativo existia por muitos séculos antes do tráfico atlântico de escravos. Com a exceção do fornecimento de escravos para venda nos portos, o comércio atlântico enfraqueceu as ligações comerciais com o interior. Guerras, conquistas, sequestros e ataques por escravos cresceram às custas da produção e do comércio interno. Enquanto o preço de escravos aumentou com o passar dos séculos e produtos têxteis baratos do leste da Índia, e depois da Inglaterra, conquistaram o mercado africano, a produção africana tendeu a perder seus incentivos econômicos[46]. O tráfico marítimo de escravos criou economias de enclave ao longo das costas voltadas para suprir os navios, especialmente com comida para as viagens. Apesar de o tráfico atlântico de escravos ter introduzido novos produtos de todo o mundo para o comércio com vários produtos africanos – que incluíam ouro, cobre e outras moedas, marfim, goma, pimenta e outros temperos, têxteis, noz de cola,

---

45. ACOSTA SAIGNES. *Vida de los esclavos negros en Venezuela*, p. 152-153.
46. INIKORI. "West Africa's Seaborne Trade".

arroz, painço, sorgo, inhames e outros alimentos além de escravos[47] – não se justifica uma rejeição geral do argumento de Walter Rodney de que a Europa subdesenvolveu a África[48].

Os padrões de autoidentidade entre os africanos diferiam de região para região na África e nas Américas. Por exemplo, na Grande Senegâmbia, os jalofos e os mandês vinham de sociedades estratificadas com uma longa tradição de formação de estados e autoidentidade. Os pastores e guerreiros fulas, muito islamizados e bastante móveis, relocaram-se por grandes distâncias ao sul e ao leste de seu lar original nas partes intermediárias do rio Senegal para proteger seus rebanhos da seca. Em suas migrações pelo oeste da África, os fulas também estavam ativos em guerras e na captura e venda de escravos. Essas etnias identificavam-se claramente como povos distintos que viviam em áreas geográficas extensas. Os africanos de pequenas comunidades locais em partes da Alta Guiné, ao longo do Golfo de Biafra, ou em partes da África Centro-ocidental onde sistemas estatais burocráticos e estratificados eram menos comuns geralmente se identificavam em termos de sua vizinhança imediata. Para citar um exemplo de um documento de Opelousas, na Louisiana, datado de 1802: Celeste, a filha crioula de 13 anos de um casal de escravos africanos, foi acusada de atacar seu senhor com um machado e quase matá-lo. Quando os pais dela foram chamados para testemunhar, ambos explicaram que não sabiam suas idades e não proferiram nenhuma religião. Há pouca dúvida sobre a etnia do pai; ele autoidentificava-se como mandê, uma etnia altamente islamizada. A mãe de Celeste testemunhou que seu "país" chamava-se "Yarrow" (Jarrow?), que era o nome que ela usava para si mesma[49]. Um escravo de Maryland, Yarrow Mah-

---

47. NIANE. "Introduction". • NIANE. "Relationship and Exchanges among the Different Regions". [NIANE, "Introdução"; NIANE, "Relações e intercâmbios entre as várias regiões" [N.R.]].

48. RODNEY. *How Europe Underdeveloped Africa.*

49. Procédure criminelle contre la nomée Celeste de Jacob Beam et le nommé Urbin nègre (Procedimento criminal contra a chamada Celeste de Jacob Beam e

mout, viveu até uma idade avançada praticando abertamente a fé muçulmana. O nome pessoal ou de lugar Yarrow pode ter tido uma importância religiosa[50].

É óbvio que ao longo de quatro séculos os significados dessas designações nominais mudaram. Alguns povos receberam nomes de seus vizinhos ou de outros africanos. Mas, quando um grupo de pessoas era nomeado por outro, eles ainda assim tinham várias bases de autoidentificação e seus próprios nomes para si mesmos. Os africanos tinham identidades de grupo na África e também nas Américas. Negar que as etnias existiam na África e pressupor que as muitas e variadas designações étnicas africanas registradas em documentos nas Américas não se originaram na África, e foram criadas nas Américas, é pior do que ser nomeado por outras pessoas. Isso nega as raízes dos povos na África, incluindo seus nomes, isso os torna homogêneos, e os torna invisíveis. Os povos africanos são os únicos que foram sujeitados a esse grau de negação pelos acadêmicos[51].

É compreensível que alguns acadêmicos desesperem-se tendo em vista o número estonteante de designações étnicas africanas com escritas, pronúncias e significados diferentes registradas em várias línguas ao longo de muitos séculos em regiões vastas de ambos os lados do Atlântico. Ainda assim, podemos ir longe se nos concentrarmos nas relativamente poucas etnias africanas listadas mais frequentemente em documentos por todas as Américas, apesar do fato de elas muitas vezes serem registradas sob nomes variados. Nós vimos que as melhores evidências que temos agora indicam que essas designações étnicas normalmente eram autoidentificações por africanos nas Américas, e não identificações de traficantes de escravos em um dos lados do Atlântico, ou no mar.

---

o chamado negro Urbin). • Atos Originais de Opelousas Post, março a junho de 1802. • Arquivos Estaduais da Louisiana, Baton Rouge.

50. DIOUF. *Servants of Allah*, p. 60, 78, 87, 180.

51. GOMEZ. "African Identity and Slavery in America".

O estudo de etnias africanas nas Américas foi amplamente negligenciado nas últimas três décadas. A influente tese Mintz-Price foi publicada em 1976[52]. Ela afirmava uma diversidade extrema e uma distribuição aleatória dos africanos trazidos para o hemisfério ocidental. Essa obra tem várias virtudes, incluindo sua ênfase parcial em mudanças ao longo do tempo. Ela enfatiza a importância do período formativo inicial de crioulização nas Américas, ainda que nenhum padrão de crioulização possa ser generalizado com segurança. Infelizmente, a conclusão mais influente da tese Mintz-Price é falha por causa de sua abordagem estática do tráfico atlântico de escravos e também por sua projeção de padrões supostamente encontrados em um pequeno lugar das Américas para todo o hemisfério ocidental. Ela aniquila o tempo e então calcula a porcentagem de viagens do tráfico atlântico de escravos que chegaram ao Suriname de várias costas africanas. Ao generalizar essa descoberta falha, a tese conclui que o impacto de regiões e etnias africanas particulares na formação das culturas afro-crioulas nas Américas foi inexistente ou insignificante. Mas africanos das mesmas regiões e etnias chegaram a vários lugares nas Américas em ondas, e frequentemente se aglomeravam no tempo e no espaço. A percepção dinâmica e análises comparativas revelam padrões aglomerados, enquanto a percepção estática dá a falsa impressão de padrões aleatórios e dispersos. A tese Mintz-Price teve o efeito de esfriar os estudos de etnias africanas nas Américas. Tais estudos tornaram-se quase uma heresia entre acadêmicos influentes nos Estados Unidos. A influência da tese também se espalhou no exterior, apesar de ela ser recebida com menos entusiasmo na América Latina do que em outros lugares[53]. A obra de historiadores – especialmente pertencentes a minorias e/ou mulheres trabalhando nos Estados Unidos – que simplesmente mencionam etnias africanas ainda não recebeu o

---

52. MINTZ & PRICE. *An Anthropological Approach to the Afro-American Past*.

53. PALMIÉ. "Ethnogenetic Processes and Cultural Transfer".

reconhecimento que merece. Muitas dessas obras são discutidas e citadas neste livro.

Um número crescente de historiadores da África, do tráfico transatlântico de escravos e da diáspora africana no hemisfério ocidental está concentrando-se nos padrões de introdução de africanos de várias origens costeiras e etnias através das Américas ao longo do tempo e do espaço. Esses estudos demonstraram que os africanos frequentemente estavam aglomerados nas Américas, e não em distribuições aleatórias ou fragmentados deliberadamente. Essa conclusão foi reforçada pela publicação de bancos de dados relacionais computadorizados criados a partir de enormes coleções de documentos produzidos pelas viagens do tráfico transatlântico de escravos e também pela publicação de outros bancos de dados criados a partir de tipos mais variados de documentos gerados nas Américas[54]. Essas ferramentas inovadoras nos ajudam a refinar os estudos do padrão de introdução de africanos ao longo do tempo e do espaço e também a tratar de outras perguntas-chave sobre o tráfico de escravos e a escravidão no hemisfério ocidental. Elas nos permitem evitar o erro de distorcer essa história complexa aniquilando o tempo, e também a começar a avaliar melhor e transcender as limitações das evidências disponíveis anteriormente.

Grande parte da interpretação histórica até agora se baseou fortemente em evidências anedóticas retiradas de descrições de viajantes, que às vezes eram plagiadas, falsificadas ou exageradas para atrair um público faminto por informações sobre povos e lugares "exóticos"; relatos administrativos, que frequentemente eram distorções egoístas feitas por burocratas mais ou menos bem-informados e observadores; e relatos de missionários, que muitas vezes eram mais bem-informados porque os autores tinham contato mais próximo e frequente com os povos sobre os quais escreviam,

---

54. Para os bancos de dados relacionais publicados em CD e páginas da internet e em publicações que utilizam bancos de dados inéditos, cf. a seção de bancos de dados das referências.

mas esses relatos precisam ser estudados cuidadosamente e utilizados com precaução, porque muitas vezes são marcados por preconceitos e estereótipos. Portanto, a literatura secundária foi construída em grande parte a partir de fontes de qualidade desigual. Muitas conclusões questionáveis foram aceitas como verdadeiras e repetidas por historiadores de geração em geração. Esta autora acredita que a criação de bancos de dados construídos a partir de grande número de documentos, de modo geral, menos egoístas organizados em séries de tempo pode ajudar a salvar a história de tendências niilistas dentro da escola pós-moderna, que subjetivam a história e a reduzem à crítica literária. (Para o pós-moderno, um mito é muitas vezes tão bom quanto qualquer outro.)

Alguns acadêmicos propõem e defendem o conceito de que a etnia não teria nada a ver com os africanos, e seria um mero construto datado do final do século XIX, quando o período colonial começou na África. De acordo com esse argumento, missionários, antropólogos e administradores europeus inventaram as etnias africanas para criar conflitos entre os povos que governavam. Joseph C. Miller, baseado na história da África Centro--ocidental, onde etnias distintas eram menos desenvolvidas do que em outras regiões do oeste africano e os termos "congo" e "angola" eram utilizados amplamente pelos europeus para uma grande variedade de povos, pede justificadamente estudos mais contextualizados de historiadores que postulam continuidades étnicas entre os africanos trazidos para as Américas.

Há apenas um elemento de verdade no argumento que os colonizadores europeus da África construíram as etnias africanas. Durante grande parte da era do tráfico atlântico de escravos, e na maioria dos locais onde ele ocorreu, os traficantes marítimos de escravos e suas hierarquias de administradores não tinham acesso às regiões interiores da África. Eles muitas vezes ficavam confinados à costa, e às vezes a navios ancorados longe da costa. Dentro da África, a criolização desenvolveu-se como um processo normal de contato entre povos que incorporavam novos grupos culturais e linguísticos a outros grupos e entidades políticas. Durante o tráfico atlântico de escravos, guerras e invasões crescentes entre etnias para obter prisioneiros para serem vendidos no tráfico atlântico de escravos agravaram os conflitos étnicos. A criação e promoção de antagonismos rígidos e mutuamente exclusivos entre as etnias na África foram um produto de políticas de controle social enquanto os colonizadores europeus avançaram para o interior do continente africano.

De fato, as motivações políticas para a negação da existência de etnias africanas na África são louváveis. A Guerra Fria foi uma guerra quente na África, já que as potências mundiais dominantes buscaram utilizar Estados clientes africanos em guerras por procuração uma contra a outra. Os conflitos étnicos continuam a ser agravados e manipulados para explorar os recursos naturais da África, rasgar e mutilar seu tecido social e destruir seus povos. Os conflitos étnicos são muitas vezes promovidos por forasteiros, incluindo traficantes de armas e corporações multinacionais aliadas a parte da elite, ou a grupos que pretendem ascender a essa posição, dentro de vários estados africanos para facilitar a exploração de ouro, diamantes e outras pedras preciosas, cobre, urânio, petróleo e outros recursos naturais[55].

Os acadêmicos que negam a existência histórica de etnias africanas antes do final do século XIX às vezes reconhecem que suas conclusões baseiam-se em estudos das condições no sul da África, muitas vezes em lugares onde o tráfico atlântico de escravos teve importância menor. Ainda assim, alguns deles projetam com confiança suas conclusões para quatro séculos de tempo e para regiões das quais a grande maioria dos africanos foi trazida para as Américas. Eles então concluem que a etnia africana em todos os tempos

---

55. Décimo Segundo Relatório do Secretário-geral sobre a Missão da Organização das Nações Unidas na República Democrática do Congo, 18 de outubro de 2002. O relatório culpa corporações multinacionais de vários países, incluindo os Estados Unidos, por roubar bilhões de dólares em recursos naturais desse país ao provocar uma guerra genocida lá. Dois milhões e meio de vidas foram perdidas nos últimos poucos anos.

e lugares era uma construção europeia imposta aos africanos. O tráfico atlântico de escravos obviamente ocorreu durante períodos pré-coloniais onde, com exceção da África Centro-ocidental, a presença administrativa europeia muitas vezes se confinava a portos e fortalezas nos oceanos Atlântico e Índico e às vezes meramente a navios ancorados na costa. As etnias existiam na África e interagiam constantemente não apenas antes do período colonial, mas também muito antes de o tráfico atlântico de escravos começar. O grande acadêmico senegalês Cheikh Anta Diop enfatizou a união fundamental entre todos os africanos e sua origem comum. Mas ele nunca negou a existência de etnias africanas[56]. Boubacar Barry descreveu um processo contínuo de crioulização na África entre etnias com identidades antigas. Ele escreveu que, na Grande Senegâmbia, muito antes de o comércio atlântico começar,

> as pessoas mudavam de grupos étnicos e línguas. Havia turês, originalmente mandês, que tornaram-se tucolores* ou jalofos; jalons, originalmente fulas [listados como *poulard* nos documentos da Louisiana] tornaram-se khaasonkes**; mouros [listados como nar(d) nos documentos da Louisiana] tornaram-se naari caior; manés e sanés, originalmente sobrenomes diolas***, foram tomados pela realeza mandê de Gabu. Para resumir, havia uma mistura constante de povos na Senegâmbia, destinados a compartilhar um espaço comum por séculos. A Senegâmbia, em alguns aspectos, funcionava como uma vasta reserva na qual populações do Sudão e do Sael habitualmente despejavam membros excedentes. Em seu novo lar, os imigrantes criaram uma civilização de fluxo contínuo [...]. Em nenhum lugar dessa Senegâmbia [...]. os jalofos, mandês, fulas, tucolores, sereres****, diolas ou outro grupo étnico sentiam-se como estranhos[57].

---

56. DIOP. "A Methodology for the Study of Migrations".

* Tucoleiro, tukolor, tukulor, toucouler, tuculor, haalpulaar'en [N.R.].

** Um sub-grupo dos mandês [N.R.].

*** Jula, joola, djola, jola, yola [N.R.].

**** Sereer, seereer, s'rer [N.R.].

57. BARRY. *La Sénégambie du XVème au XIXème siècle*, p. 35.

A negação da história e mesmo da existência de muitos povos africanos em ambos os lados do Atlântico reforça o conceito do africano genérico, distanciando e desumanizando os africanos nas mentes das pessoas por toda a Europa e as Américas. Ela rompe os laços entre os africanos que permaneceram na África e aqueles que foram enviados para as Américas, assim como os laços entre os descendentes deles.

Finalmente, examinemos a grande abundância e variedade de nomes de escravos africanos registrados no *Louisiana Slave Database*. Esses 5.647 nomes africanos distintos ainda não foram totalmente estudados e explicados. As possibilidades estão abertas. A grande maioria de escravos com nomes africanos – 5.980 (57,7%) – encaixa-se na categoria de escravos de etnias ou locais de nascimento não identificados. Nós não sabemos se eles eram africanos ou crioulos. Para respeitar o que estava contido literalmente nos documentos, esses indivíduos não foram codificados como africanos. Se tivessem sido, a proporção de locais de nascimento identificados e também a proporção de africanos no *Louisiana Slave Database* teria sido muito maior. Essa decisão é apoiada pelas descobertas de Philip D. Morgan de que nas colônias continentais britânicas que tornaram-se parte dos Estados Unidos, os escravos nascidos na África normalmente tinham nomes ingleses, mas transmitiam nomes africanos para grande parte de seus filhos nascidos na América[58].

A não ser que os nomes incluíssem uma designação étnica clara, como Louis Congo ou Samba Bambara, utilizou-se designações de "nação" e não nomes pessoais para a identificação das etnias africanas. Os padrões de nomes eram fluidos em ambos os lados do Atlântico, e os africanos muitas vezes mudavam de nome. Os africanos escravizados às vezes adotavam o nome de um amigo

---

58. Esses registros podem ser recodificados facilmente e incluídos entre os africanos de etnias desconhecidas, ou suas etnias podem ser extrapoladas a partir de seus nomes se o usuário do *Louisiana Slave Database* assim o desejar. • MORGAN, P.D. *Slave Counterpoint*, p. 454.

ou de um colega de navio ou de alguém que eles conheceram logo depois de desembarcar como um modo de identificação com essa pessoa ou por respeito. Os nomes africanos disseminaram-se por várias etnias e regiões africanas. Africanos de várias etnias usavam os mesmos primeiros nomes[59]. Nomes com significados particulares entre certas etnias podem ser encontrados entre outras etnias: por exemplo, Samba, Comba, Kofi e outros nomes acãs representando o dia da semana no qual a pessoa nasceu. Alguns escravos crioulos adotavam uma designação étnica africana como seu nome, ou parte de seu nome, como um modo de identificação com a etnia. Existe o caso de um escravo crioulo, Joseph Mina, que adotou o nome étnico dos escravos minas que o criaram[60]. Alguns outros nomes de escravos crioulos incluíam designações étnicas africanas: por exemplo, Édouard *dit* Kanga, Felipe *alias* Bambara, Louis Kiamba, Senegal e Maniga. O caso mais surpreendente é o de François *dit* Congo, um escravo filho de pai branco e mãe mestiça de quatro anos que foi vendido em 1817 com sua mãe mulata sob a condição de que ambos fossem libertados imediatamente, ainda que fosse ilegal libertar qualquer pessoa menor de 30 anos naquela época. Temos aqui um crioulo de segunda geração que era três quartos branco com uma designação étnica africana como parte de seu nome. Mas esses casos são raros o suficiente para poderem ser ignorados nos cálculos.

A sobrevivência ampla de nomes africanos entre os escravos da Louisiana e os das colônias britânicas é incomum nas Américas. No Brasil e na América Espanhola encontramos menos nomes africanos nas listas de escravos porque os africanos escravizados normalmente eram batizados e recebiam nomes cristãos ou na África ou logo depois de chegarem às Américas. Mas, no Rio de Janeiro do século XIX, uma designação portuária africana era frequentemente adicionada ao nome cristão do escravo. Era

---

59. Comunicação do Dr. Ibrahima Seck, novembro de 1999.
60. HALL. *Africans in Colonial Louisiana*, p. 359-361.

Tabela 2.5 Distribuição de nomes africanos entre escravos na Louisiana por origem

Onde nasceu	Número total	Com nomes africanos	Porcentagem com nomes africanos
África	16,089	3,228	20,1
Colônias britânicas	2,183	238	10,9
Caribe não britânico	1,414	163	8,7
Louisiana (crioulos)	9,814	731	7,4
Louisiana (americanos nativos)	207	23	11,1
Não identificados	62,262	5,980	9,6
Total	91,969	10,368	11,3

Fonte: Calculada a partir de HALL. *Louisiana Slave Database, 1719-1820.*

mais provável encontrar nomes africanos nas colônias britânicas, onde a catequese e o batismo dos escravos era menos comum. Na Louisiana, 10,9% dos escravos vindos de países ou colônias de língua inglesa tinham nomes africanos. Os nomes africanos entre os escravos de São Domingos eram encontrados em maior proporção entre os africanos da Senegâmbia[61]. Também na Louisiana, os africanos enviados da Senegâmbia mantinham nomes africanos de forma desproporcional a seus números na população escrava. Por exemplo, os bamanas (ou bambaras) eram 5,5% das etnias africanas mais frequentes, mas tinham 10,3% dos nomes africanos. Os mandês eram 10,9%, mas tinham 12,7% dos nomes africanos. Os jalofos eram 7% das etnias mais frequentes e tinham 9% dos nomes africanos. A proporção de nomes africanos também era maior do que poderíamos esperar pelos seus números entre os mouros e os fulas. Muitos desses nomes eram nomes islâmicos africanizados. Os africanos do Golfo do Benim não tinham uma retenção de nomes africanos maior do que sua proporção, ainda que eles frequentemente resistissem à catequese. Uma razão pode ser que poucos deles eram islamizados. Na outra ponta da escala, os congueses eram 35,7% das etnias mais

---

61. Comunicação de David Geggus.

frequentes, mas tinham apenas 29,6% dos nomes africanos. Essa diferença pode refletir o fato de que muitos mais congueses eram batizados e catequizados na África do que qualquer outra etnia, e seus nomes foram transmitidos pelas gerações.

Causa humildade a ideia de que os africanos continuaram a identificar-se com suas origens particulares étnicas e regionais africanas muito depois de chegarem às Américas. Muitos deles mantiveram seus nomes africanos por décadas depois de chegarem, e alguns deles os transmitiram para seus filhos nascidos nas Américas. Essas evidências indicam que as identidades étnicas e regionais africanas sobreviveram por um período mais longo de tempo do que a maioria dos historiadores e antropólogos acredita. Para compreender o processo de crioulização em várias regiões das Américas precisamos realmente perguntar: "Quais africanos?"

3

A aglomeração de etnias africanas nas Américas

> [Os felupes* e os arriatas são] os inimigos mortais de todos os tipos de homens brancos. Se nossos navios tocam as costas deles, eles saqueiam as mercadorias e tomam a tripulação branca como prisioneiros, e os vendem naqueles lugares onde eles normalmente negociam vacas, cabras, cães, barras de ferro e vários tecidos. A única coisa que esses bravos não querem de jeito nenhum é o vinho de Portugal, que eles acreditam ser o sangue de seu próprio povo, e por isso não o bebem.
>
> ALVAREZ, M. *Ethiopia Minor and a Geographical Account of the Province of Sierra Leone* (ca. 1615)

Apesar do número chocante de africanos introduzidos nas Américas durante o tráfico atlântico de escravos e o papel crucial deles na criação de sua riqueza e na formação de suas culturas, as origens deles na África permanecem obscuras. Ainda existe uma crença disseminada entre acadêmicos e também o público geral de que os africanos arrastados para vários locais das Américas eram divididos e diversos, tanto cultural quanto linguisticamente. Portanto, poucos dos africanos recém-chegados seriam capazes de comunicar-se uns com os outros, e haveria pouca ou nenhuma base de transmissão de elementos das culturas de regiões e etnias africanas específicas para lugares específicos nas Américas. Essa conclusão baseia-se em evidências anedóticas e também

---

* Felupo, falupe, flup, fulup, felup, huluf, uluf, karon, floup [N.R.].

em erros mais complexos de metodologia. Há várias gerações, os historiadores citam afirmações de observadores europeus e americanos em vários períodos e lugares na África e nas Américas de que, para desencorajar revoltas, a comunicação entre os africanos recém-chegados era suprimida através da separação e divisão das várias etnias africanas durante seu transporte nas viagens do tráfico atlântico de escravos e também depois que eles chegavam às Américas. Os estudos sobre as origens costeiras das viagens do tráfico atlântico de escravos para lugares particulares nas Américas aniquilaram o tempo, ignorando padrões de ondas que aglomeram viagens originadas de regiões particulares da África, e então apresentaram essa conclusão errônea como evidência para demonstrar uma grande diversidade nas origens dos africanos escravizados. Historiadores anglófonos monoglotas basearam-se excessivamente em documentos e publicações em inglês que continham muito menos informações sobre as etnias africanas do que os documentos e publicações em português, espanhol e especialmente em francês.

Agora temos certeza de que os navios negreiros não vagavam por várias costas africanas coletando africanos escravizados e trazendo-os para vários lugares diferentes das Américas. Os navios negreiros individuais coletavam os africanos majoritariamente da mesma costa, normalmente de apenas um ou dois portos nessa costa, e os traziam quase sempre para o mesmo porto americano. Por quê? Porque quanto mais tempo os africanos escravizados ficassem a bordo de navios negreiros, maior a probabilidade de eles morrerem antes de serem vendidos. É difícil acreditar que preocupações humanitárias fossem uma influência significativa nas decisões tomadas pelo negócio do tráfico atlântico de escravos. Mas o desperdício da "carga" comprometia seriamente a lucratividade da viagem.

Se contarmos todos os povos do enorme continente africano e as muitas línguas que eles falam, poderíamos concluir que os africanos trazidos para as Américas eram extraordinariamente diversos. Se nos limitarmos às regiões africanas das quais os escravos foram trazidos em números significativos, essa diversidade é reduzida substancialmente. Se totalizarmos as origens costeiras africanas das viagens do tráfico de escravos para regiões particulares das Américas por várias décadas ou séculos, e aniquilarmos a extensão do tempo, nós escondemos o fato de que os africanos das mesmas regiões e etnias chegavam a vários lugares das Américas em ondas[1]. Se olharmos para a composição étnica em transformação dos escravos exportados de várias costas africanas ao longo do tempo, o que sabemos sobre os padrões do comércio de transbordo dos africanos dentro das Américas, e a distribuição de africanos recém-chegados depois de sua venda final, podemos ver mais evidências da aglomeração de etnias e falantes de línguas mutuamente inteligíveis tanto nas viagens do tráfico atlântico de escravos quanto depois que eles chegavam a seus destinos finais. Podemos discernir a aglomeração de africanos das mesmas regiões e etnias em distritos locais e em propriedades. Essa tendência era quase universal: no Peru e no México durante o século XVI e a primeira metade do XVII; no Brasil por toda sua história; em São Domingos/Haiti durante o século XVIII; e nas colônias norte-americanas do continente e os estados subsequentes dos Estados Unidos e também nas Antilhas britânicas durante os séculos XVIII e XIX. Gabriel Debien estudou os padrões de aquisição de novos escravos em duas grandes propriedades açucareiras ao longo do tempo, concluindo que escravos adicionais eram comprados de navios negreiros em grupos de dez, vinte ou trinta. "Uma vez eles eram nagôs, em outra eram ararás*, em outra ibos ou sossos**,

---

1. Para a primeira discussão do padrão de ondas nas viagens do tráfico transatlântico de escravos, cf. CHAMBERS. "Eboe, Kongo, Mandingo", p. 2, 5, 11, 13. Para uma discussão publicada vários anos depois, cf. ELTIS; RICHARDSON & BEHRENDT. "Patterns in the Transatlantic Slave Trade, 1662-1867". Para um estudo publicado recentemente, cf. HARRIS, E.M.G. *The History of Human Populations*, 2, p. 93-182, 305-408.

* Aladás, aradas ou ardras. Como eram conhecidos os escravos comprados nos portos de Ofra e Jakin, os principais do reino de Aladá (ou Ardra), entre os séculos XVI e XVII, no litoral do atual Benim [N.R.].

** Soso, suçu, susu, sosoe, soussou [N.R.].

cada viagem desembarcava uma nação por vez, ou então o capataz preferia levar a mesma etnia de cada navio que chegava"[2]. B.W. Higman escreveu que, nas Antilhas britânicas durante o século XIX, "era mais provável que regiões de fontes particulares predominassem e um único grupo étnico muitas vezes representava uma grande proporção dos escravos de uma região particular"[3]. Além de serem aglomerados em propriedades, eles eram aglomerados em distritos locais. Os africanos escravizados muitas vezes tinham grande mobilidade e procuravam seus compatriotas que viviam próximos[4].

Se examinarmos a variedade estonteante de designações étnicas africanas registradas em documentos nas Américas, poderíamos, mais uma vez, tomar o lado da grande diversidade. Ainda que uma grande variedade de designações étnicas africanas particulares possa ser identificada em documentos, poucas delas podem ser encontradas com frequência significativa. Portanto, apesar de a África ser um continente enorme com muitos povos diferentes, apenas alguns deles foram envolvidos no tráfico atlântico de escravos, e relativamente poucas etnias africanas foram trazidas para as Américas em números significativos.

Há múltiplas razões para essa aglomeração. Várias costas africanas foram envolvidas substancialmente no tráfico transatlântico de escravos de forma sequencial ao longo de vários séculos. Durante seus estágios iniciais, o comércio marítimo europeu com a África muitas vezes não se concentrava muito em comprar escravos para enviar para as Américas. Os comerciantes europeus nomearam muitas costas africanas com a principal mercadoria que compravam lá: por exemplo, a Costa do Ouro, a Costa da Malagueta, a Costa dos Grãos, a Costa do Marfim, a Costa dos Escravos. Durante os primeiros 150 anos do tráfico atlântico de

---

2. DEBIEN. *Les esclaves aux Antilles françaises*, p. 59.

3. HIGMAN. *Slave Populations of the British Caribbean*, p. 127.

4. PIERSON. *Black Yankees*. Apud GOMEZ. *Exchanging Our Country Marks*, p. 26-27.

escravos, os africanos escravizados eram, no começo, enviados principalmente para Portugal, Cabo Verde, a Ilha de São Tomé ou para a Costa do Ouro no oeste da África. A demanda portuguesa por escravos para trabalhar na África e nessas ilhas atlânticas ao longo da costa africana afetava fortemente o número de escravos disponível para o tráfico transatlântico de escravos. Nem as ilhas de Cabo Verde nem São Tomé eram povoadas quando os portugueses as colonizaram. Em 1493, Portugal enviou cerca de 2.000 crianças judias com menos de 8 anos, meninos e meninas, para São Tomé. Elas foram tomadas de suas famílias em Portugal e batizadas antes de serem deportadas. A maioria delas morreu logo depois de chegarem. Apenas cerca de 600 sobreviveram. Algumas delas casaram-se entre si na Igreja Católica e tiveram filhos. A maioria delas juntou-se ou casou-se com africanos. Seus parceiros africanos eram descritos como muito ricos e inteligentes. Seus descendentes tornaram-se alguns dos afro-portugueses da Baixa Guiné e da África Centro-ocidental[5].

Essas ilhas atlânticas colonizadas por portugueses na costa da África eram plataformas de lançamento para o comércio e a colonização no continente africano. Africanos escravizados eram importados do continente para produzir mercadorias muito valiosas. Sal, algodão e tecidos luxuosos eram produzidos em Cabo Verde. Eles eram os principais produtos trocados por escravos e outras mercadorias na Grande Senegâmbia. Através dos séculos, *panos*[6] luxuosos produzidos em Cabo Verde continuaram a ter muita demanda no continente africano adjacente. Até em 1805, os navios na rota da Grande Senegâmbia paravam em Santiago, em Cabo Verde, para comprar panos "muito valorizados como artigo de troca"[7]. Essas ilhas atlânticas tornaram-se o principal lugar para a troca de plantas e animais domesticados;

---

5. COSTA E SILVA. *A manilha e o libambo*, p. 318.

6. Em português no original [N.T.].

7. COSTA E SILVA. *A manilha e o libambo*, p. 320-321. • BROOKS. *Eurafricans in Western Africa*, p. 292.

de técnicas de cultivo; de construção de edifícios, navios e docas; e da manufatura de várias mercadorias familiares na Europa, na África e nas Américas. Durante o século XVI, a Ilha de São Tomé foi a principal produtora mundial de açúcar. A partir da década de 1560, a indústria açucareira de São Tomé começou a ser enfraquecida pela fuga e revolta de escravos, e depois por ataques, invasões e ocupações holandesas.

Havia uma demanda relativamente pequena por africanos nas Américas durante o século XVI. As tecnologias de navegação para as Américas eram subdesenvolvidas. Antes do impacto completo dos desastres demográficos causados pela exploração, conquista e ocupação das Américas pelos espanhóis e portugueses, o trabalho de americanos nativos tinha maior disponibilidade e certamente era mais barato[8]. Essa situação mudou depois de cerca de 1590, quando a indústria açucareira de São Tomé desabou e a indústria açucareira brasileira tornou-se predominante. Entre 1595 e 1640, Portugal tinha o *asiento* (contrato) para fornecer escravos africanos para as colônias espanholas. Escravos baratos podiam ser obtidos em Angola por causa de uma longa e severa seca e de guerras crescentes envolvendo ocupações portuguesas e holandesas e batalhas entre aliados e clientes dos portugueses e holandeses.

Depois que o Brasil tornou-se o principal produtor mundial de açúcar, São Tomé e Cabo Verde transformaram-se em grandes entrepostos para o tráfico transatlântico de escravos. Os africanos escravizados no continente desembarcavam e recebiam comida e água, e então trabalhavam para produzir mercadorias valiosas enquanto aguardavam navios para levá-los para Portugal, a Costa do Ouro ou as Américas. Os colonizadores portugueses dessas ilhas atlânticas mudaram-se para a costa africana e estabeleceram postos comerciais e assentamentos. Eles eram chamados de

---

8. MENARD & SCHWARTZ. "Why African Slavery?"

lançados[9]. Alguns deles eram cristãos-novos ou *conversos*: judeus fugindo da perseguição religiosa em Portugal. Muitos deles mudaram-se para comunidades africanas no continente onde as diferenças religiosas eram mais bem toleradas e reconverteram-se ao judaísmo. Em 1629, existiam sinagogas judaicas em Recife (atual Rufisque) e Caior na Senegâmbia[10]. Com exceção das meninas judias mandadas para colonizar a Ilha de São Tomé em 1493, os lançados eram quase totalmente homens. Eles juntaram-se e casaram-se com mulheres africanas, muitas vezes da elite. Seus descendentes de sangue mestiço eram comerciantes, marinheiros e linguistas hábeis que desfrutavam da grande vantagem de serem resistentes às doenças africanas. Eles desempenharam um papel fundamental na extensão do comércio e da influência portuguesas no continente africano. São Tomé desenvolveu uma indústria de estaleiros importante. Os portugueses dependiam muito dos marinheiros hábeis de São Tomé e dos navios construídos lá para penetrar e conquistar a África Centro-ocidental.

Os lançados e seus descendentes desenvolveram as primeiras línguas crioulas. Essas línguas crioulas baseadas no português sem dúvida foram a semente para as línguas crioulas posteriores baseadas nos vocabulários francês, espanhol e inglês. O crioulo de Cabo Verde foi a primeira língua crioula de base portuguesa na Grande Senegâmbia. O crioulo de São Tomé foi introduzido na África Centro-ocidental, e lá se desenvolveu. Os lançados portugueses, seus dependentes (chamados de *grumetes*[11]) e seus descendentes tornaram-se parte das comunidades afro-portuguesas influentes localizadas ao longo das costas do oeste da África e nas rotas comerciais ribeirinhas para o inte-

---

9. Em português no original [N.T.]. Para os primeiros lançados em Cabo Verde e na Alta Guiné, cf. COSTA E SILVA. *A manilha e o libambo*, 229-280. Para um estudo dos afro-portugueses em Angola nos séculos posteriores, cf. MILLER. *Way of Death*, p. 245-283.

10. BROOKS. *Eurafricans in Western Africa*, p. 89-93. • COSTA E SILVA. *A manilha e o libambo*, p. 244.

11. Em português no original [N.T.].

rior. Eles estabeleciam-se em enclaves, influenciando gradualmente as áreas ao redor. Os afro-portugueses viviam em lugares próximos o suficiente da costa atlântica para permitir elos com comerciantes marítimos. Provavelmente é um exagero descrever a primeira geração de escravos africanos introduzidos nas Américas como uma geração crioula, especialmente se isso implicar uma influência cultural europeia pesada sobre um número significativo de africanos trazidos como escravos. Nas regiões costeiras, as influências culturais africanas baseadas na interpenetração de vários grupos étnicos africanos dominaram o processo de crioulização. Por exemplo, na comunidade comercial costeira de Luanda, em Angola, 200 anos depois de sua fundação por Portugal, as línguas africanas e as religiões africanas tradicionais continuavam a predominar[12]. Muitos africanos escravizados foram trazidos do interior, especialmente depois de 1650, quando os traficantes transatlânticos holandeses, ingleses e franceses estavam bem-estabelecidos.

Antes de 1650, a Costa do Ouro e a Costa dos Escravos eram uma fonte insignificante de escravos para as Américas. A Costa do Ouro era um mercado primário para a venda de africanos escravizados dentro da África. Alguns africanos da Costa dos Escravos chegaram a Cartagena das Índias durante a primeira metade do século XVII, mas as viagens dessa região eram de número muito pequeno. A Grande Senegâmbia e a África Centro-ocidental foram as únicas regiões de origem significativas para o tráfico transatlântico de escravos antes de 1650.

Um outro motivo para o tráfico atlântico de escravos, no começo, concentrar-se em relativamente poucas costas é que ele encontrou resistência eficaz em alguns lugares. Durante os primeiros dois séculos do tráfico atlântico de escravos, poucos africanos escravizados foram coletados a leste da Grande Senegâmbia/Guiné até a Costa dos Escravos. Não havia uma expor-

---

12. HEYWOOD. "Portuguese into African".

tação significativa de escravos da Libéria, da Costa do Marfim, da Costa do Ouro ou da bacia do rio Volta. Os navios europeus que comerciavam ao longo da costa entre a Grande Senegâmbia/ Guiné e a Costa dos Escravos compravam ouro, marfim, grãos e pimenta e abasteciam-se de madeira, comida e água para continuarem suas viagens. A Costa do Loango entre o Cabo Lopez* e a foz do rio Congo/Zaire não estava envolvida no começo do tráfico marítimo de escravos. Antes de 1650, o tráfico atlântico de escravos permaneceu muito esparso ao longo dessas muitas costas. O marfim e tintas de madeiras vermelhas eram exportados de Maiombe**. O tráfico de escravos no Gabão era limitado por causa da resistência de seus habitantes. Eles tinham uma má reputação entre as tripulações dos navios negreiros. Elas eram aconselhadas a negociar de seus barcos e evitar o desembarque nas costas a não ser que estivessem bem armadas. A resistência ao tráfico de escravos ao longo da Costa do Gabão continuou ao longo dos séculos, forçando os traficantes atlânticos de escravos a concentrarem-se em outras costas[13]. Através dos séculos do tráfico atlântico de escravos, os navios que comerciavam na Senegâmbia e no Gabão/Cabo Lopez tinham até oito vezes mais chance de sofrer revoltas de sua "carga" do que os navios que comerciavam na Costa dos Escravos e quatorze a trinta vezes mais chance de sofrer revoltas do que aqueles que comerciavam no Golfo de Biafra ou na África Centro-ocidental[14].

Era difícil para os traficantes marítimos de escravos lidar com alguns povos que viviam ao longo de outras costas. Logo depois de chegarem à Grande Senegâmbia, os portugueses descobriram que os bijagós, habitantes de ilhas na foz do rio Geba na Alta Guiné, utilizavam com muita eficiência flechas envenenadas com os espinhos

---

* No atual Gabão [N.R.].

** Região que se estende entre os atuais Gabão, República do Congo, República Democrática do Congo e Angola [N.R.].

13. MERLET. *Autour du Loango*, p. 9. • ELTIS. *The Rise of African Slavery in America*, p. 188.

14. RICHARDSON. "Shipboard Revolts".

de um tipo de bagre, que matavam instantaneamente. Os bijagós eram barqueiros e piratas hábeis que se tornaram sequestradores ativos de outras etnias para venderem ao tráfico atlântico de escravos. No final do século XVI, os balantas* ou bagas e também os crus da Libéria recusavam-se a vender escravos para os europeus. Os felupes ou diolas que viviam no sul do rio Casamansa na Grande Senegâmbia/Guiné recusavam-se completamente a negociar com os portugueses. Durante a noite, eles cortavam as cordas que ancoravam os navios portugueses, fazendo com que eles encalhassem, e então atacavam. Muitos deles não aceitavam pedidos de resgate dos portugueses que capturavam, e matavam-nos. A resistência aos traficantes continuou por todo o tráfico atlântico de escravos. No final do século XIX, dois felupes que viviam na Guiné-Bissau disseram: "Nós nunca fomos escravos. Nós nunca escravizamos nem vende-

Africanos tomados como escravos no Senegal do século XVIII

Fonte: VILLENEUVE, R.C.G. *L'Afrique, ou histoire, moeurs, usages et coutumes des africains: le Sénégal*, 1814. Cortesia das Coleções Especiais, Universidade da Virgínia.

---

* Balante, belante, bulanda, balanga, brassa ou bolenta [N.R.].

mos nossos colegas"[15]. Houve uma resistência armada contínua aos traficantes de escravos por toda a Ibolândia ao longo dos séculos. John N. Oriji nega "que o tráfico de escravos fosse uma transação comercial normal que era conduzida no interior através de meios em grande parte pacíficos. O exemplo dos ibos mostra claramente que a escravidão e o tráfico de escravos foram a causa primária da violência na sub-região do oeste da África por mais de três séculos. Também fica claro que sem a resistência dura demonstrada por muitos indivíduos e comunidades, a escravidão teria tido um impacto mais devastador no interior"[16].

Coleiras de madeira usadas no tráfico de escravos

Fonte: CLARKSON, T. *Letters on the slave-trade, and the state of the natives in those parts of Africa... contiguous to Fort St. Louis and Gorée*, 1791. Cortesia da Library Company of Philadelphia.

---

15. COSTA E SILVA. *A manilha e o libambo*, p. 153, p. 207-208, 269. • ALVAREZ. *Ethiopia Minor*. Apud BROOKS. *Eurafricans in Western Africa*, p. 75. Para a resistência contínua ao tráfico de escravos na Alta Guiné, cf. RASHID. "'A Devotion to Liberty at Any Price'". • HAWTHORNE. "Strategies of the Decentralized".

16. ORIJI. "Igboland, Slavery, and the Drums of War", p. 129.

Um comboio de escravos vindos do interior do Senegal

Fonte: VILLENEUVE, R.C.G. *L'Afrique, ou histoire, moeurs, usages et coutumes des africains: le Sénégal*, 1814. Cortesia das Coleções Especiais, Universidade da Virgínia.

Mesmo em 1820, depois de três séculos e meio da presença portuguesa em Moçambique, os portugueses estavam confinados à costa e não tinham permissão de entrar nos territórios macuas* ou iaô. Em 1857, quando o tráfico de escravos envolvia supostos trabalhadores contratados, os macuas expulsaram traficantes portugueses que tentavam entrar em seu território e ameaçaram atacar assentamentos costeiros portugueses. O governador-geral português concordou em não buscar "trabalhadores contratados" no país deles e evitou assim a guerra[17].

Por todo o oeste da África, a resistência armada à escravização continuou ao longo das costas, no interior, ao longo dos rios, em comunidades de fugitivos, em senzalas e a bordo de navios negreiros ancorados ao longo das costas do oeste da África e também em alto-mar[18]. Mas os traficantes atlânticos de escravos

---

* Makua, makuwa, mako, makouwa, mato, meto, makwai [N.R.].
17. ELTON & McLEOD. "English Consuls at Mozambique during the 1850s and 1870s". Apud ALPERS. *Ivory and Slaves*, p. 223-227.
18. Para uma coleção de ensaios sobre a resistência à escravidão e ao tráfico de escravos na África, cf. DIOUF. *Fighting the Slave Trade*.

Cartaz anunciando a venda de africanos recém-chegados de Serra Leoa em Charleston, Carolina do Sul, 24/07/1769

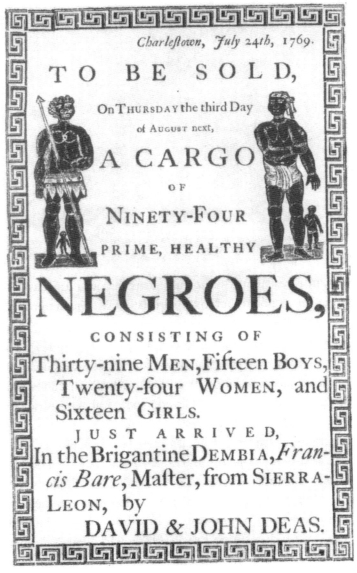

Fonte: Da página *The Atlantic Slave Trade and Slave Life in the Americas: A Visual Record* [http://hitchcock.itc.virginia.edu/Slavery].

Revolta a bordo de um navio negreiro, 1787

Fonte: FOX, W. *A Brief History of the Wesleyan Missions on the West Coast of Africa*, 1851.

calculavam a resistência na terra e no mar como um custo inevitável de seu negócio lucrativo. A resistência africana podia, no máximo, limitá-lo.

Até cerca de 1650, quando o monopólio português do tráfico atlântico de escravos foi destruído, existiam apenas duas regiões africanas mandando grande número de africanos escravizados através do Atlântico: a Grande Senegâmbia e a África Centro-ocidental. Os africanos dessas duas regiões aglomeraram-se nas Américas. Durante a primeira metade do século XVII, africanos centro-ocidentais foram trazidos para a América do Norte espanhola em números cada vez maiores, especialmente para o México e o leste de Cuba. Os africanos da Grande Senegâmbia foram trazidos para o nordeste do Brasil durante o século XVI e para o norte-nordeste do Brasil (Maranhão e Pará) depois de 1750. Mas os africanos da Grande Senegâmbia estavam aglomerados mais densamente no Caribe e no Peru, e os africanos centro-ocidentais no Brasil.

Durante o século XVII, os ingleses e franceses começaram a estabelecer companhias comerciais que operavam no oeste da África. Depois de 1650, mais regiões africanas, especialmente a Costa do Ouro e a Costa dos Escravos, foram envolvidas fortemente no tráfico atlântico de escravos. Mas a pirataria no mar ainda era essencial por causa das guerras quase incessantes entre as potências europeias. Mesmo em tempos de paz, grande número de marinheiros desempregados armados e ex-corsários estavam espalhados por todo o mundo atlântico. As estimativas do tráfico atlântico de escravos para as Américas ainda são incertas. Os documentos sobreviventes que foram pesquisados contam-nos apenas parte da história e dão-nos apenas parte dos números.

No final do século XVII, os holandeses, depois os ingleses e então os franceses conseguiram abrir o tráfico de escravos ao longo da Costa do Loango da África Centro-ocidental ao norte do rio Congo. Esse foi um processo lento que começou principalmente com a compra do marfim. Há evidências de que não havia uma oferta de escravos disponíveis para o comércio. As invasões para produzir escravos acabaram se estendendo para o interior tanto ao norte quanto ao sul do turbulento rio Congo. Os vilis eram os principais invasores e vendedores de escravos. Durante o século XVIII, a Costa do Loango tornou-se a principal fonte de africanos centro-ocidentais nas colônias britânicas, francesas e holandesas. Números substanciais de falantes de quimbundo dos arredores de Luanda foram enviados para a Costa do Loango através do Lago Malebo* (Stanley Pool). Ainda que houvesse uma sobreposição significativa entre falantes do grupo linguístico quicongo** enviados principalmente da Costa do Loango e falantes do grupo linguístico quimbundo enviados principalmente de Luanda, era provável que os "angolanos" nas colônias britânicas

---

* Na fronteira entre a República do Congo e a República Democrática do Congo (RDC) [N.R.].

** Kikongo, cabinda, congo, kongo ou kikoongo [N.R.].

e também os "congueses" nas colônias francesas e espanholas na América do Norte fossem falantes do grupo linguístico quicongo.

A África Centro-ocidental apresenta problemas particulares para nossa discussão sobre etnias africanas. Havia usos conflitantes dos termos "Congo" e "Angola" enquanto termos costeiros para as viagens do tráfico atlântico de escravos e também para os indivíduos registrados em documentos nas Américas. Comparada com as outras regiões discutidas, a África Centro-ocidental foi a fonte de relativamente poucas etnias específicas registradas nos documentos cartoriais americanos em qualquer número significativo. Algumas designações étnicas mais específicas da África Centro-ocidental aparecem em documentos americanos quando o tráfico de escravos vindos dessa região cresceu durante o final do século XVIII e começo do XIX. Mas a história, linguagem e cultura desses povos eram tão próximas, que se referir à maior parte deles como "Congo" é razoável. Especialmente no Brasil, "Moçambique" era usado rotineiramente como um termo genérico para várias etnias dessa região do sudeste da África. Designações étnicas mais específicas de povos de Moçambique, especialmente os macuas, aparecem com maior frequência em documentos cartoriais em francês.

Além do tempo, existiram outros fatores que aglomeraram africanos das mesmas regiões e etnias nas Américas. Regiões africanas e americanas particulares foram ligadas por proximidade e por ventos e correntes que afetavam a duração de viagens de várias costas africanas para vários lugares das Américas, e também pelo mercado para produtos vendidos por traficantes atlânticos de escravos ao longo de costas africanas particulares. Redes comerciais que envolviam vários tipos de arranjos de crédito, incluindo a escravidão por dívida, foram estabelecidas entre comerciantes africanos, afro-europeus, europeus e americanos[19]. O sistema do Atlântico Norte ligava a Grande Senegâmbia/Alta Guiné aos Estados Unidos, o Caribe e o norte-nordeste do Brasil (Maranhão e Pará). O sistema do Atlântico Sul ligava a África Central, especialmente Angola e Moçambique, com o sudeste do Brasil e o Rio da Prata (atuais Argentina e Uruguai). Os navios que saíam de Portugal para Angola tinham que passar perto do nordeste do Brasil. A proximidade e os ventos minimizavam o tempo de viagem entre Angola e o sudeste do Brasil[20]. A escravidão africana prosperou em todas as regiões do Brasil durante quatro séculos. O Brasil, de longe, foi o maior consumidor de escravos no hemisfério ocidental.

A demanda africana por mercadorias vendidas pelos traficantes atlânticos de escravos ligou regiões africanas e americanas. Nós já vimos que o rum da Nova Inglaterra e o tabaco da Virgínia eram muito populares na Costa do Ouro e em Serra Leoa. O gosto pelo tabaco era especializado. Havia grande demanda pelo tabaco forte, barato e adoçado produzido na Bahia em Ajudá e na Costa dos Escravos[21]. Nem o tabaco nem o ouro eram produtos de importação importantes na África Centro-ocidental. A Costa do Loango na África Centro-ocidental não era um mercado significativo para o rum. Mas a cachaça brasileira era um produto de importação essencial em Angola.

As etnias africanas se aglomeraram nas Américas devido à preferência dos senhores de escravos de várias regiões por etnias africanas particulares. Havia várias razões importantes para essas preferências. Os senhores de escravos eram motivados a comprar africanos com o conhecimento e habilidades de que mais precisavam. O cultivo e processamento do anil, a tinta azul utilizada para tecidos de algodão, era uma tecnologia conhecida há muito tempo

---

19. Para o papel da escravidão por dívida no crédito, cf. LOVEJOY & RICHARDSON. "This Horrid Hole".

20. FLORENTINO. *Em costas negras*, p. 240.

21. VERGER. *Trade Relations between the Bight of Benin and Bahia*.

pelos africanos da Alta Guiné. Durante o final do século XVI, o anil era o principal produto vendido para os portugueses ao longo do rio Nuno*. Pequenas quantidades de anil eram utilizadas como moeda[22]. Na Louisiana, a produção de anil não começou até os africanos começarem a chegar do Senegal[23]. Durante o século XVIII, o anil tornou-se um grande plantio de exportação de São Domingos/Haiti, Louisiana, Carolina e da América Central.

O exemplo mais claro da transferência de tecnologia africana para as Américas é a produção do arroz. Vários historiadores eminentes afirmaram que as primeiras viagens do tráfico de escravos de Madagascar introduziram nas Américas o arroz e a tecnologia complexa necessária para seu cultivo. Um número substancial de viagens de Madagascar para Barbados e a Virgínia entre 1675 e 1724 foi documentado. Apesar de os britânicos nunca terem conseguido estabelecer uma colônia permanente em Madagascar, eles foram exportadores ativos de africanos escravizados de lá, especialmente para a Jamaica e Barbados. Um censo em Barbados no final do século XVII contou 32.473 escravos, metade deles de Madagascar. Alguns desses malgaxes certamente foram transbordados de Barbados para a Carolina, acompanharam senhores que se transferiram para lá, ou chegaram diretamente em viagens dos muitos piratas ingleses e americanos que negociavam ativamente escravos em Madagascar entre 1688 e 1724. O *The Trans-Atlantic Slave Trade Database* dá a impressão de que o tráfico de escravos de Madagascar foi uma operação majoritariamente britânica. Das quarenta e sete viagens de navios com registro nacional relatadas nesse banco de dados, quarenta e duas (89,4%) eram de registro britânico. Mas muitas das primeiras viagens holandesas, além de viagens de outros registros nacionais, incluindo portugueses e brasileiros, não foram regis-

---

* Também conhecido como rio Nunez ou rio Nuñez [N.R.].

22. BROOKS. *Landlords and Strangers*, p. 231-232.

23. HALL. *Africans in Colonial Louisiana*, p. 124.

tradas nesse banco de dados, para não falar das muitas viagens de piratas europeus e americanos operando em Madagascar[24].

A Grande Senegâmbia/Alta Guiné foi um berço importante de domesticação e cultivo do arroz e também de muitos outros alimentos. O arroz foi domesticado lá de forma independente da variedade asiática[25]. Gerações de rizicultores experimentaram com miniambientes, desenvolvendo e adaptando suas técnicas a várias condições climáticas que também mudavam. O arroz molhado era amplamente cultivado utilizando técnicas de irrigação complexas[26]. Os africanos da Alta Guiné eram valorizados na Carolina e na Geórgia devido à sua habilidade no cultivo de arroz. Eles eram menos temidos nos Estados Unidos do que nas ilhas açucareiras caribenhas com desequilíbrio demográfico, onde os escravos negros eram muito mais numerosos do que a população branca. As viagens registradas em *The Trans-Atlantic Slave Trade Database* permitem que generalizemos descobertas também para outras regiões rizicultoras nas Américas. Apesar de apenas 12,9% das viagens registradas nesse banco de dados terem trazido africanos da Senegâmbia e de Serra Leoa, elas foram 46% das viagens para regiões de plantio de arroz[27]. A alta proporção de

---

24. KENT, R.K. "Madagascar and the Islands of the Indian Ocean", p. 864. Várias viagens de Madagascar para a Virgínia foram omitidas do *The Trans-Atlantic Slave Trade Database*. Cf. DONNAN. *Documents Illustrative of the History of the Slave Trade to America*, 4, p. 183-185, 188-204.

25. LITTLEFIELD. *Rice and Slaves*.

26. Para um bom resumo da literatura sobre as origens africanas de técnicas de rizicultura, incluindo uma ênfase em Madagascar durante os estágios iniciais do cultivo de arroz na América, cf. GOMEZ. *Exchanging our Country Marks*, p. 40-41. Para um belo estudo detalhado da transferência de técnicas africanas de rizicultura para a América, mas que, em grande parte, descarta Madagascar, cf. CARNEY. *Black Rice*. Para um argumento que despreza a influência da tecnologia africana no cultivo do arroz na América, cf. MORGAN. *Slave Counterpoint*, p. 182-183.

27. Os números e porcentagens estimados de escravos desembarcados seriam menores do que em viagens vindas de outras costas africanas. As viagens da Alta Guiné geralmente envolviam navios menores, que traziam menos africanos.

viagens que faltam da Grande Senegâmbia nesse banco de dados nos permite pender para um número ainda maior.

A mineração foi outra tecnologia importante transferida da África para as Américas. Na metade do século XVI havia demanda na Colômbia por africanos com experiência na mineração de ouro. Os escravos fugidos na Colômbia eram listados como "minas". Apesar do significado do termo não estar claro, ele mudou com o tempo e diferia em vários lugares. Esses "minas" provavelmente eram mineiros experientes das minas auríferas de Bambuk ou Buré na Grande Senegâmbia. Africanos designados como "minas" foram trazidos para o Brasil de regiões produtoras de ouro no oeste da África, incluindo a Grande Senegâmbia e a Costa do Ouro, para desenvolver a indústria mineradora do Brasil. Eles foram utilizados para descobrir ouro e desenvolver o garimpo em rios e escavações[28]. Os congueses se aglomeraram em Santiago, no leste de Cuba, para desenvolver e trabalhar as minas de cobre[29].

Tabela 3.1 **Viagens do tráfico transatlântico de escravos trazendo africanos escravizados para regiões de cultivo de arroz**

Destino	Número de todas as viagens	Viagens da Senegâmbia/ Alta Guiné
Carolina do Sul	556	230 (44%)
Geórgia	60	37 (62%)
Delta do Mississipi	31	21 (68%)
Flórida	7	6 (86%)
Nordeste do Brasil	87	47 (54%)
Total	**741**	**341 (46%)**

Fonte: Calculada a partir de 13.072 viagens registradas em *The Trans-Atlantic Slave Trade Database*, indicando tanto grandes regiões de compra quanto de venda.

Nota: Três viagens para o Delta do Mississipi que faltam em *The Trans-Atlantic Slave Trade Database* foram incluídas. O número de viagens não reflete o número de escravos. As viagens da Senegâmbia, definida estritamente, carregavam um número significantemente menor de escravos do que as viagens de outras regiões. As viagens da "Costa do Barlavento (ou Windward)" foram excluídas.

---

28. COSTA E SILVA. *A manilha e o libambo*, p. 816.
29. PORTUANDO ZUÑIGA. *Entre esclavos y libres de Cuba colonial*, p. 44-57.

Enquanto africanos com habilidades muito requisitadas eram favorecidos em várias partes das Américas, etnias africanas específicas eram preferidas por outras razões. Tornou-se um truísmo falso dizer que os senhores sempre se inclinavam a fracionar africanos novos para que eles não pudessem comunicar-se entre si, minimizando assim as revoltas entre eles. Embora isso certamente seja verdade em alguns casos, alguns senhores preferiam africanos novos que eles já conheciam e que falavam línguas compreendidas e faladas pelos escravos que eles já possuíam. Havia uma certa lógica em trazer africanos de "nações" que já estavam presentes em números substanciais. A vantagem de criar uma Torre de Babel nas propriedades era muitas vezes excedida pela habilidade de africanos parcialmente ressocializados que chegaram antes de comunicar-se e ajudar a ressocializar os recém-chegados. Por exemplo, na Louisiana em 1730, um senhor mandou *un nègre de son pays* (um negro de seu país) para falar com um escravo recém-chegado que ele suspeitava fingir-se de doente[30]. Le Page du Pratz, o diretor da Companhia das Índias na Louisiana, que voltou para a França em 1732, aconselhava os senhores de escravos na Louisiana de que todos os africanos recém-chegados da Guiné acreditavam que os franceses pretendiam matá-los e beber o seu sangue, e eles suicidar-se-iam ou fugiriam logo depois de chegar, a não ser que fossem acalmados pela presença de escravos mais velhos de suas nações[31]. Moreau de St.-Méry escreveu que, apesar de alguns fazendeiros de São Domingos hesitarem em comprar escravos ibos devido a suas tendências suicidas, outros os preferiam porque eles tinham fortes ligações uns com os outros e "os recém-chegados encontram ajuda, cuidado e exemplo com aqueles que chegaram

---

30. Registros do Conselho Superior da Louisiana, 07/10/1730. • Documento n. 1. Nova Orleans: Centro Histórico da Louisiana. Esse escravo chegara no *Duc de Noailles* em 15/03/1728.

31. LE PAGE DU PRATZ. *Histoire de la Louisiane*, 1, p. 333-334.

antes deles"[32]. Um padrão de migração em cadeia foi identificado para imigrantes livres. Aqueles que chegavam antes atraíam mais imigrantes dos mesmos lugares de origem no Velho Mundo. Um padrão modificado de migração em cadeia também se aplica aos escravos africanos. Alguns senhores preferiam africanos de etnias que chegaram antes e compravam escravos dessas mesmas "nações" africanas quando podiam.

Depois de chegarem em viagens do tráfico atlântico de escravos, os africanos recém-chegados muitas vezes eram transbordados para outras regiões e colônias. Os padrões desse comércio de transbordo precisam ser mais bem conhecidos e compreendidos antes de podermos tirar conclusões firmes sobre a distribuição de africanos de costas e etnias particulares em muitos lugares das Américas. Isso vale especialmente para grandes pontos de transbordo. Com algumas exceções importantes, esse comércio foi muito pouco pesquisado e pouco se sabe sobre ele. Apesar de, à primeira vista, parecer que o tráfico de transbordo de escravos no Caribe fragmentou os africanos das mesmas regiões e etnias devido ao grande número de navios que chegavam de várias costas africanas, havia uma tendência contravalente indicando que as preferências tanto de vendedores quanto de compradores tendia a aglomerar, e não fragmentar, os africanos que chegavam. Alguns senhores mandavam seus próprios navios para comprar africanos escravizados de viagens do tráfico atlântico de escravos das suas costas preferidas quando eles chegavam nos portos caribenhos. Alguns deles mandavam seus navios diretamente para as costas africanas preferidas, evitando os intermediários caribenhos, muito caros. Daniel Littlefield estabeleceu ligações muito convincentes entre o tráfico atlântico britânico de escravos e o comércio de transbordo do Caribe. O trabalho dele revelou padrões de mercado cuidadosos que tendiam a aglomerar africa-

---

32. Traduzido em HALL. *Social Control in Slave Plantation Societies*, p. 20-21.

nos transbordados do Caribe britânico em lugares onde eles eram preferidos[33]. Colin Palmer discutiu as preferências por etnias africanas no comércio de transbordo das Antilhas britânicas para os Estados Unidos e a América Espanhola entre 1700 e 1740. Entre 1702 e 1714, antes de começar o *asiento* (contrato) britânico para fornecer novos africanos para as colônias espanholas, pelo menos 18.180 africanos recém-chegados foram transbordados da Jamaica. 59,2% (n = 231) das viagens britânicas trazendo africanos novos para as colônias hispano-americanas entre 1714 e 1740 foram transbordos da Jamaica[34]. Mais recentemente, David Eltis discutiu o impacto de preferências por africanos da Costa do Ouro e da Costa dos Escravos na Jamaica. A conclusão dele é que, "pelo menos nas fazendas jamaicanas, a estimativa de dois terços de todos os escravos serem das regiões da Costa do Ouro e da Costa dos Escravos é certamente conservadora, e o número verdadeiro talvez seja mais de 80%"[35].

A preferência por escravos da Costa do Ouro e da Costa dos Escravos na Jamaica provavelmente explica por que as preferências explícitas dos senhores britânicos do continente por africanos da Costa do Ouro não se refletiu nas viagens do tráfico transatlântico de escravos para os Estados Unidos. Os navios registrados nos Estados Unidos traziam africanos que coletavam na Costa do Ouro principalmente para a Jamaica e Barbados. A preferência acentuada por africanos da Costa do Ouro e da Costa dos Escravos na Jamaica provavelmente limitou as viagens do tráfico transatlântico de escravos dessas regiões para os Estados Unidos e também diminuiu o transbordo deles do Caribe britânico para as colônias continentais britânicas. As viagens documentadas do tráfico atlântico de escravos da Costa dos Escravos

---

33. LITTLEFIELD. *Rice and Slaves*, p. 115-173.

34. PALMER. *Human Cargoes*, p. 29, 97, 99 (tabela 9).

35. ELTIS. *The Rise of African Slavery in America*, p. 224-257 [citação da p. 244].

para os Estados Unidos são mínimas, tanto no período colonial quanto no nacional.

Nós temos poucas evidências diretas sobre o local de nascimento ou sobre a socialização entre os africanos transbordados do Caribe para os Estados Unidos; nosso conhecimento sobre suas origens africanas étnicas ou costeiras é igualmente limitado. Mas nós sabemos que não era provável que eles tivessem nascido ou sido socializados no Caribe. Os senhores relutavam em comprar escravos nascidos ou socializados no Caribe, e tinham boas razões para isso. Eles muitas vezes tinham doenças ocultas, ou seus senhores e as autoridades coloniais tentavam livrar-se deles por serem incontroláveis. Lorena S. Walsh discerniu esse padrão para Chesapeake. Ela afirma que historiadores de prestígio exageraram o número de escravos nascidos no Caribe trazidos para as colônias e estados britânicos do continente. Isso certamente é verdade para a Louisiana, onde as evidências são absolutamente claras[36].

Nossos dados mais novos e sistemáticos sobre o tráfico de escravos enviados de portos caribenhos são da Louisiana espanhola. Essa colônia baseava-se fortemente no tráfico de transbordo, e não no tráfico transatlântico de escravos. É certo que quase todos os escravos enviados do Caribe para a Louisiana eram africanos recém-chegados comprados de viagens do tráfico transatlântico de escravos ao desembarcarem em vários portos caribenhos. Haviam fatores tanto de atração quanto de repulsão que aglomeravam, em vez de fragmentar, os africanos transbordados. Quando essas viagens chegavam ao Caribe vindas da África, as seleções entre os africanos de várias costas eram feitas no ponto de transbordo. Os africanos que chegavam em navios vindos das costas preferidas eram escolhidos, e os africanos que vinham de costas proibidas eram rejeitados. Por

---

36. HALL. "Myths about Creole Culture in Louisiana". *Africans in Colonial Louisiana*, p. 58, 179, 180, 284. • WALSH. "The Chesapeake Slave Trade".

exemplo, um documento datado de 1765 indica que o Golfo de Biafra era uma costa proibida para os traficantes marítimos de escravos que traziam africanos recém-chegados das ilhas do Caribe para a Louisiana[37]. Esse documento explica por que Peter Hill, capitão da chalupa *Little David*, que saiu de Nova York para Barbados, não conseguiu obedecer as instruções para comprar de 80 a 100 africanos escravizados recém-chegados para a costa de Iberville na margem esquerda do rio Mississipi, diante de Baton Rouge. O Capitão Hill explicou: "Ao chegar a Barbados, depois de fazer tudo o que pude para cumprir as instruções que recebi [...] e sem ter nenhuma probabilidade de sucesso [...] eu segui em frente (de acordo com instruções anteriores) para a ilha da Jamaica [...] Mas depois de esperar lá até 16 de agosto, até esse dia apenas três navios chegaram da África, e dois deles dos países proibidos, e a carga do outro estava em condição tão ruim que eu não pude obter o número desejado em ordem tolerável". Ele não conseguiu completar o contrato, o que custou caro para seus patrocinadores, que foram processados com sucesso pelos compradores potenciais desses escravos[38]. As evidências das viagens do tráfico transatlântico de escravos que chegaram à Jamaica nesse período indicam que os dois navios que trouxeram africanos "dos países proibidos" vieram de Bonny, um porto no Golfo de Biafra. Durante esse período, essa "carga" provavelmente consistia principalmente de ibos. Os africanos escravizados do Golfo de Biafra estavam sub-representados na Louisiana espanhola, apesar de uma grande proporção de viagens do Golfo de Biafra chegarem à Jamaica e Cuba, ambos grandes pontos caribenhos de transbordo para africanos levados para a Louisiana.

---

37. HALL. "In Search of the Invisible Senegambians".
38. Registros do Conselho Superior da Louisiana, 06 e 10/05/1768. Contrato entre Evan Jones de Pensacola e Durand Brothers. • Declaração do Capitão Peter Hill. Registros do Conselho Superior da Louisiana, 1768. Nova Orleans: Centro Histórico da Louisiana.

Para além desse documento muito informativo, mas ainda anedótico, encontramos informações significativas no *Louisiana Slave Database* sobre os escravos que chegavam em viagens de transbordo. Durante todo o período espanhol, temos registros para 2.920 escravos individuais enviados do Caribe para a Louisiana. Esses números não podem ser extrapolados ao longo do tempo. Tanto o tráfico transatlântico de escravos quanto o tráfico de transbordo cresceram e minguaram com a prosperidade, as condições na África, a guerra entre as potências europeias, o nível da pirataria e de corsários, e considerações de controle social, especialmente depois de a Revolução Haitiana começar em 1791. A importação de escravos para a Louisiana foi restrita ou ilegalizada por toda a década de 1790. Ainda assim, certamente muito contrabando ocorreu[39].

Entre os 2.920 registros que descrevem escravos individuais que chegaram em navios do Caribe durante o período espanhol (1770-1803), as origens de 967 deles foram identificadas. Entre eles, 97,3% (n = 941) eram africanos. Entre esses africanos, 97% (n = 913) foram listados como *brut* ou *bozal* (as designações francesas e espanholas para recém-chegados da África); nenhuma outra informação sobre as origens de 87,2% (n = 796) desses africanos foi registrada. Informações de origem mais específicas foram dadas para 136 deles: 115 foram identificados por etnias africanas específicas, e 21 apenas pela origem costeira. As evidências no ponto de venda desses africanos novos que chegaram em viagens de transbordo do Caribe indicam uma aglomeração, e não uma fragmentação ou randomização de africanos da mesma etnia. Entre os escravos transbordados do Caribe para a Louisiana, havia africanos listados como mandês, congueses e macuas. Cada grupo étnico provavelmente foi comprado da mesma viagem do tráfico atlântico de escravos e trazido em grupos na mesma viagem de transbordo. Muitos dos escravos listados

---

39. LaCHANCE. "Politics of Fear".

sob a mesma etnia foram vendidos para o mesmo comprador na Louisiana. Apenas um dos compradores, Hilario Boutte, pode ser identificado como um intermediário ou revendedor. Em 1785, treze mandês chegaram da Jamaica no *Cathalina*. Eles foram vendidos para quatro compradores diferentes em lotes de seis, cinco, um e um. Em 1787, dez mandês foram trazidos da Martinica no navio *Nueva Orleans*. Todos eles foram vendidos para o mesmo comprador. Nove escravos congueses trazidos de São Domingos em 1786 no *Rosaria* foram vendidos para o mesmo comprador. Dez escravos congueses que chegaram da Martinica no *Nueva Orleans* em 1787 também foram vendidos para o mesmo comprador. Os trinta e nove escravos congueses que chegaram de Havana no *Abentura* em 1796 foram vendidos para vários compradores em lotes que variavam entre oito e um. Os dezessete macuas que chegaram de São Domingos no *Maria Magdalena* em 1785 foram vendidos da seguinte forma: três lotes de quatro; um lote de três, e dois lotes de um. Os macuas acabavam principalmente na Paróquia Pointe Coupée: 54,8% deles (n = 23) foram registrados em propriedades inventariadas lá.

Informações sobre o transbordo de africanos também podem ser encontradas em viagens listadas em documentos alfandegários espanhóis, mas elas estão longe de serem completas. Até 1782, os escravos entravam na Louisiana sem pagar impostos, e por isso as autoridades espanholas não tinham motivação para registrá-los. Com exceção do ano de 1786, as informações em documentos alfandegários espanhóis sobre escravos importados para a Louisiana são muito esparsas. A Lista da Alfândega Espanhola de 1786 (cf. tabela 3.2) afirmava conter informações completas, mas não continha. Algumas viagens que chegaram do Caribe em 1786 venderam escravos na Louisiana, mas não foram listadas nesse documento. 1.204 escravos transbordados foram vendidos na Louisiana em 1786, em contraste com os 957 listados nos documentos alfandegários espanhóis desse ano[40]. Ainda assim, o documento alfandegário de 1786 é bastante revelador sobre os padrões do tráfico de transbordo do Caribe para a Louisiana, e também tem implicações para outros lugares nas Américas. Ele revela um mundo inteiro de viagens, algumas delas trazendo números substanciais de africanos recém-chegados que vieram ao Caribe em viagens do tráfico transatlântico de escravos. Essas viagens de transbordo não eram parte de uma rede internacional grande e razoavelmente bem documentada de viagens de tráfico de escravos. Elas também não eram viagens pequenas e insignificantes, seja em número de viagens, seja em números de escravos trazidos por cada navio. Para cada viagem, o documento inclui o número de escravos que desembarcaram, o nome do navio, seu capitão e/ou dono, a ilha de embarque e a data da chegada na Louisiana. Ele revela que essas viagens eram iniciadas e realizadas inteiramente por comerciantes, capitães e senhores de escravos da Louisiana, categorias que normalmente se sobrepunham. Na grande maioria dos exemplos, o capitão era o dono do navio e o patrocinador da viagem.

Portanto, havia um outro mundo de viagens de tráfico de escravos organizadas por senhores de escravos que mandavam seus próprios navios para o Caribe ou para a África para coletar escravos para uso próprio. Esses africanos recém-chegados normalmente não aparecem nos documentos de venda das Américas. Se o capitão não fosse o proprietário do navio, ele recebia alguns escravos da "carga" para vender como compensação parcial pelos seus serviços. Ainda assim, nós encontramos traços significativos desses escravos importados em documentos espanhóis na Louisiana depois que a Espanha exigiu que os vendedores de escravos indicassem, sob pena de confisco, como eles adquiriram qualquer escravo que vendiam[41]. O senhor muitas vezes explicava que ele trouxera os escravos que vendia em seu próprio navio, e normal-

---

40. Papéis procedentes de Cuba, 31/12/1786, arquivo 575, folha 89. Sevilha, Esp.: Arquivo Geral das Índias.

41. Papéis procedentes de Cuba, 24/01/1793. Comércio de negros, arquivo 101, folha 572. Sevilha, Esp.: Arquivo Geral das Índias.

Tabela 3.2 Lista da alfândega espanhola de escravos desembarcando na Louisiana procedentes do Caribe durante 1786

Origem da viagem	Escravos desembarcados	Capitão/dono	Total de cada ilha
Guadalupe	40	Sim	40 (4%)
Jamaica	93	Sim	
	9	Sim	
	59	Sim	
	100	Sim	
	52	Sim	
	56	Não	
	52	Não	
	60	Não	481 (50%)
Martinica	102	Sim	
	60	Sim	162 (17%)
São Domingos	10	Sim	
	105	Sim	
	135	Sim	
	24	Não	274 (29%)
Total geral			957

Fonte: Calculada a partir de papéis procedentes de Cuba. Correspondência da Intendência com a Aduana, estados mensais de direitos de entrada e saída, 1786-1787. Relação que manifesta o número de negros chegados a esta cidade. Arquivo 575, folha 89.

Nota: 765 escravos (80%) desembarcaram de navios dos quais o capitão também era o dono do navio e dos escravos comprados.

mente dava o nome dele. Os escravos quase sempre tinham sido comprados num porto caribenho[42]. Mas às vezes os documentos alfandegários indicam um porto africano, como Guinea La Cayana (uma localização ainda não identificada). A tabela 3.2 revela que 80% desses africanos escravizados chegaram em viagens onde o capitão também era o dono.

Os principais pontos caribenhos de transbordo para a Louisiana espanhola eram a Jamaica, São Domingos, Martinica, e, depois de 1790, Cuba. Nos documentos da Louisiana, os africanos não refletem de modo algum as regiões costeiras africanas das viagens

---

42. Calculado a partir de HALL. *Louisiana Slave Database*.

do tráfico transatlântico de escravos que chegaram a essas ilhas durante os períodos de tempo relevantes. A aglomeração de etnias africanas durante o comércio de transbordo do Caribe fica evidente tendo-se em vista a concentração pesada de africanos do Golfo do Benim na Louisiana espanhola (1770-1803), especialmente ao longo do Rio Mississipi a partir de Nova Orleans.

A última viagem de tráfico transatlântico de escravos documentada do Golfo do Benim chegou à Louisiana em 1728. Durante o período espanhol na Louisiana (1770-1803), o tráfico transatlântico de escravos para a Martinica claramente diminuiu muito. Apenas vinte e três viagens de tráfico transatlântico de escravos para a Martinica foram registradas em *The Trans-Atlantic Slave Trade Database* entre 1750 e 1795, o ano em que o tráfico estrangeiro de escravos para a Louisiana foi ilegalizado[43]. Apenas três dessas viagens (11,5%) chegaram à Martinica vindas do Golfo do Benim, e apenas uma delas durante a década de 1780, quando o tráfico de transbordo do Caribe para a Louisiana atingiu sua maior atividade. São Domingos/Haiti ainda importava africanos do Golfo do Benim, mas a costa de origem africana mais comum tornara-se, de longe, a África Centro-ocidental. As importações jamaicanas eram predominantemente da Costa do Ouro, mas os escravos da Costa do Ouro eram extremamente raros na Louisiana. O Golfo de Biafra foi importante no tráfico atlântico de escravos para Cuba e também para a Jamaica durante as décadas de 1780 e de 1790, mas relativamente poucos africanos dessa costa foram encontrados em documentos da Louisiana espanhola. A conexão das datas de chegada das viagens de tráfico transatlântico de escravos a essas ilhas com as viagens de transbordo para a Louisiana revela que o Golfo do Benim não tinha nenhuma proeminência como a principal região de compra

---

43. LaCHANCE. "Politics of Fear". A proibição da importação de escravos para a Louisiana foi realmente observada, como se reflete nas idades médias crescentes e no nivelamento do equilíbrio entre os gêneros entre os escravos na Louisiana durante a década de 1790. Calculado a partir de HALL. *Louisiana Slave Database*.

Figura 3.1 Aglomeração de etnias africanas nas paróquias da Louisiana, período espanhol (1770-1803)

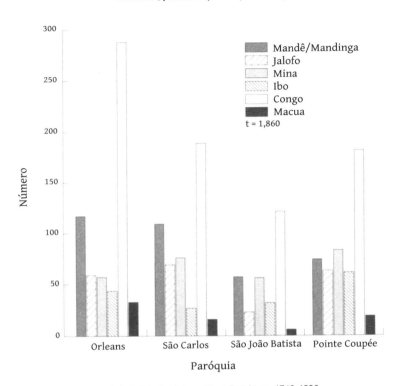

Fonte: Calculada a partir de HALL. *Louisiana Slave Database, 1719-1820.*

durante esses anos[44]. Nós só podemos explicar a aglomeração de africanos do Golfo do Benim na Louisiana através de uma seleção vigorosa no decorrer do tráfico de transbordo do Caribe. Eles eram selecionados fortemente entre as viagens numerosas que chegavam a São Domingos e à Jamaica durante a década de 1780 quando o tráfico de transbordo para a Louisiana cresceu, ou de viagens que chegavam a Cuba depois de 1790, quando o tráfico de transbordo se deslocou para essa ilha. Os africanos do Gol-

---

44. Calculado a partir de HALL. *Louisiana Slave Database*. • ELTIS et al. *The Trans-Atlantic Slave Trade Database.*

fo do Benim estavam presentes na Louisiana desde os primeiros anos da colonização, demonstrando uma continuidade significativa por muitas décadas. A aglomeração de africanos do Golfo do Benim em paróquias ao longo do rio continuou até 1820.

Durante o ano de 1800, o tráfico estrangeiro de escravos para a Louisiana foi reaberto. Três viagens do tráfico transatlântico de escravos foram licenciadas pela Espanha e chegaram à Louisiana durante 1803. Depois que a Louisiana foi comprada pelos Estados Unidos no final de 1803, o tráfico estrangeiro de escravos foi imediatamente ilegalizado, mas o tráfico de trans-

Figura 3.2 Aglomeração de etnias africanas nas paróquias da Louisiana, período inicial dos Estados Unidos (1804-1820)

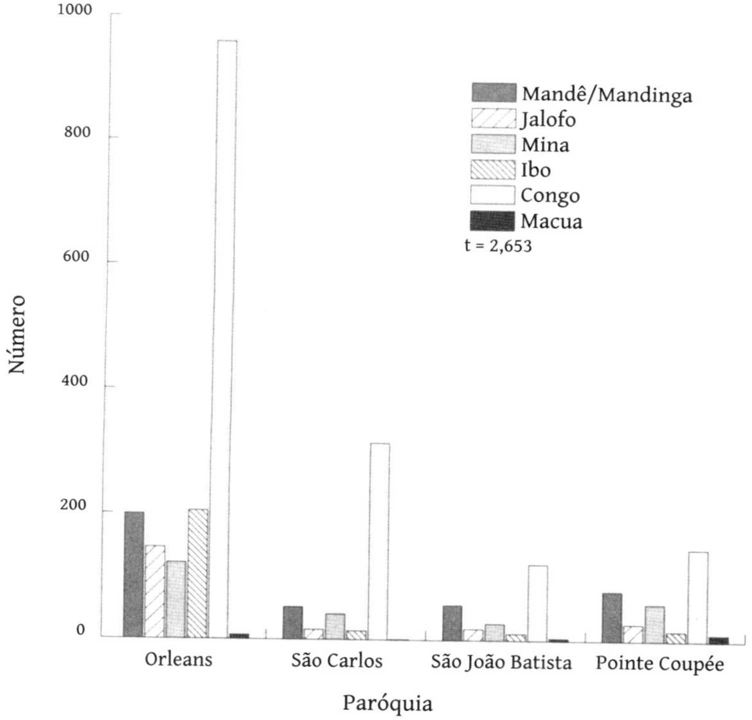

Fonte: Calculada a partir de HALL. *Louisiana Slave Database, 1719-1820.*

bordo de portos da costa leste dos Estados Unidos permaneceu legal. Quando o Território da Louisiana passou a estar sob controle dos Estados Unidos, os congueses da África Centro-ocidental se aglomeraram pesadamente nas paróquias de Orleans e São Carlos, onde a indústria açucareira crescia rapidamente. As duas viagens do tráfico atlântico de escravos documentadas que chegaram à Louisiana depois de sua compra foram navios britânicos que traziam congueses da África Centro-ocidental. Durante o período inicial dos Estados Unidos (1804-1820), os escravos transbordados e vendidos na Louisiana chegavam principalmente de viagens marítimas de portos da costa leste dos Estados Unidos: Baltimore, Charleston e Norfolk. Eles eram quase todos africanos recém-chegados. Entre 1804 e 1809, 63,5% (n = 172) dos escravos que chegavam por mar e foram vendidos na Louisiana com locais de nascimento registrados eram africanos novos listados como *brut*. Em 1808, trinta congueses chegaram na viagem de transbordo do navio *Ana*. Um número surpreendentemente pequeno de escravos vendidos de navios chegados de portos da costa leste nasceram ou foram socializados nos Estados Unidos. Os documentos de venda datados de 1810 a 1820 listam 325 escravos trazidos de portos da costa leste dos Estados Unidos. Muito poucos locais de nascimento de escravos vindos do mar foram registrados depois de 1810.

Muitos escravos nascidos nos Estados Unidos sem dúvida foram trazidos por seus senhores por terra, rio ou mar e, portanto, não foram vendidos na Louisiana. Alguns documentos registram escravos que provavelmente foram vendidos no Rio Mississipi por traficantes do Kentucky e do Tennessee. Nós sabemos onde os traficantes viviam, mas não de onde vieram os escravos que eles vendiam.

Depois da compra da Louisiana em 1803, houve um contrabando substancial de novos africanos para o território. A documentação de viagens ilegais é, obviamente, fraca. Mas africanos jovens de várias etnias listados em documentos da Louisiana en-

Tabela 3.3 Local de nascimento ou etnia dos escravos desembarcando na Louisiana procedentes de portos da costa leste dos Estados Unidos, 1804-1809

Local de nascimento ou etnia	Número	Porcentagem
Crioulo britânico do continente	9	3,3
Maryland	2	0,7
Virgínia	1	0,4
Carolinas	2	0,7
Americano nativo	1	0,4
São Domingos	3	1,1
Martinica	1	0,4
Mandê/Mandinga	5	1,8
Fula	1	0,4
Jalofo	6	2,2
Gola	1	0,4
Samá	1	0,4
Hauçá	1	0,4
Mina	11	4,0
Berom	1	0,4
Congo	45	16,5
África	9	3,3
Africanos novos	174	63,5
Total	**274**	**100,0**

Fonte: Calculada a partir de HALL. *Louisiana Slave Database, 1719-1820.*

tre 1804 e 1820 esclarecem consideravelmente as etnias africanas de escravos contrabandeados.

Uma comparação da idade média de várias etnias africanas registradas em documentos na Louisiana entre 1800 e 1820 deixa extremamente claro que ocorria um contrabando enorme de africanos recém-chegados. Muito poucas etnias exibiram um aumento significativo na idade média, o que teria indicado que esses africanos seriam sobreviventes idosos do tráfico de escravos legal. Africanos jovens estavam renovando a população escrava. A tabela 3.4, calculada a partir do *Louisiana Slave Database*, é uma seleção de africanos das mais numerosas etnias. Essa tabela revela algumas tendências. A mais importante é que houve um contrabando enorme de africanos para o vale do sul do Rio Mississipi depois que o tráfico estrangeiro de escravos foi ilegalizado. Ela mostra quais etnias foram mais vitimadas por esse tráfico de escravos ilegal e quais não foram. Tendo em vista o aumento substancial de sua idade média com o tempo, os fulas e os nards (mouros) parecem ter sido os menos afetados. As etnias com idades médias que diminuíram ou ficaram quase estáveis – jalofos, quissis, samás, nagôs, hauçás e mandingas, além daqueles categorizados simplesmente como africanos, ou como de nação africana desconhecida – provavelmente foram as mais vitimadas, pois elas estavam sendo renovadas rapidamente por jovens. A maioria das etnias africanas mais numerosas mostra um aumento pequeno de idade média, cerca de dois anos, o que indica que elas também estavam sendo renovadas substancialmente pela África.

Os historiadores não levaram em conta essas viagens numerosas, e sem dúvida viagens semelhantes iniciadas em outras colônias, porque enfatizam arquivos centralizados e quase sempre europeus que contêm registros de grandes viagens comerciais. A maioria dessas viagens informais provavelmente jamais foi documentada. Mas estudos de papéis particulares e documentos marítimos abrigados em portos de todas as Américas podem encontrar traços de outras viagens parecidas. Um número significativo delas sem dúvida foi direto para a África, eliminando os intermediários caribenhos caros e dirigindo-se para as costas preferidas, especialmente a Grande Senegâmbia, um destino comparativamente próximo onde o tráfico de escravos às vezes estava firmemente nas mãos de afro-europeus.

Este capítulo argumentou que, apesar de em alguns momentos e lugares, os africanos recém-chegados terem sido deliberada ou aleatoriamente fragmentados pelo tráfico atlântico de escravos, existiam padrões contravalentes predominantes que tendiam a aglomerar africanos novos das mesmas etnias e regiões. Esses

Tabela 3.4 Idade média dos africanos na Louisiana, 1800-1820

	1800-1809		1810-1820		
Etnia	Número	Idade Média	Número	Idade Média	Número Total
Bambara/Bamana	83	38,68	98	40,46	181
Mandê/Mandinga	239	33,12	257	35,26	496
Nard (mouro)	18	39,89	18	47,28	36
Fula	49	36,07	52	44,39	101
Jalofo	104	29,14	176	29,90	280
Guiné ou Costa da Guiné	290	35,91	136	37,12	426
Quissi	21	43,14	18	37,28	39
Quincanga	90	30,67	90	32,64	180
Aja/Fom/Arará	44	36,48	37	38,64	81
Mina	140	31,61	181	33,52	321
Samá	98	38,46	92	38,83	190
Hauçá	22	34,55	73	32,12	95
Nagô (Iorubá)	67	40,49	58	38,41	125
Ibo	120	31,69	171	33,58	291
Ibibio/Moco	29	27,03	24	31,67	53
Calabar	44	31,87	29	35,55	73
Congo	759	26,53	1.237	28,51	1.996
Mandê/Mandongo	10	30,60	11	29,27	21
Macua	21	35,24	13	39,39	34
África	75	37,77	384	32,41	459
Não identificada	25	34,12	23	33,96	48
Africanos novos	337	18,66	20	23,06	357
Total	**2.840**	**30,05**	**3.280**	**32,33**	**6.120**

Fonte: Calculada a partir de HALL. *Louisiana Slave Database, 1719-1820.*

Nota: "África" significa identificado apenas como "africano". "Não identificada" significa que a nação foi dada, mas não foi identificada. "Africanos novos" significa que identificou-se como um africano recém-chegado, mas nenhuma informação sobre nação foi dada.

padrões resultaram dos seguintes fatores: a tendência a carregar e enviar africanos escravizados o mais rapidamente possível de uma costa; a introdução gradual de novas regiões da África na participação significativa no tráfico transatlântico de escravos ao longo de vários séculos; padrões geográficos incluindo distância, ventos e correntes que facilitavam o contrato entre regiões específicas africanas e americanas; redes comerciais tradicionais que envolviam preferências por produtos americanos específicos e também relacionamentos de crédito antigos em ambos os lados do Atlântico, incluindo relacionamentos de escravidão por dívida na África[45]; a resistência ao tráfico atlântico de escravos ao longo de várias costas da África, forçando os traficantes marítimos a basear-se em menos costas e regiões africanas; as preferências por africanos de costas e etnias específicas, muito influenciadas pelas habilidades africanas e pela transferência de tecnologia da África para as Américas; e as preferências por africanos que foram trazidos anteriormente para regiões americanas específicas. Todos esses fatores estabeleceram redes comerciais históricas que ligavam regiões da África a regiões nas Américas. Os padrões no tráfico de transbordo marítimo tendiam a aglomerar africanos recém-chegados nos locais de destino final.

Os quatro capítulos remanescentes deste livro ligarão regiões e etnias africanas a regiões nas Américas ao longo do tempo.

---

45. LOVEJOY & RICHARDSON. "This Horrid Hole".

4

Grande Senegâmbia/Alta Guiné

> *Aos negros dos rios e portos da Guiné [...] nós*
> *nos referimos, por causa de sua excelência,*
> *como de lei [por terem uma religião escrita*
> *com tradições éticas-legais]. Eles são muito*
> *mais fiéis do que todos os outros, de grande*
> *razão e capacidade, de aparência mais bonita*
> *e atraente; fortes, saudáveis, e capazes de*
> *trabalho duro; e por essas razões sabe-se bem*
> *que todos eles são mais valiosos e estimados*
> *do que qualquer um de outras nações. Esses*
> *povos e costas são numerosos, e referir-me*
> *a todos eles seria uma tarefa exaustiva e*
> *infinita. Porém, dar algumas informações*
> *sobre eles seria agradável, vantajoso e até*
> *muito necessário para nossa tarefa. Entre*
> *eles estão os jalofos, sereres, mandês e fulas;*
> *outros felupes, outros banhuns*; ou felupes*
> *chamados bootes; outros casangas** e banhuns*
> *puros; outros brames***; balantas****;*
> *beafadas*****; e biofos; outros nalus******;*
> *outros sapes*******; cocolis e sossos********.*
>
> SANDOVAL, A. *Un tratado sobre la*
> *esclavitud*, 1627.

Este capítulo desafia parte da sabedoria existente entre os historiadores que minimiza a contribuição demográfica e cultural

---

* Um subgrupo dos fulas [N.R.].

** Kasanga, kasange ou ilhage [N.R.].

*** Buramo, bran, bola ou burama [N.R.].

**** Balante, belante, bulanda, balanga, brassa ou bolenta [N.R.].

***** Biafada, byafada, beafare, biafare ou bidyola [N.R.].

****** Nalou, nanu ou nanum [N.R.].

******* Sapés ou sapis [N.R.].

******** Suçu, sosoe, soso, susu ou soussou [N.R.].

de povos da Grande Senegâmbia para muitas regiões importantes nas Américas. Durante os primeiros 200 anos do tráfico atlântico de escravos, a Guiné significou aquilo que Boubacar Barry define como Grande Senegâmbia: a região entre os rios Senegal e Serra Leoa. Em árabe, "Guiné" significava "terra dos negros". O termo se referia apenas às regiões de Senegal/Serra Leoa. Nos primeiros escritos portugueses e espanhóis, "Guiné" significava a Alta Guiné. Os documentos e crônicas portugueses mais antigos chamavam a Costa do Ouro, a Costa dos Escravos, e os golfos do Benim e de Biafra de Costa da Mina[1]. Nos escritos de Alonso de Sandoval, "guinéus" significava os habitantes da Grande Senegâmbia. Até no século XIX, "Guiné" continuou a significar Alta Guiné também para outros traficantes atlânticos de escravos. Quando o Rei Jaime I criou a concessão para a primeira companhia inglesa comerciar com a África no início do século XVII, o uso português e espanhol do termo "Guiné" inicialmente foi adotado. A companhia inglesa foi chamada de Companhia dos Aventureiros, e deveria comerciar especificamente com "'Gynny e Bynny' (Guiné e Benim)"[2]. Depois que as potências do norte da Europa começaram a entrar no tráfico atlântico de escravos legal e sistematicamente nos anos de 1650, o termo "Guiné" foi gradualmente estendido para significar toda a costa oeste africana do Senegal até Angola. Mas o significado de "Guiné" continuou a depender do momento e do lugar, e nunca foi preciso nem universal. Ele muitas vezes continuou a significar Grande Senegâmbia entre os ibéricos e também às vezes para os traficantes atlânticos de escravos de outras nações. Um documento francês datado de 1737 ordenava um navio para ir à África obter escravos

---

1. Para uma discussão excelente sobre a terminologia regional utilizada nas primeiras crônicas portuguesas de viagens na costa oeste africana durante o século XV, cf. SOARES. *Devotos da cor*, p. 37-62.
2. THOMAS. *The Slave Trade*, p. 174.

Mapa 4.1 Grande Senegâmbia/Alta Guiné, 1500-1700

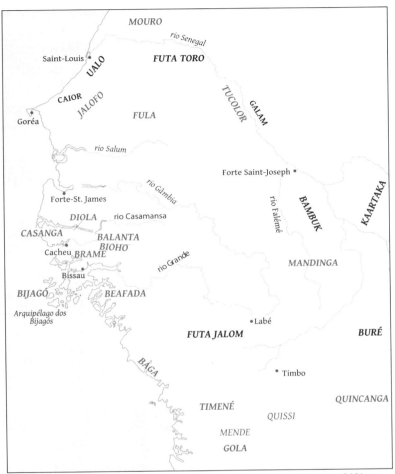

Fonte: Adaptado de um mapa de Boubacar Barry. In: *Unesco General History of Africa*. Vol. 5. Berkeley: University of California Press, 1992 [Ed. de B.A. Ogot; copyright © 1992, Unesco].

da "Costa da Guiné ou de outro lugar"[3]. Há boas evidências de que até em 1811 "Guiné", ou a "Costa da Guiné", ainda se referia aos africanos de Serra Leoa.

---

3. Registros do Conselho Superior da Louisiana, 24/04/1737, contrato entre Jacques Coustillas e George Amelot. Nova Orleans, 24/04/1737, Centro Histórico da Louisiana.

153

A Grande Senegâmbia está muito mais perto da Europa e da América do Norte do que qualquer outra região da África. As viagens eram muito mais curtas. O tráfico atlântico de escravos começou nessa região. Meio século antes da "descoberta", conquista e colonização das Américas começar, escravos africanos, principalmente da Senegâmbia, eram trazidos para Portugal de navio, vendidos no mercado de escravos ativo em Lisboa, e então revendidos por toda a Península Ibérica. As informações mais antigas que temos sobre eles vêm de Valência, na Espanha. Suas designações de "nação" foram interpretadas como regionais, e não étnicas, culturais ou linguísticas. Elas incluem "Guine", "Jalof" e, nos anos de 1490, "Mandega" (mandinga ou mandê). Os mandês eram falantes do grupo linguístico mandê, descendentes dos povos do Império do Mali que foram conquistadores, comerciantes e intérpretes linguísticos proeminentes por toda a Grande Senegâmbia. Muitos falantes de línguas oeste-atlânticas haviam sido conquistados, desalojados, e/ou aculturados por falantes de línguas mandês[4]. As etnias e os nomes regionais africanos se sobrepunham. De acordo com Stephan Buhnen, nesses documentos, "jalofo" significava todo o norte da Alta Guiné, "mandê" significava o centro da Alta Guiné (do Gâmbia até o rio Geba) e "sape*" significava o sul da Alta Guiné (até o rio Serra Leoa)[5].

Muitos africanos escravizados trazidos para a Península Ibérica e seus descendentes foram convertidos para o cristianismo e falavam o português e/ou dialetos do espanhol. Os jalofos eram

---

4. RODNEY. *A History of the Upper Guinea Coast*. Hair, "Ethnolinguistic Continuity on the Guinea Coast", argumenta em defesa da estabilidade das etnias desde os primeiros contatos com os europeus até os dias atuais. Mas ele reconhece que seu argumento não impede uma interpenetração cultural e linguística entre esses povos. Barry, *Senegambia and the Atlantic Slave Trade*, discute as interações e interpenetrações pacíficas entre as etnias na Grande Senegâmbia.

* Sapé ou sapi [N.R.].

5. BUHNEN. "Ethnic Origins of Peruvian Slaves".

proeminentes entre eles[6]. Eles eram chamados de "ladinos", o que significava africanos latinizados. Depois que a conquista e a colonização das Américas começaram, africanos escravizados continuaram a ser introduzidos na Península Ibérica. Eles e seus descendentes estavam entre os primeiros africanos e descendentes africanos trazidos para as Américas como "ladinos". As viagens comparativamente rápidas da Grande Senegâmbia para o Caribe encorajavam o povoamento do período inicial da América Espanhola com africanos da Grande Senegâmbia.

A importação mais antiga de africanos escravizados para a América Espanhola foi para a Ilha de Santo Domingo em 1502. Depois da conquista do México em 1519, o México (Nova Espanha) também se tornou um destino importante. Para cumprir as leis e políticas espanholas que obrigavam a conformidade religiosa por todo o império, os primeiros escravos africanos trazidos para a América Espanhola eram ladinos. Mas os escravos ladinos encorajaram e ajudaram os índios aruaques sobreviventes de Santo Domingo a rebelar-se contra os colonos espanhóis. Com a esperança de trazer escravos mais ignorantes sobre a Espanha e os costumes espanhóis e, portanto, menos perigosos, os espanhóis começaram a trazer jalofos escravizados da África em vez de ladinos, apesar do fato dos jalofos serem islamizados. Mas eles mostraram-se tão rebeldes quanto os ladinos. Eles também encorajaram e ajudaram os aruaques a revoltar-se contra os espanhóis e foram repetida e universalmente proibidos na América Espanhola. Ainda assim, os jalofos continuaram a chegar em números substanciais[7].

---

6. ELBL. "The Volume of the Early Atlantic Slave Trade".

7. FRANCO. *Negros, mulatos y la nación dominicana*, p. 5-61.

Tabela 4.1 Duração de viagens do tráfico de escravos para Cartagena de Índias, 1595-1640

Local de compra	<1 ano	1-2 anos	2-4 anos	>4 anos
Senegâmbia	16	6	5	-
Angola	-	29	13	3
São Tomé	-	-	6	5
Aladá/Costa dos Escravos	-	-	1	-

Fonte: Calculada a partir de VILA VILAR. *Hispanoamérica y el comercio de esclavos*, p. 148-152.

Nota: A duração de viagens do tráfico de escravos começa com sua partida da Europa e inclui a viagem para o oeste da África, o tempo passado na costa africana, a viagem através do Atlântico para as Américas, e o retorno para a Europa.

Durante as últimas décadas do século XVI, os lançados portugueses estabeleceram gradualmente um posto fortificado de tráfico de escravos no Rio Cacheu na Grande Senegâmbia[8]. A área de captação desse posto era chamada, em documentos portugueses, de rios da Guiné. Em documentos espanhóis e portugueses, *"Ríos de Guinea"* significa a região entre os rios Casamansa e Serra Leoa.

Apesar de o Brasil ser muito associado com a África Centro-ocidental e a Costa dos Escravos, a Grande Senegâmbia foi uma fonte importante de africanos trazidos para o Brasil. Costa e Silva chamou a segunda metade do século XVI como a fase da Guiné do tráfico de escravos para o Brasil[9]. O tráfico de escravos holandês e depois francês e britânico desalojaram em boa parte os portugueses na Grande Senegâmbia durante o século XVII, mas Portugal manteve uma presença relativamente pequena em seus entrepostos comerciais de Cacheu e Bissau. Durante a segunda metade do século XVIII, o norte-nordeste do Brasil foi colonizado e desenvolvido com africanos da Grande Senegâmbia. A Companhia do Maranhão foi licenciada em 1755 e teve o monopólio do tráfico de escravos português e brasileiro

---

8. BROOKS. *Landlords and Strangers*, p. 238-240.
9. COSTA E SILVA. *A manilha e o libambo*, p. 788-789.

156

da Alta Guiné por vinte anos. Seu tráfico de escravos trouxe africanos principalmente para o Maranhão e o Pará, uma região que produzia arroz e algodão localizada no sistema de ventos e correntes do Atlântico Norte. A viagem da Grande Senegâmbia para o sudeste do Brasil era difícil, mas para o norte-nordeste era fácil. Os funcionários portugueses temiam que os africanos recém-chegados fossem transbordados para o Caribe a partir do Maranhão, porque era uma viagem fácil e os preços de escravos no Caribe eram maiores[10].

Em grande parte da América Espanhola durante os primeiros dois séculos de colonização, os habitantes da Grande Senegâmbia continuaram a predominar. A proximidade geográfica, as preferências por "guinéus" (o que significava Grande Senegâmbia), ventos e correntes favoráveis, e viagens mais curtas que permitiam navios e tripulações menores com menos suprimentos eram razões importantes para esse padrão inicial. Entre 1532 e 1580, os habitantes da Grande Senegâmbia eram 78% das etnias africanas registradas no Peru e 88% no México, com 20,4% registrados como jalofos, 18,7% como beafadas, e 15,9% como brames[11].

Entre 1580 e 1640 as coroas da Espanha e de Portugal estavam unidas, mas suas colônias eram administradas separadamente. O papado dera a Portugal um monopólio sobre o comércio marítimo ao longo da costa oeste africana. Mas a coroa espanhola conseguiu lucrar muito com o tráfico de escravos. As licenças de *asiento* vendidas pela coroa espanhola permitiam aos comerciantes portugueses fornecer escravos africanos para as colônias espanholas nas Américas. Essas licenças eram vendidas por preços altos e às vezes revendidas por seus compradores. Elas representavam uma parte significativa da renda da coroa da Espanha. Seu pagamento era adiantado, e todos os ris-

---

10. MILLER. *Way of Death*, p. 322, 493, 503, 574.

11. Para o melhor resumo recente sobre a origem costeira africana dos africanos escravizados trazidos para a América espanhola entre 1533 e 1580, cf. CASTILLO MATHIEU. *Esclavos negros en Cartagena*, p. 23-38.

cos financeiros ficavam com os traficantes de escravos. A coroa espanhola conseguiu reter grande parte dos lucros obtidos pelos traficantes transatlânticos de escravos para quem vendiam essas licenças. Esses *asentistas* eram em sua maioria conversos ou cristãos-novos: judeus que se converteram ao cristianismo para não serem expulsos de seus lares ibéricos. Grande parte deles fugira da Espanha para Portugal, onde havia um pouco mais de tolerância. Depois que a maioria dos traficantes atlânticos de escravos cristãos-novos fez suas fortunas, eles foram arrastados perante a Inquisição na América Espanhola; as propriedades deles foram confiscadas, e eles foram torturados e executados: uma forma excelente de a coroa obter seus lucros[12]. A coroa espanhola também coletava um imposto por cabeça de cada escravo que chegava da África e era vendido nas Américas. Esse imposto era alto: entre um terço e um quarto do preço de venda de cada escravo. Todas as mercadorias produzidas nas Américas e exportadas para a Espanha eram pesadamente taxadas mais uma vez: o quinto real, 20% do preço dos metais preciosos; mais um imposto especial para cobrir os custos de proteção das frotas que carregavam mercadorias produzidas nas Américas para a Espanha; o dízimo (10%) coletado pela Igreja Católica Romana (cujas finanças nas Américas a coroa espanhola controlava); e impostos de venda sobre todos os produtos comprados ou vendidos ou exportados da América Espanhola.

Os documentos de *asiento* portugueses são volumosos e estão bem preservados. Enriqueta Vila Vilar demonstrou que havia grande sonegação do número de africanos que eram realmente trazidos para as Américas para evitar pagar seu imposto. Com base no trabalho dela, Philip D. Curtin reconheceu que subestimou muito os números do tráfico atlântico de escravos para a América Espanhola durante a primeira metade do século XVII[13].

---

12. VILA VILAR. *Hispanoamérica y el comercio de esclavos*, p. 273-299.
13. CURTIN. "Remarks". • VILA VILAR. "The Large-Scale Introduction of Africans into Veracruz and Cartagena".

Mas as implicações da obra de Vila Vilar sobre os números de africanos escravizados trazidos para as Américas e também sobre a importância da Grande Senegâmbia entre os escravos africanos nas Américas ainda não foram reconhecidas amplamente pelos historiadores. A Grande Senegâmbia foi uma cultura africana regional formativa fundamental no Caribe e no Golfo do México e nas áreas costeiras ao redor, e também ao longo da costa oeste da América do Sul. Isso inclui o Caribe espanhol do período inicial, especialmente a Ilha de Santo Domingo e o que são hoje o México, Venezuela, Colômbia, Equador e Peru. Desde os primeiros anos de colonização no Caribe, os africanos escravizados ajudaram americanos nativos a revoltar-se contra os colonos espanhóis. Escravos fugidos e comunidades de escravos fugidos cooperavam com piratas e ajudavam invasões de potências europeias rivais. No século XVII, as autoridades coloniais hispano-americanas começaram a perder seu gosto por africanos da Grande Senegâmbia, especialmente os jalofos. Eles foram considerados perigosos e rebeldes demais. Apesar da importação de jalofos para as colônias europeias ter sido repetidamente proibida, eles continuaram a ser trazidos em números substanciais[14].

Um exemplo inicial interessante da proibição dos jalofos pelas autoridades coloniais espanholas é uma promulgação relacionada a Porto Rico (chamada Ilha de San Juan) divulgada em 1532 pelo Conselho das Índias na Espanha:

> Toda a destruição causada na Ilha de San Juan e nas outras ilhas pela revolta dos negros e a morte de cristãos foi causada pelos jalofos que moram lá, e que, segundo todos os relatos, são arrogantes, não cooperativos, problemáticos e incorrigíveis. Poucos recebem qualquer punição e são invariavelmente eles que tentam rebelar-se e cometer todo tipo de crime, durante essa revolta e em outros momentos. Aqueles que se conduzem pacificamente, que vêm de outras regiões e comportam-se bem, são enganados por eles e adotam

---

14. FRANCO. *Negros, mulatos y la nación dominicana*, p. 5-61.

costumes malignos, que desagradam a Deus, Nosso Senhor, e prejudicam nossa renda. Examinada essa questão pelos membros de nosso Conselho das Índias, e considerada a importância para o povoamento e pacificação apropriados dessas ilhas de que nenhum jalofo seja movido para lá, eu, por meio desta, ordeno que para o futuro garanta-se que ninguém, absolutamente ninguém, transfira para a Índia as ilhas e a terra firme do oceano nenhum escravo da Ilha [sic] de Jalofo sem nossa permissão expressa para esse fim: qualquer falha a esse respeito resultará em confisco[15].

The Trans-Atlantic Slave Trade Database distorce esse período devido a informações errôneas sobre os significados dos termos geográficos definidos nele. As viagens listadas no apêndice do livro de Vila Vilar foram registradas. Mas erros envolvendo o significado de Guiné, dos rios da Guiné e da origem costeira de africanos enviados de Cabo Verde, além da omissão de um número significativo de viagens vindas dessas ilhas, resultaram numa subestimação séria de africanos trazidos da Grande Senegâmbia/Alta Guiné para a América Espanhola entre 1595 e 1640. O banco de dados coloca escravos de viagens vindas dos rios da Guiné e da Guiné entre os africanos de origem costeira desconhecida. Os rios da Guiné não foram listados como uma região de compra. Ambas essas origens costeiras com significados claros durante o *asiento* português para a América Espanhola (1595-1640) não podem ser desagregadas, porque há apenas um código numérico no banco de dados para viagens oriundas de costas africanas desconhecidas.

---

15. Apud TARDIEU. "Origins of the Slaves in the Lima Region", p. 51-52.

Tabela 4.2 Viagens para Cartagena das Índias com proveniência africana conhecida, 1595-1640

Local de partida	Número	Porcentagem
Alta Guiné	55	48,2
Angola	46	40,4
São Tomé	11	10,0
Aladá/Costa dos Escravos	2	1,4
Total	**114**	**100,0**

Fonte: Calculada a partir de VILA VILAR. *Hispanoamérica y el comercio de esclavos*, apêndice, quadros 3-5.

Antes de os senegambianos escravizados serem enviados para as Américas, eles muitas vezes desembarcavam antes em Cabo Verde. Quando os navios do tráfico transatlântico de escravos lá carregavam suas "cargas" de escravos, elas quase invariavelmente se originavam na Grande Senegâmbia. *The Trans-Atlantic Slave Trade Database* registra apenas três viagens que carregaram sua "carga" de escravos em Cabo Verde durante o período de *asiento* português (1595-1640). Havia então um tráfico vigoroso de escravos para a América Espanhola saindo dessas ilhas. Todas as dezessete outras viagens vindas de Cabo Verde registradas nesse banco de dados ocorreram depois de 1818, quando o tráfico atlântico de escravos ao norte do Equador estava sendo suprimido por navios britânicos de patrulha.

Alonso de Sandoval escreveu que as viagens de tráfico de escravos do *asiento* português chegavam de apenas quatro locais da África: Cabo Verde, os rios da Guiné, a Ilha de São Tomé e Luanda. A informação de Sandoval sobre as origens costeiras africanas das viagens do *asiento* português é confirmada pelo estudo de Enriqueta Vila Vilar dos documentos do *asiento* português. Os números de escravos cujo transporte foi bem-sucedido são impossíveis de calcular. Quando os números eram registrados, eles eram substancialmente subestimados para evitar pagar o imposto para a coroa portuguesa[16].

---

16. VILA VILAR. *Hispanoamérica y el comercio de esclavos*.

Tabela 4.3 Região africana de origem de escravos peruanos calculada a partir de descrições étnicas, 1560-1650

Região	Todos os afro-peruanos	Bozales
Guiné-Bissau e Senegal	2,898 (55,1%)	1,281 (55,9%)
Outras do oeste da África	635 (12,0%)	248 (10,8%)
África Centro-ocidental	1,735 (32,9%)	766 (33,4%)
Total	5,278	2,295

Fonte: Calculada a partir de BOWSER. *The African Slave in Colonial Peru, 1524-1650*, p. 40-43, tabelas 1-2.

Redes comerciais irradiaram de Cabo Verde para a Grande Senegâmbia. Várias mercadorias eram vendidas, incluindo o sal, que era obtido de graça em Cabo Verde e vendido por um preço alto e/ou trocado por escravos na Grande Senegâmbia. Algodão, têxteis muito caros (os *panos*[17]) e rum eram enviados para vários lugares da região dos rios da Guiné. O resultado foi uma venda substancial de africanos escravizados para Cabo Verde, muitos dos quais terminaram nas Américas. Esses elos comerciais complexos eram extremamente lucrativos e foram, portanto, ocultados pelos cronistas portugueses, mas foram revelados por relatos holandeses que coletaram inteligência sobre o comércio português na região[18].

Muitos habitantes da Grande Senegâmbia chegaram ao Caribe, ao México e a Cartagena das Índias na Colômbia. Eles eram a maioria nos documentos peruanos entre 1560 e 1650 (cerca de 55%). Os africanos centro-ocidentais eram cerca de 33%, e muitos deles foram enviados do rio da Prata na costa sudeste da América do Sul através do Alto Peru. As etnias africanas transbordadas de Cartagena das Índias para o Peru eram principalmente da Grande Senegâmbia. Sua origem reflete-se muito

---

17. Em português no original [N.T.].
18. BROOKS. *Eurafricans in Western Africa*, p. 76.

claramente nas descrições étnicas em documentos cartoriais do início do Peru.

Os africanos dos golfos do Benim e de Biafra (que Frederick Bowser chama de "outros do oeste da África") não aparecem em números significativos em listas peruanas de escravos antes de 1620. Os africanos da Baixa Guiné nunca foram mais de 12% entre os africanos no Peru até 1650. Eles eram menos entre os *bozales* (africanos recém-chegados) do que entre aqueles que estavam há mais tempo no Peru (12% *versus* 10,8%), indicando que a aglomeração de africanos das duas principais regiões africanas estava aumentando, e não diminuindo. Os habitantes da Grande Senegâmbia eram uma maioria substancial no Peru, apesar de africanos centro-ocidentais entrarem no Alto Peru vindos da costa leste da América Espanhola através do rio da Prata (atuais Argentina e Uruguai); cerca de 1.500 a 3.000 africanos escravizados de Angola foram trazidos por anos durante a primeira metade do século XVII. Alguns deles foram transbordados e acabaram no Paraguai, no Alto Peru (Bolívia) e no Chile, mas alguns deles sem dúvida também chegaram ao Baixo Peru[19].

Apesar do tempo substancialmente menor exigido para as viagens entre a Grande Senegâmbia e o Caribe ser um fator importantíssimo ligando essa região com o começo da América Espanhola, a preferência por habitantes da grande Senegâmbia (chamados de guinéus) sempre estava presente. Essa preferência era muito clara e significativa, e permaneceu forte durante o período do tráfico de escravos português por *asiento* para a América Espanhola (1595-1640). Os registros mostram que em Cartagena 48,2% das viagens vinham da Alta Guiné e 40,2% de Angola – e os navios de Angola normalmente carregavam muito mais africanos escravizados. Portanto, os habitantes da Grande Senegâmbia eram aglomerados durante o transbordo. Apesar

---

19. VILA VILAR. *Hispanoamérica y el comercio de esclavos*, p. 122-123. • CRESPO. *Esclavos negros en Bolivia*, p. 36. • MELLAFE. *La introducción de la esclavitud negra en Chile*, p. 240-249.

de tentar estimar os números ser inútil devido a representações errôneas nesses documentos de *asiento*, não há dúvida de que uma porcentagem substancialmente maior de habitantes da Grande Senegâmbia levados para Cartagena acabou no Peru. Os guinéus eram muito estimados, e os peruanos tinham prata para pagar por eles. Eles eram tão valorizados que sua importação para as Américas como escravos era parcialmente subsidiada pela coroa espanhola. Os contratos assinados com os fornecedores de escravos africanos durante a década de 1580 estabeleciam que apenas um quarto do preço de venda de escravos da Guiné seria pago à coroa como imposto, em contraste com um terço do preço de escravos de outras regiões da África. Os contratos assinados com traficantes africanos de escravos depois de 1595 exigiam que se fornecesse o maior número possível de africanos da Guiné. Em 1635, fez-se uma tentativa de desviar todos os escravos guinéus para a América Espanhola[20]. Os africanos vindos da Grande Senegâmbia eram vendidos por preços substancialmente maiores do que os africanos vindos de Angola, mas essa diferença de preço poderia ser resultado, em parte, do fato de que os angolanos chegavam em condições piores por causa das viagens mais longas que eles sofriam. Em 1601, um *asentista* português escreveu que os guinéus (da Grande Senegâmbia) eram vendidos por 250 pesos em portos hispano-americanos, enquanto os angolanos eram vendidos por 200 pesos. Em 1620, os guinéus eram vendidos por valores de 270 a 315 pesos, enquanto os angolanos ainda eram vendidos por 200 pesos[21].

Com base em sua análise sofisticada e erudita das descrições étnicas africanas coletadas por Aguirre Beltrán, Frederick Bowser, James Lockhart e Colin Palmer, Stephan Buhnen ficou surpreso com o grau de aglomeração das etnias africanas no período inicial da América Espanhola:

---

20. BOWSER. *The African Slave in Colonial Peru*, p. 37.
21. VILA VILAR. *Hispanoamérica y el comercio de esclavos*, p. 221-222.

> Para o período de 1560-1591, nós observamos o fato impressionante de que mais da metade de todos os escravos africanos (54,2%) e dois terços de todos os escravos da Alta Guiné (67,2%) no Peru vieram de uma área minúscula de cerca de vinte quilômetros quadrados que ia do baixo rio Casamansa até o rio Kogon. Essa era a área de assentamento dos banhuns do sul, dos casangas, felupes, brames, balantas, beafadas, bijagós* e nalus. Ela cobre a metade oeste de Guiné-Bissau e uma faixa estreita do sul do Senegal [...]. E dentro dessa área pequena, dois grupos étnicos forneceram números estonteantes: 21,3% de todos os escravos africanos em nossa amostra eram brames (n = 282) e 21,4% eram beafadas (n = 283).

Essa região ficava perto do posto português de tráfico de escravos de Cacheu. Os brames eram cultivadores de arroz molhado produzido em manguezais recuperados. Sua densidade populacional permitiu que eles suportassem o impacto do tráfico atlântico de escravos melhor do que muitos outros povos africanos[22].

Sandoval explicou em grande detalhe por que os funcionários e colonos espanhóis nas Américas valorizavam os senegambianos (a quem ele referia-se como guinéus) mais do que quaisquer africanos de outras regiões. Ele elogiou sua inteligência, força, resistência, temperamento e musicalidade:

> Esses guinéus são os negros mais estimados pelos espanhóis; os que conseguem trabalhar mais duro, os mais caros, e aqueles que normalmente chamamos "de lei". Eles têm boa natureza, inteligência aguçada, são bonitos e bem-dispostos; felizes por temperamento, e muito alegres, sem perder nenhuma ocasião de tocar instrumentos musicais, cantar e dançar, mesmo quando realizam o trabalho mais duro do mundo [...] sem

---

* Bissagó, bisago, bijogo ou bidyougo [N.R.].

22. BUHNEN. "Ethnic Origins of Peruvian Slaves". Para uma discussão excelente sobre o cultivo de arroz na Alta Guiné, cf. RODNEY. *A History of the Upper Guinea Coast*, p. 20-22.

fadiga, de noite ou de dia com grande exaltação, gritando de forma extraordinária e tocando instrumentos tão sonoros que às vezes abafam suas vozes. Admira-se como eles têm coração para gritar tanto e força para pular. Alguns deles usam violões de estilo semelhante aos nossos. Há muitos músicos bons entre eles.

Os missionários católicos notaram muito bem as habilidades mecânicas e metalúrgicas dos senegambianos. Mas eles erradamente pressupuseram que eles haviam aprendido essas habilidades com ciganos espanhóis: "Com a comunicação que eles tiveram nos portos com os espanhóis, eles aprenderam muitas habilidades mecânicas. Há especialmente muitos ferreiros utilizando as técnicas dos ciganos da Espanha. Eles fazem todas as armas que pedimos a eles e quaisquer curiosidades que desejamos".

Sandoval descreveu um processo de transculturação entre guineanos e ibéricos: "São esses guineanos que estão mais próximos dos espanhóis na lei e que lhes servem melhor. Os modos dos espanhóis lhes agradam, mesmo que eles sejam gentios. É importante para eles aprender nossa linguagem. Eles deleitam-se em vestir-se festivamente de modo espanhol com nossas roupas que damos a eles ou que eles compram. Eles louvam e exaltam nossa Lei sagrada e sentem que a deles é ruim. A virtude é uma coisa tão bela que mesmo essas pessoas a amam a ponto de terem muitos espanhóis em suas terras e muitas roupas e outras coisas da Europa em suas casas".

Mas o processo de aculturação era de mão dupla: "Muitos espanhóis e outros cristãos de várias nações vivem com eles voluntariamente no interior de suas terras e não querem deixá-los, por causa da grande liberdade de consciência da qual desfrutam lá. Eles morrem não apenas sem Deus, mas sem os bens terrenos pelos quais trabalharam tão duro, porque o rei da terra herda tudo isso quando eles morrem"[23].

---

23. SANDOVAL. *De instauranda Aethiopium salute*, p. 110-111.

Sandoval sem dúvida se referia aos lançados, muitos dos quais eram cristãos-novos. O cronista português Álvares de Almada descreveu um dos mais notáveis deles: um homem chamado João Ferreira, um judeu natural do Crato, em Portugal, que era chamado de Ganagoga pelos negros. Na língua beafada, *"Ganagoga"* significa "homem que fala todas as línguas". Ganagoga ganhava a vida vendendo marfim ao longo do rio Senegal. Os relatos dizem que ele comerciava marfim ativamente em 1591. Ganagoga casou-se com uma filha do grão-fulo (fula), teve uma filha com ela e tornou-se uma figura política poderosa[24].

Depois que Portugal separou-se da Espanha em 1640, os traficantes espanhóis de escravos dominaram Cacheu, na Grande Senegâmbia. Suas viagens não documentadas não pagavam impostos para Portugal. Nós só sabemos delas porque elas aparecem em documentos que relatam esforços portugueses malsucedidos para reprimi-las[25].

Na metade do século XVII, os africanos e seus descendentes no Caribe começaram a ser mais numerosos do que os brancos de modo muito substancial. Esse desequilíbrio demográfico aumentou durante o século XVIII. Por causa de sua reputação de rebeldes, os habitantes da Grande Senegâmbia tornaram-se menos bem-vindos. Apesar de eles serem temidos nas colônias espanholas, eles eram prontamente aceitos – e até preferidos – nas colônias que seriam incorporadas aos Estados Unidos, onde a proporção entre negros e brancos era muito mais administrável e, portanto, os problemas de segurança não eram tão sérios. As habilidades dos habitantes da Grande Senegâmbia eram especialmente necessárias para a produção de arroz e anil, e nas indústrias pecuaristas da Carolina, Geórgia, noroeste da Flórida e Louisiana. Durante o século XVIII, os habitantes da Grande

---

24. BOULÈGUE. *Les luso-africains de Sénégambie*, p. 67-68. • COSTA E SILVA. *A manilha e o libambo*, p. 243-244.
25. BROOKS. *Eurafricans in Western Africa*, p. 108-109.

Senegâmbia estavam mais aglomerados nas colônias que se tornaram parte dos Estados Unidos do que em qualquer outro lugar das Américas. Essas regiões coloniais incluem as Carolinas, Geórgia, Louisiana, o vale do sul do Mississipi, e a costa norte do Golfo do México, estendendo-se pelo Texas, Louisiana, Mississipi, Alabama, o noroeste da Flórida e, em menor grau, Maryland e Virgínia. A Rebelião Stono* de 1739 focou a atenção na África Centro-ocidental como uma fonte de africanos escravizados trazidos para a Carolina do Sul. Mas as viagens do tráfico atlântico de escravos chegando à Carolina do Sul vindas da África Centro-ocidental só foram a maioria durante uma década: entre 1730 e 1739. A Rebelião Stono de 1739, bem descrita como uma revolta conguesa, claramente desencorajou os fazendeiros da Carolina do Sul a trazerem mais africanos centro-ocidentais. A partir de então, a Grande Senegâmbia tornou-se a principal fonte de viagens do tráfico atlântico de escravos pelo resto do século XVIII. Mas o número de escravos em viagens que chegavam da Grande Senegâmbia era substancialmente menor do que em viagens que chegavam de outras regiões africanas. A África Centro-ocidental não se tornou uma fonte significativa de escravos para a Carolina do Sul novamente até 1801: apenas seis anos antes de o tráfico estrangeiro de escravos para os Estados Unidos ser ilegalizado em 1º de janeiro de 1808. A partir do estudo das viagens do tráfico transatlântico de escravos, parece que durante o século XVIII os Estados Unidos foram o lugar mais importante onde os habitantes da Grande Senegâmbia se aglomeraram depois que as potências do norte da Europa entraram legalmente no tráfico atlântico de escravos. Os estudos sobre as viagens do tráfico transatlântico de escravos para os Estados Unidos são razoavelmente

---

* Rebelião Cato ou Conspiração Cato. Maior rebelião escrava até então nas colônias inglesas. Foi liderada por um escravo alfabetizado, chamado Jemmy ou Cato, que reuniu cerca de 20 escravos congueses (ou africanos centro-ocidentais), a maioria lusófona, numa marcha do norte do rio Stono à Flórida espanhola. A coluna de escravos seguia em busca da promessa de liberdade, oferecida pelos espanhóis, com o intuito de desestabilizar a administração colonial britânica [N.R.].

reveladores quanto às tendências na composição étnica porque não havia um grande tráfico marítimo de transbordo para colônias de outras nações. Essa conclusão precisa ser qualificada por causa da quantidade e composição étnica desconhecidas, e provavelmente não conhecíveis, dos africanos novos transbordados do Caribe para os portos da costa leste dos Estados Unidos. Mas é provável que os habitantes da Grande Senegâmbia fossem bastante significativos nesse tráfico devido à seletividade no tráfico de transbordo do Caribe. Do ponto de vista das etnias africanas que chegavam à Carolina do Sul, a separação artificial entre a Senegâmbia e Serra Leoa obscurece o quadro. Dessa forma, o papel dos habitantes da Grande Senegâmbia era muito importante na Carolina do Sul. Há evidências de que os senegambianos estavam aglomerados regionalmente em Chesapeake e provavelmente também em outros lugares, especialmente nas Ilhas Sea perto da costa da Carolina do Sul e em outras regiões produtoras de arroz da Carolina do Sul, Geórgia e Flórida[26]. Os padrões para a Louisiana são claros, sem nenhuma especulação. Os habitantes da Grande Senegâmbia tinham grande destaque entre os africanos de lá. No tráfico francês de escravos para a Louisiana, 64,3% dos africanos que chegavam em viagens francesas do tráfico atlântico de escravos claramente documentadas vinham da Senegâmbia, definida estritamente. Com base em *The Trans-Atlantic Slave Trade Database* para as viagens britânicas para toda a costa norte do Golfo do México, e também em viagens adicionais do tráfico atlântico de escravos encontradas em documentos na Louisiana que foram incluídas no *Louisiana Slave Database*, mas não em *The Trans-Atlantic Slave Trade Database*, os estudos desta autora mostram que as viagens do tráfico de escravos vindas da Senegâmbia eram 59,7% de todas as viagens documentadas que vinham diretamente da África para a Louisiana e a costa norte do Golfo do México entre 1770 e 1803. Ainda assim, a origem

---

26. CREEL. *A Peculiar People*. • WALSH. "The Chesapeake Slave Trade".

costeira africana dos escravos da Louisiana durante o período espanhol era muito mais variada do que as viagens do tráfico atlântico de escravos indicam. A grande maioria dos africanos novos que chegaram à Louisiana espanhola era transbordada do Caribe, especialmente da Jamaica, onde os africanos da Costa do Ouro eram preferidos e retidos.

Na Louisiana, se excluirmos as viagens do tráfico atlântico de escravos e estudarmos apenas descrições de escravos em documentos internos, os africanos da "Senegâmbia" eram 30,3% e aqueles de "Serra Leoa" 20,8%, ou um total de 51,1% da Grande Senegâmbia. Se excluirmos os escravos descritos como sendo da "Guiné" ou da "Costa da Guiné" da categoria Serra Leoa, os africanos de Serra Leoa caem para 6,7%. O resultado é um mínimo de 37% de africanos de etnias identificadas da Grande Senegâmbia na Louisiana espanhola. Como vimos em nossa discussão sobre os significados de "Guiné", há razões convincentes para pendermos para o número maior.

Nos dois principais estados produtores de arroz dos Estados Unidos, 44,4% das viagens do tráfico atlântico de escravos que chegaram à Carolina do Sul e 62,0% que chegaram à Geórgia listadas em *The Trans-Atlantic Slave Trade Database* trouxeram africanos da Grande Senegâmbia. Esses números brutos e estáticos já são bastante impressionantes. Mas quando refinamos os cálculos para as colônias britânicas e os estados americanos ao longo do tempo e do espaço, nós vemos um padrão de ondas aglomerando os africanos da Grande Senegâmbia. Na Carolina do Sul, 50,4% de todas as viagens do tráfico atlântico de escravos para essa colônia registradas em *The Trans-Atlantic Slave Trade Database* chegaram entre 1751 e 1775, com 100 (35,2%) vindas da Senegâmbia e 58 (20,4%) de Serra Leoa: um total de 55,6% vindas da Grande Senegâmbia. Como vimos, tanto mandês quanto fulas eram exportados de ambas essas regiões. Durante esse período de tempo, a Grã-Bretanha ocupara os postos franceses de tráfico de escravos ao longo da costa da Senegâmbia. Quase me-

Phillis Wheatley, cerca de 1773, em torno de 20 anos de idade. Ela era da Gâmbia, muito provavelmente mandê/mandinga

Fonte: WHEATLEY, P. *Poems on Various Subjects, Religious and Moral*, 1773.

tade (44,7%) das viagens britânicas do tráfico atlântico de escravos da Senegâmbia (definida estritamente: excluindo Serra Leoa) foram para as colônias britânicas no continente norte-americano. Cinco de cada seis viagens do tráfico atlântico de escravos para portos do oeste da Flórida britânica ao longo da costa norte do Golfo do México vieram da Senegâmbia definida estritamente. É seguro dizer que, entre 1751 e 1775, a maioria dos escravos carregados em navios britânicos partindo da Senegâmbia foi enviada para regiões que se tornariam partes dos Estados Unidos. Quando comerciantes ianques e fornecedores euro-africanos assumiram o tráfico atlântico de escravos nessas costas durante a Era das Revoluções, as viagens que traziam africanos para os Estados Unidos da Grande Senegâmbia originavam-se principalmente de vários portos do lado americano, estavam muito envolvidas em contrabando e pirataria, nunca foram documentadas em arquivos

Job Ben Solomon, um fula muçulmano educado que foi vendido como escravo com cerca de 29 anos

Fonte: Livros raros e coleções especiais, Biblioteca do Congresso. Da página *The Atlantic Slave Trade and Slave Life in the Americas: A Visual Record* [http://hitchcock.itc.virginia.edu/Slavery].

europeus, e dificilmente seriam incluídas em *The Trans-Atlantic Slave Trade Database*. Há poucas dúvidas de que a maioria dessas viagens trouxe habitantes da Grande Senegâmbia para os Estados Unidos e o Caribe britânico.

Apesar dos ibos do Golfo de Biafra terem grande presença em Chesapeake, a Grande Senegâmbia também foi uma cultura formativa em algumas regiões de Chesapeake. Lorena Walsh notou que quase metade das viagens que trouxeram cerca de 5.000 africanos para a Virgínia entre 1683 e 1721 vieram da Senegâmbia, definida estritamente. Houve uma aglomeração de viagens do tráfico atlântico de escravos das mesmas costas africanas para os portos regionais em Chesapeake[27].

---

27. WALSH. *From Calabar to Carter's Grove*, p. 55.

Abdul Rahaman, nascido em Tombuctu em cerca de 1762, um muçulmano fula educado que foi vendido como escravo com cerca de 26 anos

Gravura de um desenho a lápis de Henry Inman, 1828.

Fonte: *The Colonizationist and Journal of Freedom*, 1834. Da página *The Atlantic Slave Trade and Slave Life in the Americas: A Visual Record* [http://hitchcock.itc.virginia.edu/Slavery].

Para resumir, *The Trans-Atlantic Slave Trade Database* provavelmente é menos útil para a Grande Senegâmbia do que para qualquer outra região africana, exceto talvez a África Centro-ocidental. Ele não só sub-representa as enormes viagens de tráfico português e brasileiro de escravos vindas principalmente de Angola, mas também sub-representa as viagens vindas da Grande Senegâmbia. (Os criadores do banco de dados, David Eltis, David Richardson e seus associados, estão apoiando pesquisas para corrigir o seu déficit em viagens portuguesas e brasileiras. Essa tarefa muito difícil está nas boas mãos de Manolo Garcia Florentino.) Portanto, há um número comparativamente pequeno de viagens do tráfico transatlântico de escravos da Grande Senegâmbia porque em muitas instâncias o ponto de origem foi registrado incorretamente. Como notamos anteriormente, o banco de dados define a costa africana registrada em documentos como "Guiné" ou "rios da Guiné" como uma origem costeira

Figura 4.1 Viagens do tráfico atlântico de escravos para a Carolina do Sul (1701-1807)

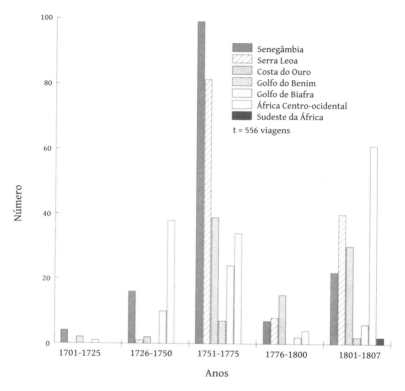

Fonte: Calculada a partir de ELTIS et al. *The Trans-Atlantic Slave Trade Database*.
As viagens da "Costa Windward" foram adicionadas a Serra Leoa.

africana desconhecida, gravando o erro em pedras cibernéticas. Essas viagens são armazenadas sem possibilidade de distinção com as costas africanas não identificadas, e não podem ser desagregadas para cálculos. A proximidade e os ventos e correntes favoráveis no sistema do Atlântico Norte ligaram a Grande Senegâmbia ao continente norte-americano e continuaram a dominar o comércio marítimo até a invenção e disseminação do motor a vapor em navios oceânicos no final do século XIX. Viagens mais curtas permitiram a utilização de navios menores que utilizavam menos suprimentos e tripulação. As rebeliões a bordo de navios negreiros, um problema extremamente sério para as viagens vindas da Grande Senegâmbia, eram menos frequentes em navios pequenos.

Muitas das viagens de mão dupla entre a América do Norte e a África não foram documentadas. Os documentos para outras viagens provavelmente estão espalhados entre documentos remanescentes em portos por todas as Américas. Nós vimos que há evidências que apontam para um comércio contínuo e direto envolvendo senhores de escravos/comerciantes/donos de navio americanos, categorias que muitas vezes se sobrepunham, e comerciantes euro-africanos na Grande Senegâmbia. Essas viagens pequenas provavelmente foram numerosas e não foram documentadas. Africanos escravizados eram comprados diretamente por senhores de escravos para uso próprio e não para serem revendidos nas Américas. Esses escravos, portanto, não aparecem nem em fontes europeias nem americanas, seja em listas de navios que chegavam, em anúncios para a venda de escravos recém-chegados ou em documentos que envolviam a venda de escravos. Os grandes arquivos europeus centralizados que documentam as grandes viagens comerciais muito provavelmente não contêm documentos que envolvam viagens organizadas por particulares iniciadas nas Américas. Antes da deflagração da Revolução Francesa em 1789, comerciantes e contrabandistas afro-portugueses e ianques haviam tomado o tráfico de escravos ao longo da costa ao sul do rio Gâmbia. Jean Gabriel Pelletan, diretor da Companhia Francesa do Senegal em 1787-1788, escreveu que os navios negreiros franceses raramente paravam entre os rios Gâmbia e Serra Leoa porque os afro-portugueses expulsavam seus rivais através da força[28]. Depois que a Revolução Francesa começou em 1789, essas viagens invisíveis da Grande Senegâmbia aumentaram muito. Em 1794, comerciantes ianques tomaram o controle do tráfico marítimo de escravos

---

28. PELLETAN. *Mémoire sur la colonie du Sénégal*, p. 93-94. • BROOKS. *Eurafricans in Western Africa*, p. 292.

dos franceses e estabeleceram estações de comércio, apesar de algumas viagens serem organizadas por traficantes franceses de escravos sob bandeiras neutras[29]. Depois de 1808, quando a Grã-Bretanha tornou ilegal o tráfico atlântico de escravos, patrulhas britânicas contra o tráfico começaram a operar ao longo da costa oeste da África ao norte do Equador. A guerra entre as principais potências europeias interrompeu o tráfico atlântico de escravos comercial aberto e de larga escala da Grande Senegâmbia. Ainda assim, encontramos grande número de jovens habitantes da Grande Senegâmbia listados em documentos americanos durante as primeiras décadas do século XIX.

O estudo detalhado e sofisticado de B.W. Higman sobre a população escrava das Antilhas britânicas estabeleceu a importância da Senegâmbia como uma fonte de escravos durante o século XIX. Do ponto de vista de Higman, o tráfico de escravos apenas da Senegâmbia, sem incluir Serra Leoa, "ainda é muito subestimado". Escrevendo em 1984, ele notou que Roger Anstey registrou meros 0,7% de viagens britânicas de tráfico da Senegâmbia durante a década de 1800. *The Trans-Atlantic Slave Trade Database* revela 1,9%. Mas os dados sobre as cinco colônias das Antilhas britânicas onde etnias africanas de escravos foram listadas em documentos pré-emancipação mostram que, entre 1817 e 1827, os africanos da Senegâmbia definida estritamente eram entre 10,1% e 43,4% do total. As designações costeiras de Higman foram derivadas de descrições de etnias africanas em documentos americanos, e não de viagens documentadas do tráfico atlântico de escravos. Essas listas, em grande parte completas, são evidências convincentes de que existiram muito mais habitantes da Grande Senegâmbia trazidos para as Américas do que revelam os estudos que se confinam a viagens documentadas do tráfico atlântico de escravos[30].

---

29. PELLETAN. *Mémoire sur la colonie du Sénégal*, p. 93-94.

30. HIGMAN. *Slave Populations of the British Caribbean*, p. 442-458 (tabelas S3.1-3.6).

ESTE CAPÍTULO TERMINARÁ com uma discussão sobre os bamanas, uma designação escrita e pronunciada incorretamente como "bambara". Eles eram um grupo étnico específico exportado de portos da Grande Senegâmbia, principalmente a ilha da Goreia, e ao longo do rio Gâmbia. Os europeus na África tinham definições amplas e às vezes vagas dos "bambaras". Por exemplo, eles designavam todos os soldados escravos como "bambaras". Os nomes, inclusive os nomes étnicos, são uma questão delicada na África. Durante minhas viagens para palestras na África francófona em 1987, disseram-me enfática e indignadamente que eu deveria utilizar a designação étnica "bamana", e não "bambara". David Hackett Fischer teve uma experiência semelhante durante sua viagem ao Mali. Eu continuei a utilizar a ortografia "bambara" porque ela é universal nas línguas europeias. Mas hoje utilizo "bamana", porque "bambara" não é apenas impreciso. É um insulto sarcástico criado por africanos muçulmanos: um neologismo que distorce esse nome étnico para que signifique "bárbaro" (*barbar* em árabe)[31].

O significado e identidade de "bambara" precisam ser discutidos dentro do contexto de mudanças que ocorriam em ambos os lados do Atlântico. O tráfico transatlântico francês de escravos para a Louisiana aconteceu quase inteiramente durante os estágios iniciais da formação do reino bamana de Segu*, quando pequenas entidades políticas bamanas estavam invadindo umas às outras para produzir escravos que eram então enviados pelo rio Senegal e vendidos pelos mandês para o tráfico atlântico de escravos. De acordo com Philip D. Curtin,

> os escravos "bambaras" mandados para o oeste como
> resultado de guerras ou da consolidação política no

---

31. VYDRINE. *Manding-English Dictionary*, p. 77-79. Em sua discussão esclarecedora sobre várias interpretações do grupo linguístico mandês e a inteligibilidade mútua entre várias etnias, Vydrine critica a "subestimação da proximidade das línguas mandês" que prevalece (p. 7-11). Cf. tb. BAZIN. "Guerre et servitude à Ségou".

* Segou [N.R.].

século XVIII podiam ser pessoas dissidentes de etnia bambara, ou podiam muito bem ser vítimas não bambaras de invasores bambaras. De qualquer modo, o primeiro fluxo de "bambaras" parece ter vindo da parte norte da região bambara, sendo transbordados através de Garama no Sael*. *Então, a partir da década de 1720, o fluxo vinha mais claramente da área nuclear dos bambaras, e os diacanqueses** eram os principais transportadores. Essa nova fonte de escravos bambaras depois de cerca de 1715 parece estar associada com a ascensão de Mamari Kulubali*** (r. 1712-1755) e sua fundação do reino de Segu* [ênfase minha][32].

O tráfico atlântico de escravos francês documentado para a Louisiana ocorreu totalmente entre 1718 e 1731, com exceção de uma viagem que chegou da Senegâmbia em 1743. Dois terços dos africanos que chegaram em viagens do tráfico atlântico no período francês vieram do Senegal, definido estritamente. Essas viagens são especialmente bem documentadas. Por causa da ignorância quanto à localização geográfica dos portos de chegada, informações incorretas sobre o tráfico atlântico de escravos francês para a Louisiana foram publicadas num artigo muito citado baseado em cálculos de uma versão pré-publicação de *The Trans-Atlantic Slave Trade Database* que sub-representou viagens da Senegâmbia para a Louisiana francesa[33]. A versão publicada do banco de dados corrigiu essas omissões do período francês, mas omitiu três viagens do tráfico atlântico de escravos claramente documentadas que chegaram durante o período espanhol em 1803 por causa de limitações de seu motor de busca ou porque

---

* Sahel [N.R.].

** No singular: diacanquês. Ou Jahaanke, jakhanke, diakhanké, diacanque, diakanké, ou Diakhankesare [N.R.].

*** Biton Kulubali, Biton Coulibaly ou Mamari, a forma sudanesa do nome do Profeta muçulmano [N.R.].

32. CURTIN. *Economic Change in Pre-colonial Africa*, p. 179.

33. Biloxi na costa do Golfo do México e Balize na foz do Rio Mississipi. Cf. CARON. "'Of a Nation Which Others Do Not Understand'".

elas não podiam ser encontradas na Lista Lloyd de Viagens do Tráfico Atlântico de Escravos. Duas dessas viagens também vieram da Senegâmbia, definida estritamente[34].

Em meu livro *Os africanos na Louisiana colonial*, com base no número de "bambaras" que os relatos indicam estarem envolvidos na conspiração Samba Bambara em 1731 e o número total de escravos relatado nos censos de 1731 e 1732, eu estimei que cerca de 15% dos escravos da Louisiana eram bamanas ("bambaras") na época da conspiração. Eles estavam longe de ser uma maioria durante o período francês, e muito menos durante o período espanhol, ainda que estivessem claramente sobrerrepresentados entre aqueles acusados de "crimes", incluindo fuga, conspiração e revolta contra o regime francês[35]. Em minha discussão sobre se os "bambaras" na Louisiana eram realmente "bambaras" ou não, eu fiz uma distinção clara entre o período francês (1719-1769) e o espanhol (1770-1803). Ao discutir o período espanhol, eu concluí com "Os bambaras, se isso fossem..."

Na segunda metade do século XVIII, o significado de "bambara" para os europeus na África havia se ampliado substancialmente. Havia guerreiros em vários estágios de incorporação na língua e cultura bamana ao serem capturados em guerras que se expandiam para além das áreas centrais dos bamanas. Em 1789, Lamiral escreveu:

> Dos 50 escravos que chegaram [a St. Louis vindos do interior do continente], há 20 nações de costumes e línguas diferentes que não entendem uns aos outros. Seus rostos e corpos têm escaras diferentes. Esses negros são designados no Senegal pelo nome genéri-

---

34. Para vários povos identificados como "bambaras" no Senegal, cf. HALL. *Africans in Colonial Louisiana*, p. 42-44, 112, 288-289. Para o tráfico transatlântico de escravos francês para a Louisiana, cf. ibid., p. 35 (figura 2), p. 60; (tabela 2), p. 381-399.

35. HALL. *Africans in Colonial Louisiana*, p. 112. Para o período espanhol, cf. p. 400-406. Estudos subsequentes dos padrões do tráfico atlântico de escravos na Senegâmbia durante os anos de 1720 indicam que esse número era provavelmente baixo demais. Cf. SEARING. *West African Slavery and Atlantic Commerce*.

co de bambara. Eu questionei muitos deles sobre seu país, mas eles são tão estúpidos que é quase impossível obter uma noção clara. Podemos ser tentados a acreditar que eles são levados para lá em bandos e que são levados sem saber de onde vieram e para onde vão. Nada os incomoda, e, desde que possam comer sua parte, eles seguirão seus senhores até os antípodas. O único medo que eles têm ao serem embarcados é de que serão comidos pelos brancos[36].

Independentemente do que "bambara" significasse para os europeus na África, o termo tinha um significado claro entre os escravos na Louisiana. Os bamanas na Louisiana sabiam quem eram. Em 1764, um grupo de escravos e também escravos fugidos foram presos e interrogados em Nova Orleans. Seu líder era Louis *dit* Foy, um dos escravos incontroláveis que eram girados pelas colônias continentais britânicas, o Caribe, o território de Illinois e o sul da Louisiana. Quando prestou juramento, ele depôs que, apesar de ser chamado de Louis pelos franceses, seu nome verdadeiro era Foy na língua de seu país, que ele identificou como a nação bambara. As testemunhas que prestaram depoimento sobre Foy, tanto brancas como negras, referiam-se a ele como Foy, seu nome bamana (bambara). Andiguy, comandante de Madame de Mandeville, identificou-se como um bambara e depôs que conhecia Foy porque ele era seu compatriota.

Foy organizara uma rede cooperativa entre escravos, fugitivos, ladrões, costureiras e mascates que manufaturava e vendia roupas, comida e outras mercadorias. Eles mantinham encontros sociais regulares, incluindo banquetes em Nova Orleans numa cabana no jardim de um de seus senhores.

Depoimentos foram tomados do acusado e também de outras pessoas, brancas e negras, escravas e livres. Como registrado pelo tabelião, esses escravos africanos expressavam-se total e elegantemente em francês, com alguns crioulismos no meio. Nenhum intérprete foi utilizado. O depoimento deles revela uma

---

36. LAMIRAL. *L'Affrique et le peuple affriquain*, p. 184.

rede principalmente de falantes do grupo linguístico mandês que pertenciam a vários senhores diferentes em Nova Orleans e ao redor da cidade. Quando se perguntou aos africanos como eles conheceram-se, eles muitas vezes respondiam que eram do mesmo país, o que seus interrogadores consideraram uma explicação bastante razoável. Eles roubaram uma quantidade considerável de comida, cozinharam e comeram parte dela em seus banquetes e então venderam o resto. Foy, Cesar, um escravo crioulo fugido, e outro escravo mataram um porco que encontraram numa plantação jesuíta deserta. O porco era tão gordo que precisaram cortá-lo ao meio para passá-lo por cima da muralha da cidade. Foy vendeu parte de seu quinhão do porco para os escravos de Brazilier, que viviam ao longo do igarapé St. Jean. Ele reclamou que esses escravos não o pagaram, e que foi por isso que ele finalmente os denunciou. Ele e Cesar deram o resto do porco para seus companheiros no jardim de Cantrell, o que os manteve bem supridos de carne por algum tempo.

Comba e Louison, ambas mulheres mandê com cerca de cinquenta anos, eram mascates que vendiam bolos e outras mercadorias nas ruas de Nova Orleans. Elas mantinham uma vida social ativa, organizavam banquetes onde comiam e bebiam muito bem, cozinhavam filés e arroz gumbo[37], assavam perus e frangos, faziam churrasco de porco e peixe, fumavam tabaco e bebiam rum. Comba depôs da prisão. Ela disse que seu nome era Julie *dit* Comba, seu nome mandê. Outros escravos que depuseram referiram-se a ela como Mama Comba. Louison, escrava de Cantrell, também se identificou como uma mandê. Ela vivia numa cabana no jardim de seu senhor Cantrell, onde realizavam seus banquetes. Ela depôs que sua amiga íntima Comba, conhecida pelos franceses como Julie, também era uma mandê. Comba descreveu Louison como *sa paize* (compatriota). O grupo incluía vários ou-

---

37. Tempero feito a partir da erva sassafrás, parte fundamental da cozinha crioula da Louisiana, hoje chamada de *cajun* [N.T.].

181

tros escravos "bambaras". De acordo com Mama Comba, esses homens "bambaras" divertiam-se muito.

Foy era claramente o cérebro do grupo. Um verdadeiro empreendedor, ele organizava e controlava a economia deles. Essa economia envolvia a manufatura de artigos de vestuário e a distribuição e venda de vários objetos roubados, incluindo roupas, joias, madeira e comida, especialmente frangos e perus porque eles eram difíceis de rastrear. Ele empregava costureiras escravas para fazer as vestimentas, principalmente camisas e calças, com tecidos que ele comprava ou roubava. E, de fato, de acordo com Mama Comba, Foy ousadamente usava tecidos que roubara para costurar vestimentas enquanto se sentava na entrada do asilo de pobres onde ela trabalhava. Ele empregava outros escravos para vender suas mercadorias, tanto mulheres quanto homens, incluindo colegas bamanas pertencentes a vários senhores diferentes. Foy era um ladrão cuidadoso demais para roubar gado, porque ele podia ser rastreado e identificado pelas peles. Ele lidava com objetos pequenos que eram difíceis de rastrear e podiam ser escondidos facilmente. Ele e seus vendedores evitavam o escambo, e operavam apenas com dinheiro vivo, às vezes grandes quantidades dele, para minimizar o risco de serem apanhados com objetos roubados.

Nessa comunidade do grupo linguístico mandês, as mulheres eram principalmente mandingas* e os homens bamanas, refletindo a proporção muito alta de homens entre os bamanas escravizados. Eles mantinham suas distinções étnicas apesar de falarem dialetos mutuamente inteligíveis da língua mandês, além do francês com traços de crioulo da Louisiana, ou possivelmente o crioulo da Louisiana registrado nos documentos como francês. Eles identificavam suas próprias etnias, e as dos outros. Eles compartilhavam uma longa história e uma cultura muito próxima na Senegâmbia, seu local de origem na África. Sua composição de gênero é compreensível. Os bamanas eram principalmente prisioneiros de guerra trazidos de uma boa distância do interior, e havia muito poucas

---

* Um subgrupo dos mandês [N.R.].

mulheres entre eles. Os mandingas eram muçulmanos, enquanto os bamanas mantiveram sua religião tradicional. Os comerciantes mandingas eram ativos na compra de prisioneiros bamanas e os transportando para a costa atlântica para vendê-los no tráfico atlântico de escravos, mas os mandingas também acabaram sendo vitimados pelo tráfico de escravos e foram mandados em números crescentes para as Américas durante o século XVIII. Os conflitos étnicos na África sem dúvida eram esquecidos entre essas pessoas sequestradas e escravizadas numa terra estrangeira onde elas ficavam felizes em descobrir que podiam se comunicar em sua língua nativa com outros africanos de sua pátria[38].

Em 1799, dois escravos adultos foram vendidos na Paróquia Avoyelles pelo traficante de escravos Peytavin Duriblond. Anotou-se no documento de venda: *"Qui se disent leur nation Bambara* [Eles dizem que sua nação é Bambara]"[39]. Esses africanos identificavam-se como bamanas nesse momento e lugar particulares. Não tenho como não aceitar sua autoidentificação. É bastante possível que alguns deles tenham chegado durante a segunda metade do século XVIII e não tivessem sempre sido bamanas. Alguns deles podem ter sido prisioneiros incorporados aos exércitos crescentes de Segu e pelo menos parcialmente socializados na língua e cultura bamana. Mas se não aceitarmos sua palavra de que eles eram realmente bamanas, teremos que pressupor que a etnia tem bases genéticas e é, portanto, imutável.

---

38. Registros do Conselho Superior da Louisiana: 1764.09.05.02. Confronto entre o negro Louis *dit* Foy e a negra Comba: 1764.09.10.01. Interrogatório sob tortura de Louis *dit* Foy pelo Juiz Foucault: 1764.09.04.01. Depoimento de Comba, escrava dos capuchinhos.

39. Atos Originais da Paróquia Avoyelles, 08/06/1799, documento n. 331. Paróquia Avoyelles, Marksville, Louisiana. Registrado em HALL. *Louisiana Slave Database*.

5

Baixa Guiné: Costa do Marfim, Costa do Ouro, Costa dos Escravos/Golfo do Benim

> *É maravilhoso ver a agilidade e destreza com as quais os negros que vivem na* Isla de la Palma *e na costa saem para o mar em canoas, ou, melhor dizendo, lanchas, para comerciar marfim, roupas e outras coisas de que precisam [...] [Entre Cabo Palmas e Mina] os negros chegam com canoas que são como um navio grande, contendo muito marfim, roupas e outras coisas encontradas abundantemente em suas terras para trocar por moedas, ferro, e outras coisas que eles não têm.*
>
> SANDOVAL, A. *Un tratado sobre la esclavitud*, p. 1.627.

Na Baixa Guiné, os comerciantes marítimos europeus nomearam as costas africanas a partir dos principais produtos que lá compravam. A Libéria foi chamada de Costa da Malagueta, e depois de Costa dos Grãos. Costas mais ao leste foram chamadas de Costa do Marfim, Costa do Ouro e a Costa dos Escravos. Elas devem ser investigadas internamente, e não devem ser tratadas como regiões inteiramente separadas com base no que os europeus compravam. A.A. Boahen inclui a Costa do Marfim na Baixa Guiné[1].

Ao lidar com etnias africanas, provavelmente é melhor ligar os falantes dos grupos linguísticos mandês e oeste-atlântico com a Grande Senegâmbia/Alta Guiné e os falantes do grupo linguís-

---

1. BOAHEN. "Os Estados e as culturas da costa da Guiné Inferior".

tico cua* com a Baixa Guiné. As línguas cuas faladas pela vasta maioria dos povos que viviam perto das costas da Baixa Guiné receberam esse nome devido aos cuacuas que viviam no interior da Libéria e da Costa do Marfim. Enquanto na Alta Guiné muitos povos foram absorvidos pelos invasores manés e se tornaram falantes de línguas mandês, os crus** mantiveram sua diferenciação linguística e falavam acã***, a principal linguagem da Costa do Ouro[2]. Os crus viviam ao longo da Costa dos Grãos (Libéria) e da Costa do Marfim, e comerciavam ao longo das costas a leste.

Há continuidades importantes entre a Costa do Ouro e a Costa dos Escravos. O rio Volta, uma barreira facilmente permeável, separa essas regiões comparativamente pequenas. Foi apenas depois de 1500 que povos acãs, gãs**** e evés***** migraram de suas regiões ancestrais próximas e diferenciaram-se nos grupos etnolinguísticos em que agora se dividem. Os povos da Baixa Guiné estavam ligados entre si através do comércio ao longo do Atlântico e ao longo de lagoas costeiras e sistemas fluviais e também por rotas comerciais que se alongavam por terra até o Sudão e através do Deserto do Saara para o mundo mediterrâneo. Os povos enviados para as Américas dessas costas interagiam através da imigração, absorção, crioulização, conquista, escravização, e características comuns da linguagem, religião e visão de mundo. Alguns navios negreiros obtinham suas "cargas" em ambas essas costas. Depois de 1650, traficantes atlânticos de escravos de muitas nações europeias e americanas eram muito ativos lá. Portugal, Holanda, Inglaterra, França, Dinamarca, Suécia, Brandemburgo, as colônias britânicas da América do Norte e o Brasil compravam escravos avidamente.

---

* Kwa [N.R.].

** Kru, krou, cravi, krawi ou krao [N.R.].

*** Akan [N.R.].

2. WONDJI. "Os Estados e as culturas da costa da Guiné Inferior", p. 377.

**** Gá ou gan [N.R.].

***** Ewe [N.R.].

Trinta e duas fortalezas europeias foram construídas ao longo apenas da Costa do Ouro[3].

Mapa 5.1 Oeste da Baixa Guiné, 1500-1800

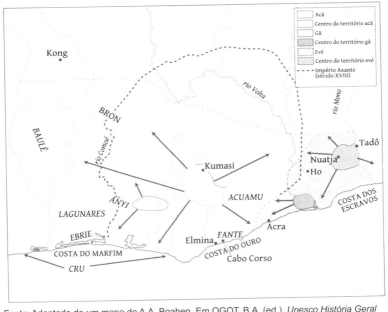

Fonte: Adaptado de um mapa de A.A. Boahen. Em OGOT, B.A. (ed.). *Unesco História Geral da África* – Vol. 5: África do séc. XVI ao XVIII. São Paulo: Universidade Federal de São Carlos, 2010. (Todos os oito volumes da coleção podem ser baixados gratuitamente em: http://www.unesco.org/new/pt/brasilia/education/inclusive-education/general-history-ofafrica/) [N.R.].

O reino do Benim estava localizado a leste da Costa dos Escravos. Apesar de Portugal ter começado a comprar escravos lá desde antes da primeira viagem de Colombo para as Américas, ele foi uma fonte menor de escravos para as Américas. Já em 1486, a importação de escravos africanos para Elmina dos rios dos Escravos e do reino do Benim era importante o bastante para os portugueses estabelecerem uma feitoria nesse reino que fornecesse regularmente escravos para envio a Portugal e

---

3. BOAHEN. "Os Estados e as culturas da costa da Guiné Inferior", p. 401 (figura 14.1).

também a Elmina, na Costa do Ouro, para trabalhar nas minas, transportar ouro e suprimentos e carregar navios. O rei do Benim acabou com o tráfico atlântico de escravos em 1516, principalmente porque os portugueses se recusaram a vender armas de fogo para ele. A partir de então, os portugueses tinham apenas permissão de comprar tecidos, pimenta e marfim, mas nenhum escravo. Alguns edos, a etnia principal do reino do Benim, continuaram a ser escravizados e vendidos para o tráfico atlântico de escravos, principalmente pelo reino vizinho de Oere. O reino do Benim não incluía todos os povos edos, e sua população não era exclusivamente edo. Ele incluía regiões iorubás* ao norte e oeste e regiões ibos** a leste do rio Níger[4]. Durante a década de 1690, uma guerra civil demorada resultou no restabelecimento do tráfico atlântico de escravos no Benim[5]. Mas muito poucos edos apareceram em documentos americanos. Eles eram menos de 1% (n = 66) dos 8.442 indivíduos das dezoito etnias africanas identificadas mais frequentemente encontradas nos documentos da Louisiana. Apenas um edo – em Trinidad – foi encontrado em todas as outras listas de escravos estudadas neste livro; não havia nenhum nas Antilhas francesas.

Nós vimos que a maioria dos africanos enviados para as Américas durante o século XVI era de ladinos da Península Ibérica ou foi trazida diretamente da Grande Senegâmbia. Antes de 1650, poucos povos da Costa do Ouro ou da Costa dos Escravos foram enviados para as Américas, devido à demanda por escravos na Costa do Ouro. Mas africanos que eram mineradores de ouro experientes estavam em demanda logo no começo da ocupação da Colômbia, e alguns acãs podem ter sido enviados para Cartagena na costa norte da América do Sul. Os escravos fugidos

---

* Yorubá, ioruba, yorouba ou nagô [N.R.].
** Igbo [N.R.].
4. RYDER. *Benin and the Europeans*, p. 2.
5. COSTA E SILVA. *A manilha e o libambo*, p. 344.

Povos acãs, grupo baulê, "Esposa espírito (waka snan)", madeira, vidro

Museu de Arte de Nova Orleans. Doação de Victor K. Kiam, 77.238.

Povos edos, reino do Benim, "Ornamento de quadril em forma de máscara (uhunmwunekhue)", bronze, ferro, século XVIII

Museu de Arte de Nova Orleans. Doação de Victor K. Kiam, 77.184.

na Colômbia eram listados como minas, mas eles poderiam ter sido mineradores experientes dos campos auríferos de Bambuk ou Buré na Grande Senegâmbia, e não mineradores acãs da Costa do Ouro.

Os holandeses começaram a comerciar ativamente na Costa do Ouro e na Costa dos Escravos durante a década de 1630, os ingleses durante a de 1660 e os franceses durante a de 1670[6]. Depois de 1650, a Baixa Guiné tornou-se uma fonte muito importante de africanos escravizados para as Américas. Os africanos foram exportados da Costa dos Escravos em números grandes e crescentes durante o século XVIII e por boa parte do XIX, muito depois do tráfico transatlântico de escravos ao norte do Equador ter sido ilegalizado pela Grã-Bretanha. As nações africanas ao longo da Costa dos Escravos e do Golfo de Biafra protegiam cuidadosamente suas praias de traficantes marítimos europeus, que só tinham acesso à costa e cujo comércio estava restrito a relativamente poucos lugares. Os africanos escravizados normalmente não eram batizados antes de serem enviados para as Américas[7].

A extensão das continuidades linguísticas na Baixa Guiné é discutida[8]. As línguas do grupo linguístico cua mais amplo eram faladas amplamente pela maioria de seus povos. Mas esse grupo linguístico é realmente muito amplo, e inclui vários subgrupos linguísticos importantes. As línguas acãs, especialmente o tuí[*], predominavam na Costa do Ouro e espalharam-se para a Costa do Marfim a oeste e para a Costa dos Escravos a leste. Mas as línguas gbes e o iorubá eram falados mais amplamente na Costa dos Escravos. Os ibos do Golfo de Biafra falavam ainda outras línguas pertencentes ao grupo linguístico cua. Muitos ibos podiam entender uns aos outros. Se discutirmos a Baixa Guiné como uma única

---

6. LAW. *The Slave Coast*, p. 9.

7. SOARES. *Devotos da cor*, p. 80.

8. NORTHRUP, D. "Igbo and Myth Igbo".

* Twi [N.R.].

Povos edos, reino do Benim, "Cabeça de obá (uhumwelao)", latão, ferro, final do século XVIII

Museu de Arte de Nova Orleans. Presente de doador anônimo, 53.12.

região, havia uma diversidade linguística maior entre os africanos exportados para as Américas de lá do que em outras regiões da África. Ela aumentou quando o tráfico de escravos moveu-se para o interior e grande número desses e de outros africanos escravizados foram enviados para todas as costas da Baixa Guiné através do rio Níger e do Sudão Central. Números crescentes de africanos do Cinturão Médio exportados dessas costas falavam línguas completamente separadas do grupo linguístico cua. Os samás* falavam uma língua gur**. O hauçá*** tornou-se uma língua comercial importante na Baixa Guiné, mas ele é uma língua afro-asiática que não tem relação com o grupo linguístico cua. Os hauçás começaram a ser enviados para as Américas em grande número tardiamente: quase totalmente depois de 1790. Os ijós****, ibibios***** e mocos****** exportados do Golfo de Biafra falavam línguas bantas do noroeste que não eram relacionadas ao ibo, uma língua cua. A proporção e o número de falantes do grupo linguístico banto do noroeste exportados do Golfo de Biafra aumentou agudamente durante o século XIX.

Portanto, a diversidade de línguas faladas pelos africanos escravizados da Baixa Guiné era mais profunda do que em outras regiões muito envolvidas no tráfico transatlântico de escravos. Por exemplo, na Grande Senegâmbia, que era permeada pelo grupo linguístico mandês, o mandinga foi a língua franca por séculos antes de o tráfico atlântico de escravos começar, compreendido amplamente por falantes de línguas oeste-atlânticas e normalmente inteligível mutuamente entre os muitos falantes de dialetos mandês. Por todos os séculos do tráfico atlântico de escravos, ele

---

* Shama [N.R.].

** Voltense ou gur central [N.R.].

*** Hawsa, haoussa, hausa, hausawa e as variantes em português: auçá, haussá ou, haússa [N.R.].

**** Ijo, ijaw, ije ou djo [N.R.].

***** Ibíbio, Ibibyo ou agbishera [N.R.].

****** Moko [N.R.].

continuou a ser a língua franca dominante na Alta Guiné, com o crioulo português como uma língua secundária[9]. As línguas bantas faladas na África Centro-ocidental eram muito próximas.

Ainda assim, o padrão de ondas na exportação de africanos escravizados de regiões particulares da Baixa Guiné para lugares particulares nas Américas compensou em grande parte essa diversidade linguística crescente. Grande número de africanos falando línguas muito semelhantes ou mutuamente inteligíveis aglomeraram-se pesadamente ao longo do tempo e do espaço nas Américas. Os falantes do subgrupo linguístico gbe foram exportados da Costa dos Escravos em números substanciais[10]. Outros vizinhos falantes do grupo linguístico gbe – por exemplo, os makis – foram atacados para obtenção de escravos pelo reino de Daomé, e conflitos entre os fons*/daomeanos ("jeje" no Brasil) e os povos e nações menores de falantes de gbe que eles invadiram por escravos continuaram no Brasil, levando à criação de organizações étnicas separadas dentro das Irmandades da Mina no Rio de Janeiro[11]. Apesar das proporções dos ibos exportados do Golfo de Biafra durante o século XVIII serem discutidas por acadêmicos[12], documentos americanos de oito colônias diferentes datados de 1770 a 1827 (cf. tabelas 6.1, 6.3 e 6.4) indicam que os ibos eram uma maioria muito grande entre as etnias do Golfo de Biafra até o final do século XVIII e uma maioria menor, mas ainda substancial, durante o século XIX.

---

9. VYDRINE. *Manding-English Dictionary*.

10. Para uma discussão sobre uso linguístico, inteligibilidade mútua e designações de línguas faladas na Costa dos Escravos, cf. LAW. *The Slave Coast*, p. 21-23.

* No singular: "fom", ou fon, fon nu [N.R.].

11. SOARES. *Devotos da cor*, p. 78, 91-93, 201-230.

12. NORTHRUP. "Igbo and Myth Igbo".

Mahommah Gardo Baquaqua, cuja mãe era hauçá e cujo pai era de Dendi

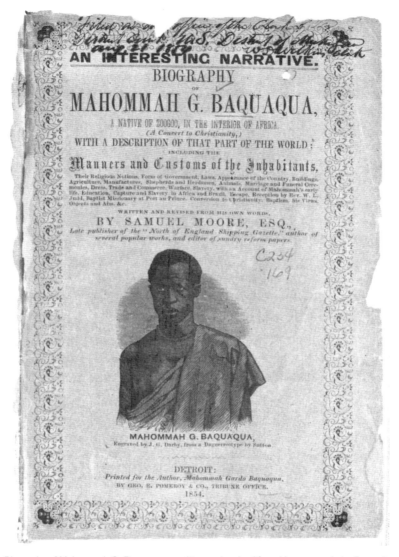

Biography of Mahommah G. Baquaqua... written and revised from his own words by Samuel Moore, 1854. Da página *The Atlantic Slave Trade and Slave Life in the Americas: A Visual Record* [http://hitchcock.itc.virginia.edu/Slavery].

Instrumentos musicais da Costa do Ouro do século XVII, incluindo "castanholas", cornetas, sinos, tambores e flautas

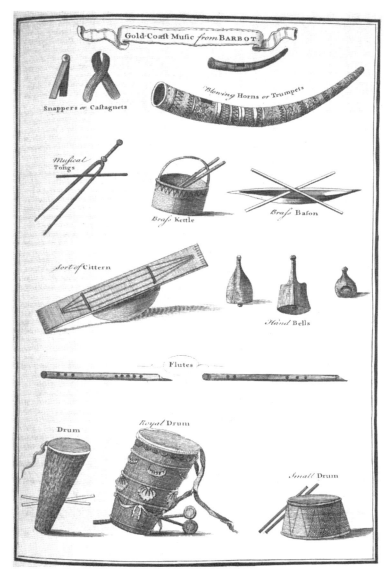

Fonte: BARBOT, J. "A Description of the Coasts of North and South Guinea". In: ASTLEY, T. (ed.). *A New General Collection of Voyages and Travels*, 1745-1747. Cortesia das Coleções Especiais, Biblioteca da Universidade de Virgínia.

Tabela 5.1 Viagens do tráfico transatlântico de escravos da Costa do Ouro
para colônias britânicas, 1650-1807

Destino	Número de viagens da Costa do Ouro	Porcentagem das viagens totais
Jamaica	623	51,0
Barbados	231	18,9
Caribe britânico (outros)	236	19,3
Carolina	88	
Geórgia	8	
Maryland	4	
Virgínia	25	
Rhode Island	5	
Total Estados Unidos	**132**	**10,8**
Total geral	**1.222**	**100,0**

Fonte: Calculada a partir de ELTIS et al. *The Trans-Atlantic Slave Trade Database*.

A aglomeração dos africanos enviados da Costa do Ouro para as Américas é muito clara. Eles afunilaram-se em colônias do Caribe britânico, especialmente a Jamaica, de onde tinham menos probabilidade de serem transbordados do que os africanos vindos de outras costas. As informações sobre as viagens do tráfico atlântico de escravos da Costa do Ouro em *The Trans-Atlantic Slave Trade Database* são boas. Entre as 2.174 viagens do tráfico atlântico de escravos dessa costa, 1.837 (84,5%) informam suas principais regiões de venda nas Américas, e 1.958 (90,1%) informam o país onde o navio foi registrado. Uma grande maioria era de navios de registro britânico (65,8%, n = 1.288), seguida por navios de registro dos Estados Unidos (14,6%, n = 285), Holanda (8,3%, n = 162) e França (7,6%, n = 149). A forte preferência por africanos acãs nas Antilhas britânicas provavelmente explica o número e porcentagem muito menor de viagens do tráfico transatlântico de escravos da Costa do Ouro que chegaram aos Estados Unidos, em comparação com a Jamaica e outras ilhas britânicas.

Se considerarmos que povos acãs da Costa do Ouro eram altamente estimados nos Estados Unidos coloniais e nacionais[13], uma porcentagem surpreendentemente pequena de viagens do tráfico atlântico de escravos chegou à Carolina do Sul e à Virgínia vindas da Costa do Ouro: apenas 88 viagens (15,7%) no caso da primeira e 25 (18,9%) no caso da segunda. Em contraste, um total de 623 viagens (29,7%) chegaram à Jamaica vindas da Costa do Ouro, onde eles aglomeraram-se ao longo do tempo: entre 1701 e 1725, 96 viagens (50,5%), e entre 1751 e 1775, 229 viagens (38,2%)[14].

Nós precisamos reduzir a presença de africanos acãs nos Estados Unidos, que foi exagerada com base, em parte, em preferências expressadas por senhores e também pelo grande número de navios negreiros registrados nos Estados Unidos que compravam africanos escravizados na Costa do Ouro, especialmente traficantes de Rhode Island, cujo rum era popular lá. Apesar de algumas das "cargas" africanas de Rhode Island vindas da Costa do Ouro terem ido para os Estados Unidos, a imensa maioria foi primariamente para a Jamaica e secundariamente para Barbados. Apesar das viagens da Costa do Ouro terem sido proeminentes no Suriname holandês, um estudo ao longo do tempo indica um padrão de ondas de africanos chegando de outras costas, especialmente da África Centro-ocidental.

Portanto, o padrão de ondas envolvido no envio de etnias africanas, muitas vezes para lugares onde elas eram preferidas, compensou a diversidade linguística crescente dos africanos enviados através do Atlântico a partir da Baixa Guiné. Os africanos da Costa dos Escravos aglomeraram-se em colônias francesas, onde suas etnias foram listadas em maior detalhe do que nas colônias de qualquer outra nação. Antes de 1810, falantes do subgrupo linguístico gbe, de idiomas muito próximos, foram exportados da Costa dos Escravos em grande número. Eles po-

---

13. WAX. "Preferences for Slaves in Colonial America".
14. Calculado a partir de *The Trans-Atlantic Slave Trade Database*.

diam compreender uns aos outros – se não imediatamente, pelo menos em pouco tempo. Eles foram listados em documentos americanos como jeje, fom, daomé, arará, aja, mina-popó, ou simplesmente como mina. Depois de 1780, iorubás, hauçás, samás e outros povos enviados do interior do Volta e do Sudão Central eram mais numerosos do que os falantes do subgrupo linguístico gbe. Os iorubás, listados na maioria dos documentos espanhóis nas Américas como lucumís e em outros documentos espanhóis, e documentos portugueses e franceses como nagôs, não eram falantes do subgrupo linguístico gbe. Mas eles tinham laços religiosos antigos com os falantes de gbe, compartilhavam alguns dos mesmos deuses, e interagiram bastante com eles ao longo dos séculos através da imigração, conquistas mútuas e ocupações. Nas últimas duas décadas do século XVIII, números crescentes de iorubás foram exportados para as Américas como resultado do colapso do Império Oió. Em São Domingos/Haiti em 1796 e 1797, os nagôs/iorubás eram mais numerosos do que os ararás, a listagem normal para os falantes de línguas gbe nessa colônia[15]. Recentemente se argumentou que a transição de falantes do grupo linguístico gbe para os iorubás resultou da exaustão demográfica dos primeiros ao longo de muitas décadas, mas esse argumento não é inteiramente convincente[16]. Durante o século XIX, a maioria dos iorubás, listados como nagôs, acabou na Bahia. Eles também foram enviados em números substanciais, mas possivelmente exagerados, para Cuba, onde eram listados como lucumís[17].

---

15. Michael A. Gomez relatou que entre as 14.167 pessoas escravizadas encontradas listadas em documentos de São Domingos/Haiti em 1796 e 1797 por Gabriel Debien, 6.188 eram africanas com informação de etnia registrada, e algumas delas podiam ser divididas nas seguintes categorias: congo (1.651), nagô (736), arará (544), ibo (519), "bambara" (24), hauçá (124), "senegals" (provavelmente jalofos, 95), sosso (67), "poulards" (26), mandinga (26), "malles" (3). GOMEZ. "African Identity and Slavery in America".

16. HARRIS, E.M.G. *The History of Human Populations*, 2, p. 128.

17. Para o estado da negação sobre a presença conguesa substancial em Cuba, cf. LANDERS. "Central African Presence in Spanish Maroon Communities". Para

EU DEMONSTRAREI AGORA como cruzar o Atlântico através do tempo e do espaço e como utilizar bancos de dados combinados com documentos mais tradicionais podem ajudar a responder algumas perguntas difíceis sobre a identidade das etnias africanas nas Américas. Particularmente, quero lidar com a questão espinhosa das identidades étnica e linguística dos africanos listados em documentos nas Américas como membros da nação ou *casta*[18] mina. Quando africanos eram listados em documentos americanos como "mina", ou às vezes como "mine" em documentos franceses, o significado da designação variava. Alguns minas viviam na Costa dos Escravos. Seus ancestrais eram falantes de acã da Costa do Ouro. Eles eram às vezes bilíngues, aprendendo e utilizando línguas do subgrupo gbe faladas na Costa dos Escravos. Robin Law notou que os povos de Popó Pequeno, no oeste da Costa dos Escravos, traçam sua origem a uma migração específica da Costa do Ouro que teria começado em volta de 1650[19], mas há razões para acreditar-se que eles chegaram antes disso. Em seu livro sobre etnias africanas publicado pela primeira vez em 1627, Alonso de Sandoval descreveu os minas como uma *casta* em grande parte indistinguível dos falantes do subgrupo linguístico gbe. Sandoval foi um missionário jesuíta que trabalhou, por toda sua longa carreira, em Cartagena das Índias (na atual Colômbia), o principal porto de entrada para todos os africanos trazidos para a América Espanhola. Muitos desses africanos chegavam moribundos. A principal preocupação de Sandoval era comunicar-se com eles para que ele pudesse salvar suas almas, instruindo-os rapidamente sobre a fé católica e batizando-os antes que morressem. Era por isso,

---

os nagôs-iorubás no Brasil, cf. REIS. "Ethnic Politics among Africans in Nineteenth-Century Bahia".

18. Em espanhol no original [N.T.].

19. De acordo com Law, aqueles conhecidos na África de hoje como sendo de etnia mina estão localizados perto da foz do Rio Mono e falam uma das línguas gbe, mas eles traçam seus ancestrais a barqueiros que falavam acã e teriam emigrado da Costa do Ouro durante o século XVII. Cf. LAW. *The Slave Coast*, p. 25-26.

obviamente, que ele concentrava-se muito sobre as linguagens, utilizando africanos como intérpretes. Ele escreveu que os minas chegavam a Cartagena das Índias depois de serem transbordados de São Tomé. Ele ligou a *casta* mina aos "popós, fulãos, ardas ou araraes," concluindo que eram todos o mesmo povo (*"que todo es uno"*). Os ardas ou araraes significavam os aladás, que era o Estado dominante na Costa dos Escravos até Daomé conquistá-lo em 1724. Sandoval deixa muito claro que a *casta* mina fazia parte dos africanos falantes de gbe da Costa dos Escravos: os evés, ajas e fons. Sandoval esforçou-se muito para fazer várias distinções entre etnias muitas vezes agrupadas juntas, como, por exemplo, os lucumís (iorubás) e os karabalís (calabares). Em ambas as edições de seu livro (1627 e 1647), ele afirmou que o tráfico de escravos entre o Cabo Palmas e o reino de Popó estava fechado, o que especificamente excluía a área de Elmina e seus arredores desse tráfico. Quando Alonso de Sandoval escreveu em 1627 que a *casta* mina era a mesma que outros falantes do grupo linguístico gbe, há poucas dúvidas de que no começo do século XVII existia realmente uma etnia chamada mina cujos membros identificavam-se, ou eram identificados, como parte dos povos ajas/fons da Costa dos Escravos e eram falantes do subgrupo linguístico gbe, ainda que muito provavelmente eles também falassem acã[20]. Sandra Greene afirmou que os imigrantes e sua influência cultural chegaram aos anlos*, os evés ocidentais, majoritariamente da Costa do Ouro a oeste, e não dos iorubás a leste, pelo menos antes de 1730[21].

A nação ou *casta* mina provavelmente começou a chegar à bacia do rio Volta muito cedo. Argumentou-se que eles foram desalojados dos arredores da fortaleza de Elmina no final do século XVI, e que por isso foram chamados de minas. Mas também é possível que eles fossem chamados de minas porque eram há-

---

20. SANDOVAL. *Un tratado sobre la esclavitud* (ed. 1627), p. 122-123, 139, 413. • SANDOVAL. *Naturaleza* (ed. 1647), p. 29, 58-59.

* Anlo-evé, ahonian, anglo ou anhlo [N.R.].

21. GREENE. "Cultural Zones in the Era of the Slave Trade".

beis mineradores de ouro. Assentaram-se ao norte do centro do território gã perto da foz do rio Volta, em sua margem oeste. Eles foram descritos como excelentes comerciantes de sal, peixe, ouro e escravos e tornaram-se ótimos guerreiros, adotando o uso de armas de fogo do qual os acuamus* foram pioneiros, cujos exércitos eram organizados em grandes falanges para compensar a imprecisão dessas armas. Essas novas táticas militares baseadas nos mosquetes e pólvora europeus foram amplamente adotadas na Costa do Ouro na segunda metade do século XVII, substituindo o combate corpo a corpo como o fator decisivo na guerra. As armas de fogo, compradas principalmente com ouro, começaram a chegar à Costa do Ouro em quantidades enormes depois de 1650. As entidades políticas da Costa dos Escravos ficaram cada vez mais dependentes de exércitos e tropas mercenárias da Costa do Ouro, incluindo os minas de Popó Pequeno[22]. Com a ascensão do Império Acuamu** depois de 1677, gãs e também minas foram deslocados para o leste atravessando o rio Volta para chegarem ao oeste da Costa dos Escravos, e refugiaram-se em Popó Pequeno[23].

O comércio e os assentamentos ao longo da Costa dos Escravos flutuaram, até certo ponto, como um resultado da guerra, com as partes derrotadas muitas vezes se mudando para algum outro pedaço da costa. O movimento de pessoas da Costa do Ouro para Popó Pequeno é apenas um desses exemplos. Eles frequentemente eram grupos de guerreiros mercenários que se mudavam para lugares onde havia demanda por seus serviços, funcionando como exércitos separados e também como mercenários individuais. Os exércitos minas foram uma força militar importante na Costa dos Escravos. Muitos deles foram obviamente capturados e vendidos para as Américas. Durante o século

---

* Akwamu [N.R.].

22. LAW. *The Slave Coast*, p. 228-229.

** Império Akwamu ou Império Akuambo [N.R.].

23. COSTA E SILVA. *A manilha e o libambo*, p. 808-810.

XVIII, o Império Acuamu incluiu assentamentos minas em ambos os lados do rio Volta que foram subsequentemente incorporados ao Império Axante*. Os minas estavam espalhados ao longo de ambas as margens do Volta, onde eles ativamente se envolveram em ataques para obter escravos. C.G.A. Oldendorp, que trabalhou nas Índias Ocidentais Dinamarquesas entre 1766 e 1768, chamava-os de aminas. Ele escreveu que seus informantes eram muito confiáveis. Descreveu os aminas como a nação mais poderosa do leste da Costa do Ouro, dizendo que eles eram muito temidos e militarizados, e armados com armas de fogo, não arcos e flechas. Engajavam-se ativamente em guerras para capturar e escravizar seus vizinhos, mas atividades de escravização às vezes irrompiam entre eles, por causa de disputas sucessórias[24]. Os minas foram identificados como um dos vários grandes subgrupos de povos evés que atualmente vivem às margens do rio Mono, que corre na fronteira entre o Togo e o Benim[25].

A designação de "nação" "mina" ou "mine" é muito encontrada em documentos franceses, espanhóis e portugueses nas Américas. Muitos americanistas que não são brasileiros ou brasilianistas frequentemente pressupõem que os africanos listados como minas foram trazidos da Costa do Ouro através da fortaleza de São Jorge da Mina (Elmina); ou que eles eram escravos da Costa do Ouro que viviam perto desse porto, mas que talvez foram exportados de um outro porto. Gabriel Debien, que conhecia bem os ricos documentos franceses, não cometeu esse erro; ele listou os minas entre os escravos da Costa dos Escravos. De fato, "mina" era muitas vezes uma designação étnica – e não portuária. Muitos escravos

---

* Ashanti, achante, achanti, axanti, assante ou assanti [N.R.].

24. LAW. *The Slave Coast*, p. 228. • OLDENDORP. *History of the Mission of the Evangelical Brethren*, p. 162-165.

25. AWOONOR. *Guardians of the Sacred Word*, p. 13. Agradeço a Ibrahima Seck por trazer minha atenção para essa citação. O *Rand McNally New Millennium World Atlas Deluxe*, uma publicação em CD-ROM, lista mina e evé como etnias distintas que falam línguas diferentes no Togo.

designados como minas foram trazidos para as Américas da Costa dos Escravos, e não da Costa do Ouro, e muitas vezes falavam dialetos gbe mutuamente inteligíveis, que incluíam o evé, aja, fom (daomeano) e maki. Se muitos dos escravos designados como minas forem realmente falantes do grupo linguístico gbe, então a fragmentação linguística e cultural dos africanos nas Américas foi menos extensa do que se costumava acreditar.

As interpretações variadas dos significados de "mina" ilustram as armadilhas da utilização de semelhanças óbvias e nominais para identificar etnias africanas. A palavra "mina" pode ser especialmente confusa. "Mina" significa "local de extração de minérios" em espanhol e português, o que sem dúvida explica o nome do assentamento de Elmina na Costa do Ouro. A província brasileira de Minas Gerais era a famosa área de extração de ouro e diamantes do Brasil. Muitos escravos designados como minas foram levados para Minas Gerais, especialmente durante a primeira metade do século XVIII, o auge da corrida do ouro e do diamante. Eles vieram de uma região da África que os portugueses e os brasileiros chamavam de Costa da Mina. Essa designação, quando utilizada no Brasil, não significava Elmina, então controlada pelos holandeses. Em vez disso, a Costa da Mina referia-se à costa ao leste de Elmina, particularmente a Costa dos Escravos[26]. Como vimos no capítulo 2, a "Costa da Mina", como utilizada nas primeiras fontes portuguesas, significava toda a Baixa Guiné. No Brasil, o termo "mina" era utilizado amplamente para designar os africanos de várias etnias que foram trazidos dessa "Costa da Mina". Reconheceu-se que, no Brasil, "mina" tinha um significado muito amplo e muitas vezes significava qualquer africano ocidental. Mas "mina" muitas vezes significava uma etnia específica, e não um porto ou uma região. A maio-

---

26. VERGER. *Flux et reflux de la traite des nègres*, p. 7, 10. Entretanto, Robin Law acredita que a "Costa da Mina", como compreendida no Brasil, incluía realmente partes da Costa do Ouro além da Costa dos Escravos; correio eletrônico de Robin Law, 25/06/2000.

ria dos minas no Brasil foi trazida da Costa dos Escravos, ainda que eles, ou alguns de seus ancestrais, tenham sido imigrantes da Costa do Ouro. Os minas do Brasil foram principalmente falantes do grupo linguístico gbe: aja, arará, evé, fom e maki.

A pressuposição de alguns acadêmicos de que os africanos listados nas Américas como minas vieram da Costa do Ouro e falavam tuí, uma língua acã, é persistente. Em 1916, Fernando Ortiz identificou os escravos listados como minas em Cuba como "pessoas da Costa dos Escravos, a sudoeste de Daomé. Elmina foi o mais antigo [...] posto de comércio de escravos, que fora visitado por Colombo antes de sua viagem para a América. Um grande número de minas foi dominado por seus vizinhos do leste, os axantes, e vendido por estes para os traficantes de escravos, de acordo com Deniker. A localização deles é exata. Em Cuba, tínhamos um *cabildo* Mina Popó da Costa do Ouro, o que ajudou a esclarecer mais sua origem"[27].

Fernando Ortiz foi um grande acadêmico pioneiro da diáspora africana. Mas seu livro foi publicado há quase um século. Ele baseou-se em fontes antigas, às vezes vagas e imprecisas sobre a geografia da África Ocidental. Essa identificação confunde o Porto de Elmina e o uso de "mina" como um termo étnico, o que ainda é um problema muito comum em estudos da diáspora africana. A entrada de Ortiz sobre "Popó" é um pouco mais clara: "Esses negros entraram como *minas* ou *minas-popós*. Popó Grande* e Popó Pequeno** foram cidades nas praias da Costa do Ouro [na verdade, na Costa dos Escravos], onde ocorreu um comércio de escravos de larga escala"[28].

O estudo de Philip D. Howard sobre os *Cabildos de Naciones* em Cuba contém apenas uma referência a um *cabildo* específi-

---

27. ORTIZ. *Los negros esclavos*, p. 53.

* No atual Benim [N.R.].

** Atual cidade de Anecho (ou Aného), no Togo [N.R.].

28. Ibid., p. 33, 35.

co chamado Mina, o Cabildo Mina Guagui[29]. Gonzalo Aguirre Beltrán descreveu *"guagui"* como uma designação antiga para alguns dos hauçás trazidos da Costa dos Escravos. Robin Law tem uma interpretação mais convincente de "Mina Guagui", sugerindo que pode ser *"genyi"*, o nome local para o reino de Popó Pequeno. *"Gen"* era o nome local de "gã", o nome nativo de Acra. O topônimo "Acra" foi derivado de seu nome fante[30].

Aguirre Beltrán aumentou a confusão ao exagerar o papel de Elmina como um porto holandês de exportação de africanos para as Américas. Ele afirmou que os escravos listados nas Américas como minas teriam vindo de Elmina na Costa do Ouro, e que "mina" era um porto, e não uma designação étnica. Philip D. Curtin não esclareceu completamente essa confusão ao dizer: "para a Costa do Ouro, *mine*, o nome encontrado mais frequentemente, é um outro ponto de envio, o antigo forte de Elmina, mas o nome há muito fora estendido para significar qualquer um dos povos acãs [...] (e no Brasil) quase qualquer um da África Ocidental, mas, mais estreitamente, aqueles da Costa dos Escravos no Golfo do Benim [...]. No uso inglês, *coromanti* era geralmente utilizado para povos acãs, e não 'mina'"[31]. De acordo com Curtin, então, exceto no Brasil, "mina" seria utilizado como uma designação portuária, ou então se referia a acãs de modo geral e era sinônimo de *coromanti* nas colônias britânicas. Curtin não discutiu seu significado em documentos franceses e espanhóis nas Américas.

"Mina-popó" foi utilizado amplamente no Brasil e também em Cuba. A discussão sobre o significado de "mina" entre os acadêmicos brasileiros e brasilianistas é nuançada, graças, em parte, aos enunciados iniciais perceptivos publicados por Nina Rodrigues em 1906. Ele citou a geografia universal de E. Ré-

---

29. HOWARD. *Afro-Cuban Cabildos*, p. 27, 37, 39, 74.

30. AGUIRRE BELTRÁN. *La población negra de México*, p. 124.

31. Ibid., p. 127. • CURTIN. *Atlantic Slave Trade*, p. 185-186, 208-209. • Correio eletrônico de Robin Law, 04/08/2004.

clus publicada em 1887. Ela explicava que os africanos ocidentais eram conhecidos por todo o Brasil como minas. Rodrigues caracterizou essa definição como muito insuficiente, e pediu uma pesquisa mais detalhada em arquivos e uma formação de conceitos mais sofisticada[32].

Para esclarecer os significados de "mina" em contextos diferentes, estudamos aqui fontes em ambos os lados do Atlântico ao longo do tempo e do espaço. Isso inclui os padrões que mudaram no tráfico atlântico de escravos ao longo das costas africanas, os africanos escravizados designados como minas ao longo do tempo e do espaço em listas de escravos em documentos cartoriais, em listas de escravos fugidos de comunidades quilombolas, em conspirações e revoltas contra a escravidão, em Irmandades no Brasil e em *Cabildos de Naciones* em Cuba e também em documentos cartoriais e registros sacramentais. A cronologia é crucial. Os minas são encontrados em grande número em documentos de todas as Américas. Desde o século XVI até a metade do XVIII, a maioria dos escravos africanos na Colômbia foi listada em documentos cartoriais e boletins sobre escravos fugidos como minas. Nos documentos cartoriais do século XVIII, osararás seguiam os minas em importância numérica, o que torna menos provável que "mina", nesse contexto, possa ter sido uma grande designação regional. O termo pode ter significado a etnia mina na Costa dos Escravos, que estaria sendo diferenciada dos ararás, uma outra etnia da Costa dos Escravos. Ou talvez significasse que esses africanos eram listados por causa de sua habilidade como mineradores de ouro. Os terceiros africanos mais numerosos nesses documentos eram listados como *carabalís*, o que significava africanos do Golfo de Biafra, provavelmente, nesse período de tempo, em grande parte ibos[33].

---

32. RODRIGUES. *Os africanos no Brasil*, p. 41-42. • OLDENDORP. *History of the Mission of the Evangelical Brethren*, p. 162-165.

33. GUTIÉRREZ AZOPARDO. *Historia del negro en Colombia*, p. 18. Esse historiador interpreta os minas como africanos da Costa do Ouro que vieram através do Forte de São Jorge de Mina.

Os minas foram encontrados entre os escravos fugidos nas Américas muito antes de qualquer número significativo de africanos da Costa do Ouro terem probabilidade de chegar às Américas. As comunidades de escravos fugidos surgiram já na década de 1530 perto de Cartagena das Índias. A Colômbia era uma área de extração de ouro extremamente rica, e foi colonizada muito cedo. O terreno era montanhoso, o que facilitava as comunidades de fugitivos. A população americana nativa resistiu aos trabalhos forçados e rapidamente se exauriu. Os colonos espanhóis sem dúvida precisavam da ajuda de africanos que conheciam várias técnicas de garimpo, extração e processamento do ouro. Durante a segunda metade do século XVI, números substanciais de africanos trabalhavam com mineração. Os muitos fugidos entre eles eram designados, em grande parte, como minas[34]. A primeira metade do século XVI foi o auge da corrida do ouro na Costa do Ouro e da indústria açucareira em São Tomé. Os africanos escravizados estavam sendo importados para a Costa do Ouro, e poucos, talvez nenhum, eram mandados para longe de lá.

Na Colômbia do século XVI, os africanos listados como minas destacaram-se como os mais numerosos, mais bem armados, mais bem liderados e mais intransigentes entre os escravos fugidos. As autoridades coloniais espanholas passaram os próximos 150 anos tentando encontrá-los. Pedro Mina foi listado como o capitão do *palenque* (comunidade fortificada de escravos fugidos) mina que consistia em sessenta e cinco homens, vinte e duas mulheres e treze crianças. O *palenque* mina tinha quarenta e oito armas de fogo, enquanto o *palenque* crioulo estava armado apenas com arcos e flechas. O uso de armas de fogo entre os minas nas Américas coincidiu com o período de sua incorporação nas táticas militares dos acuamus e dos minas na região da Costa do Ouro e da Costa dos Escravos, e provavelmente foi um resquício da África. Os fugitivos minas desconfiavam muito mais de ofertas espanholas de trata-

---

34. DÍAZ LÓPEZ. *Oro, sociedade y economia*, p. 194-195.

dos de paz, e relutavam mais em cessar fogo do que os fugitivos crioulos. Quando o *palenque* de São Miguel foi atacado por tropas espanholas em 1691, 450 homens defenderam-no. Em 1691, as autoridades espanholas ofereceram dar liberdade aos escravos minas e crioulos do *palenque* de Maria em troca de um acordo para não receber mais nenhum escravo fugido. Os fugitivos minas sabotaram essa proposta de tratado. Em 1693, havia *cabildos* bem-organizados de ararás e minas com sua corte de reis, tesoureiros, e "outros funcionários pomposos". Os minas foram descritos como "extremamente maus e bárbaros" porque eles suicidavam-se para evitar serem sujeitos à escravidão. Em 1702, tanto os minas, descritos como perigosos, quanto os "escravos fortes de Cabo Verde" foram proibidos de entrar na América Espanhola[35]. Na Venezuela do século XVIII, um outro mina, Guillermo Ribas, liderou o *palenque* chamado Ocoyta. Os fugitivos minas eram considerados os mais resistentes ao cristianismo[36].

Em Santo Domingo, no Caribe, uma comunidade de escravos fugidos da parte francesa da ilha estabeleceu-se em 1678 perto da capital da parte espanhola da ilha. Ela foi chamada de San Lorenzo de los Minas. Essa comunidade ainda existe e atualmente é conhecida pelo nome abreviado Los Minas. As autoridades espanholas enviaram um padre para lá. Mas o arcebispo, depois de visitá-los em 1679, descreveu-os como "rudes e curtos" nas questões de Deus e da fé sagrada. Em 1689 os franceses ameaçaram mandar uma frota para recapturá-los. Em 1691 o governador Perez Caro defendeu a demolição de San Lorenzo de los Minas porque a comunidade atraía fugitivos da parte francesa da ilha. Ele descreveu-os como "negros bárbaros que matam uns aos outros e não há como ensiná-los ou fazê-los comparecer à doutrinação ou aos serviços da Igreja". Os esforços do governador para destruir essa

---

35. CASTILLO MATHIEU. *Esclavos negros en Cartagena*, p. 110. O autor desse livro descreve os minas como falantes de acã vindos da Costa do Ouro.

36. ARRAZOLA. *Palenque*, p. 194-195. • LANDERS. "Cimarron Ethnicity and Cultural Adaptation in the Spanish Domains", p. 38-42.

comunidade fracassaram, como ocorreu com esforços subsequentes por todo o século XVIII. As reclamações sobre a resistência à catequese continuaram. Em 1740, o arcebispo escreveu que era um povoamento de negros que tinham "aquilo que chamam de igreja" feita de tábuas de madeira e folhas de palmeira, malcolocadas "como coisas de negros". Sua população era de 205 pessoas. Um outro esforço para destruir esse assentamento fracassou em 1746. Nessa época, a comunidade fornecia serviço militar para as autoridades coloniais espanholas. Em 1768, eles cultivavam hortaliças, faziam farinha de mandioca, e vendiam-na na capital. Eles estabeleceram vários outros assentamentos em Santo Domingo: no distrito de Santa Bábara de sua capital; em Pajarito, atual Villa Duarte; e talvez em Mendoza e outros lugares[37].

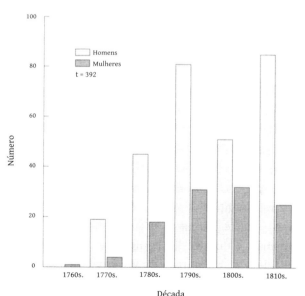

Figura 5.1 Minas na Louisiana por gênero (décadas de 1760 a 1810)

Fonte: Calculada a partir de HALL. *Louisiana Slave Database, 1719-1820*.

---

37. BLANCO. *Los negros y la esclavitud*, p. 165-168.

Não surpreende que escravos africanos registrados como minas tenham se destacado na resistência à escravidão por todas as Américas. A proporção invulgarmente alta de homens entre eles sugere guerreiros. Nós vimos que os minas eram proeminentes como soldados e exércitos mercenários na Costa dos Escravos. Não está inteiramente claro se alguns desses mercenários foram importados para esse propósito junto com os acuamus e os gãs do leste da Costa dos Escravos e assentaram-se em Keta ou Popó Pequeno ou se eles continuaram a chegar à Costa dos Escravos por todo o século XVIII. Mas os escravos minas chegaram às Américas durante os séculos XVIII e início do XIX em números crescentes.

Em 1791 escravos minas no Posto de Pointe Coupée na Louisiana foram acusados de conspirar para uma revolta para derrubar a escravidão. Esse evento ocorreu logo antes de a revolta dos escravos começar em São Domingos/Haiti. O julgamento dos supostos conspiradores começou em Nova Orleans em 1793. Dois negros minas livres foram os intérpretes oficiais, sob juramento, da língua mina, que infelizmente não pode ser identificada nos documentos. Um desses intérpretes, Antonio/Antoine Cofi Mina, um membro da milícia negra, fora o líder reconhecido da comunidade mina nos últimos vinte anos. Cofi é um nome acã de dia, e quatro dos acusados também se chamavam Cofi. Apesar desses nomes também serem encontrados em outras etnias na Louisiana, incluindo bamanas e nalus*, "Cofi" estava mais aglomerado entre os nomes de escravos minas. O nome poderia ter sido transmitido entre famílias acãs com raízes na Costa do Ouro que se assentaram na Costa dos Escravos.

Havia claramente uma ampla rede mina na Louisiana. Pointe Coupée era um posto rural a uma distância considerável rio acima de Nova Orleans, onde Antonio Cofi Mina vivia. Os conspiradores minas acabaram sendo todos libertados devido a falta

---

* Nalou [N.R.].

de testemunhas e intérpretes oficiais durante seus interrogatórios oficiais em Pointe Coupée em 1791. Eles afirmaram que eram incapazes de compreender ou falar o crioulo da Louisiana quando foram interrogados pela primeira vez. Antonio Cofi Mina seria posteriormente exilado para Cuba por causa de seu envolvimento na conspiração contra a escravidão de Pointe Coupée de 1795[38].

O preço dos escravos minas na Louisiana caiu vertiginosamente durante a primeira metade da década de 1790. Apesar do preço médio ponderado de venda de homens minas (15 a 40 anos) ser um pouco maior (678,89) do que o preço de todas as dezoito etnias africanas mais frequentes na Louisiana (671,45), ele era o segundo mais baixo entre 1790 e 1794. Mas a memória é curta. Em 1815, o preço de escravos minas era o mais alto entre todos os escravos nascidos na África[39].

Na Louisiana, os homens minas afirmavam seus direitos de família mais vigorosamente do que os escravos de qualquer outra origem. Poucas informações sobre maridos e pais foram registradas nos documentos da Louisiana depois que a administração francesa acabou em 1769. Ainda assim, informações de família registradas em documentos de herança e venda durante o período espanhol tiveram seu papel na afirmação dos direitos costumeiros limitados contra o desmembramento de famílias quando escravos eram vendidos. Proporcionalmente a seus números, os homens minas eram de longe os que tinham maior probabilidade, entre todos os escravos, crioulos ou africanos, de serem registrados como casados e também como pais de crianças. Sete das oito mulheres minas registradas como casadas eram casadas com homens minas. Os homens minas eram 6,4% (n = 430) dos ho-

---

38. Para uma discussão completa dessas duas conspirações, cf. HALL. *Africans in Colonial Louisiana*.

39. Para as várias moedas utilizadas, as fórmulas de conversão para preços denominadores comuns, e tabelas mostrando preços médios por etnia e gênero ao longo do tempo, cf. o apêndice.

mens de etnias africanas identificadas. Eles eram 11,5% (n = 21) daqueles registrados como maridos, e 16,3% (n = 31) dos pais registrados de filhos de homens africanos[40].

Os minas eram reconhecidos como uma comunidade formal e organizada em Cuba. Em 1794, o *cabildo* Mina Guagui de Havana recebeu permissão de "patrocinar bailes e outras atividades como estabelecido nos *Libros a Cabildos*, enquanto o governo cuidadosamente observa suas atividades, realizadas por essa nação [...] quando ela ostensivamente compra coisas [...] [particularmente], quando ela compra a liberdade de seus membros escravizados". Os membros dos *Cabildos de Naciones* cubanos elegiam seus funcionários. Eles faziam empréstimos, compravam propriedades e eram financeiramente responsáveis por suas atividades e obrigações. O Cabildo de Mina era especialmente ativo. Ele processou e foi processado nos tribunais. Os minas, os mandês, os lucumís (iorubás), os axantes e os carabalís tinham todos seu próprio *cabildo*. Em 1811, Aponte, um líder respeitado do Cabildo Shangó Tedum e um membro dos Ogboni, a sociedade secreta mais poderosa do Iorubo*, tramou a derrubada do governo colonial espanhol e a abolição da escravidão e do tráfico de escravos. Ele conseguiu o apoio do Cabildo de Mandinga, o Cabildo de Axante e o Cabildo de Mina Guagui liderado por Salvador Ternero, que fora um de seus presidentes desde 1794. Uma outra conspiração contra o governo espanhol, a escravidão e o tráfico de escravos foi organizada em Bayamo, em Cuba. Essa conspiração ocorreu no mesmo momento, mas supostamente foi organizada independentemente da Conspiração Aponte em Havana. A conspiração Bayamo envolveu os *cabildos de naciones* mina e mandinga de Bayamo. Blas Tamayo e membros de ambos esses *cabildos* foram presos e executados. Outros foram exilados

---

40. Calculado a partir de HALL. *Louisiana Slave Database*.

* Região habitada pelos iorubás na parte centro-ocidental da atual Nigéria e parte oriental do atual Benin [N.R].

para uma prisão na Flórida[41]. Em Cuba, os *cabildos de naciones* minas eram distintos dos *cabildos* axantes (falantes do grupo linguístico acã da Costa do Ouro). Tanto no Brasil quanto em Cuba eles às vezes eram chamados de mina-popó. Popó era um reino evé (registrado como "jeje" no Brasil) perto da ponta oeste da Costa dos Escravos. A resenha da literatura sobre os minas de Miguel Acosta Saignes explica que no início do século XX Nina Rodrigues encontrou a tradição mina bem preservada na Bahia. Os africanos de lá distinguiam claramente entre os mina-popós e os mina-axantes (chamados de "mina-santes" na Bahia), notando que os mina-popós haviam cruzado o Volta e ocupavam uma zona pequena do território dos evés. Apesar de os minas serem às vezes nagôs/iorubás no Brasil, eles eram normalmente daomeanos, ou seja, falantes do grupo linguístico gbe[42].

Um estudo sobre os minas na África pode nos dizer algo sobre quando e onde eles estavam localizados, mas menos sobre quem eles eram, quanto tempo passaram lá e que língua ou línguas falaram. Havia minas vivendo em vários lugares na Costa dos Escravos. Durante a década de 1720, Des Marchais identificou minas ("*minois*") entre as oito nacionalidades que ele listou como sendo vendidas em Ajudá. Robin Law escreveu que durante esse período, "o termo '*minois*', ou seja, aqueles de Elmina ou, de modo mais geral, da Costa do Ouro, provavelmente se refere aqui a imigrantes de Popó Pequeno na Costa do Ouro, e ainda normalmente chamados de 'minas' nesse período"[43].

É muito improvável que nas colônias portuguesas, espanholas e francesas os "minas" fossem escravos enviados de Elmina ou seus arredores. Eles muito provavelmente eram da *casta* mina: normalmente falantes do subgrupo linguístico gbe ou falantes bilíngues de línguas gbe e acã. As evidências etnolinguísticas sobre a identidade deles são fortes. Um vocabulário fom, uma lín-

---

41. HOWARD. *Changing History*, p. 27, 37, 39, 74. O excerto desse documento é traduzido por Howard na p. 27.

42. ACOSTA SAIGNES. *Vida de los esclavos negros en Venezuela*, p. 152-153.

43. LAW. *The Slave Coast*, p. 189.

gua do subgrupo linguístico gbe falada na Costa dos Escravos, foi registrado com bons detalhes por europeus no período inicial. Um manual-padrão para missionários contendo vocabulário fom com traduções foi publicado em 1658[44]. Um vocabulário mina/português foi coletado em 1740 no Brasil para ajudar os senhores a compreender seus escravos, e assim controlá-los melhor. Analisada pela primeira vez por Antonio da Costa Peixoto em 1945, e mais recentemente por Olabayi Yai, a língua mina, na opinião de ambos esses acadêmicos, era quase idêntica à língua fom. É interessante notar que um vocabulário registrado no Brasil durante o século XIX com o propósito de controle social era, nessa época, nagô/iorubá[45]. Apesar de o termo "mina" geralmente ter um significado costeiro amplo no Brasil, e alguns dos africanos designados como minas serem falantes de acã, o fato de a língua geral mina ser muito próxima ao fom indica uma preponderância de falantes do grupo linguístico gbe incorporados na designação geral "mina" no Brasil. Os africanos escravizados exportados da Costa dos Escravos eram, em sua maioria, falantes de gbe durante o século XVIII e falantes de nagô/iorubá da década de 1780 em diante.

Um estudo das viagens de tráfico transatlântico de escravos indica que é extremamente improvável que os muitos africanos referidos como minas em documentos nas Américas pudessem ter vindo de Elmina. Esse posto foi estabelecido pelos portugueses em 1483, uma década antes da primeira viagem de Colombo para as Américas. Ouro e marfim – e não escravos – eram os principais produtos de exportação de lá. Em 1540, o tráfico de escravos para Elmina havia diminuído muito, e os africanos estavam sendo mandados para a costa norte da América do Sul, onde os colonos espanhóis procuravam ouro ansiosamente. Apesar de os holandeses terem capturado Elmina em 1637, o tráfico

---

44. HAIR. "An Ethnolinguistic Inventory of the Lower Guinea Coast", p. 230.
45. PEIXOTO. *Obra nova de língua geral de Mina*. • YAI. "Texts of Enslavement".

atlântico de escravos holandês continuou a envolver principalmente a pirataria no mar. Está claro que já no começo do século XVII escravos da *casta* mina haviam chegado a Cartagena das Índias.

The Trans-Atlantic Slave Trade Database registra poucas viagens trazendo africanos de Elmina para as Américas, ainda que algumas viagens iniciais sem dúvida estejam faltando desse banco de dados[46]. Há apenas uma viagem portuguesa registrada de antes de 1650: uma viagem de 1619 que parou primeiro em Serra Leoa (provavelmente no posto português de tráfico de escravos de Cacheu, onde ela coletou sua "carga"), depois na "Costa do Barlavento" e então na Costa do Ouro, trazendo setenta e um escravos registrados para Cartagena. Não há nesse banco de dados nenhuma viagem holandesa de tráfico de escravos de origem costeira africana conhecida antes de 1656. Um ensaio publicado recentemente baseado em cálculos feitos a partir de *The Trans-Atlantic Slave Trade Database* descobriu que entre as viagens que informavam os principais portos de compra de africanos enviados para as Américas entre 1676 e 1832, apenas 14 viagens identificaram Elmina como o principal porto de compra, ou seja, apenas 1,3% das viagens que saíram da Costa do Ouro[47]. Nenhuma viagem holandesa de Elmina foi incluída nesse banco de dados. Entretanto, entre 1675 e 1732, houve dezessete viagens da Companhia das Índias Ocidentais Holandesas que compraram escravos para as Américas em Elmina, e também quatro em Elmina/Lay e quatro em Elmina/Aja. Mesmo se adicionarmos essas viagens omitidas, e também as sete viagens com Elmina como um porto de compra secundário que foram incluídas em *The Trans-Atlantic Slave Trade Database* e os 1.682 escravos individuais vendidos por funcionários holandeses em Elmina para traficantes

---

46. *The Trans-Atlantic Slave Trade Database*.
47. ELTIS; LOVEJOY & RICHARDSON. "Slave Trading Ports".

de várias nações entre 1741 e 1792, o número de africanos enviados de Elmina continua muito pequeno[48].

Com exceção do Suriname e uma ocupação bastante breve de partes do nordeste brasileiro, as colônias holandesas nas Américas foram entrepostos comerciais, e não sociedades escravistas agricultoras. A porcentagem de viagens holandesas do tráfico atlântico de escravos registradas em *The Trans-Atlantic Slave Trade Database* que informam regiões de compra na África é relativamente baixa: 558 viagens de um total de 1.227 (45,5%). A porcentagem de viagens que informam tanto regiões de compra na África quanto regiões de venda nas Américas é ainda menor: 497 de 1.227 (40,5%). Muitas viagens holandesas continuaram a obter africanos através da pirataria no mar. Muitas delas provavelmente não foram reconhecidas nos documentos holandeses sobre o tráfico de escravos. Apesar das fraquezas dos dados holandeses, nós podemos aceitar como uma boa amostra os padrões revelados sobre as regiões de compra na África de viagens com destinos conhecidos nas Américas. Esses cálculos indicam que o tráfico holandês de escravos concentrou-se primariamente na África Centro-ocidental (223 viagens, 44,9%) e secundariamente na Costa do Ouro (148 viagens, 29,8%), seguidas pelo Golfo do Benim/Costa dos Escravos (118 viagens, 23,7%).

Para resumir, os africanos registrados como minas apareceram logo no começo nas Américas, muito antes de existir um tráfico transatlântico de escravos significativo da Costa do Ouro. Mas africanos da Costa do Ouro e outros africanos peritos na produção e processamento do ouro podem ter sido especialmente procurados para as regiões produtoras de ouro do norte da América Espanhola. Depois de 1650, africanos da Costa do Ouro tinham maior probabilidade de serem encontrados primariamente na América britânica, onde eles eram registrados em grande parte

---

48. POSTMA. *The Dutch in the Atlantic Slave Trade*, p. 78-83, 149, 297, 355-361 e 373-376.

como coromantis. A designação étnica mina era onipresente nas Américas em documentos franceses, espanhóis e portugueses. Os escravos designados como minas foram extraordinariamente influentes em vários locais importantes da América Latina. Eles foram proeminentes em comunidades de escravos fugidos e em conspirações e revoltas contra a escravidão em Cartagena, Brasil, Cuba, Santo Domingo e na Louisiana espanhola. Eles eram bem representados entre os africanos, formando Irmandades, *Cabildos de naciones* e outras sociedades de ajuda mútua no Brasil e em Cuba. As mulheres escravas registradas como minas eram as parceiras preferidas de homens portugueses durante a corrida do ouro do século XVIII no Brasil. Em 1726, o governador do Rio de Janeiro escreveu que os escravos africanos exportados de Ajudá tinham a reputação de possuir um dom especial para descobrir novos depósitos auríferos. "Por essa razão, não há um mineiro que possa viver sem uma negra de Mina, dizendo que é apenas com elas que eles têm sorte"[49]. Obviamente, era uma questão de aproveitamento das habilidades africanas, e não de sorte.

Nós vimos que brasileiros e brasilianistas evitaram a armadilha de definir os escravos registrados nas Américas como minas como africanos que vieram do Porto de Elmina. Pierre Verger explicou que a Costa da Mina não significava o posto de Elmina, na Costa do Ouro, mas a costa a leste de Mina, apesar de alguns falantes de acã da Costa do Ouro também existirem no Brasil – mas não sabemos em qual proporção. Em São Luís, no Maranhão, a Casa das Minas é um terreiro daomeano[50]. C.R. Boxer afirmou que a maioria dos escravos listados no Brasil como minas durante a corrida do ouro brasileira da primeira metade do século XVIII foi exportada de Ajudá e eram primariamente iorubás. Mas essa pressuposição é duvidosa. Boxer exagerou a proporção de nagôs/

---

49. BOXER. *The Golden Age of Brazil*, p. 165.
50. VERGER. *"Fluxo e refluxo do tráfico de escravos entre o Golfo do Benin e a Bahia de Todos os Santos, dos séculos XVII a XIX"*. • PEREIRA. *A Casa das Minas*.

iorubás exportados de Ajudá antes de 1780[51]. Apesar de existirem alguns nagôs (iorubás) exportados para o Brasil durante a primeira metade do século XVIII, eles chegaram em números relativamente pequenos. A exportação deles começou a aumentar durante a década de 1780, muito depois do pico da corrida do ouro brasileira.

Patrick Manning afirma que quase todos os africanos exportados do Golfo do Benim antes de 1740 eram povos ajas, que eram falantes do subgrupo linguístico gbe, e eles continuaram a ser uma maioria substancial entre os africanos exportados do Golfo do Benim até a década de 1780, quando números crescentes de iorubás e depois hauçás foram exportados. Manning conclui que os iorubás não começaram a ser mais numerosos do que os falantes de línguas gbe (ajas) antes de 1810. Ele sustenta que especialmente depois de 1817 o número de nagôs/lucumís (iorubás) exportados para as Américas, nesse momento principalmente para o Brasil e para Cuba, aumentou significativamente[52]. Dados tanto da Louisiana quanto de São Domingos sugerem algumas dúvidas sobre esse argumento. Os povos ajas tinham uma divisão sexual quase igualitária, apesar de os homens predominarem nas viagens de tráfico de escravos. Como podemos ver na tabela 5.2, os ajas/fons/ararás eram apenas 12,6% (n = 133) das seis etnias mais frequentes do Golfo do Benim registradas entre 1720 e 1820. Sua proporção caiu muito substancialmente depois de 1770. Os nagôs/iorubás eram substancialmente mais numerosos do que eles, com 19,4% (n = 359). A proporção de samás vindos do Cinturão Médio era maior do que ambos esses grupos: 22,6% (n = 417); os hauçás, que chegaram tarde, eram 7,2% (n = 133); os edos 3,7% (n = 68). Os minas eram de longe

---

51. BOXER. *The Golden Age of Brazil*, p. 175-176.
52. MANNING. *Slavery, Colonialism, and Economic Growth in Dahomey*, p. 30, 31. Para uma interpretação que enfatiza populações interioranas, e não costeiras, cf. INIKORI. "Sources of Supply for the Atlantic Slave Exports".

Tabela 5.2 Principais etnias do Golfo do Benim encontradas em propriedades na Louisiana, por década

	Aja/Fom/Arará	Mina	Nagô/Iorubá	Edo	Samá	Hauçá	Total
1770s.	20	12	8	-	11	2	53
	37,7%	22,6%	15,1%		20,8%	3,8%	5,0%
1780s.	30	60	43	2	51	1	187
	16,0%	32,2%	23,0%	1,1%	27,3%	0,5%	17,8%
1790s.	46	112	68	18	87	25	356
	12,9%	31,5%	19,1%	5,1%	24,4%	7,0%	33,8%
1800s.	22	93	26	9	44	19	213
	10,3%	43,7%	12,2%	4,2%	20,7%	8,9%	20,2%
1810s.	15	113	22	2	38	53	243
	6,2%	46,5%	9,1%	0,8%	15,6%	21,8%	23,1%
Total	133	390	167	31	231	100	1,052
	12,6%	37,1%	15,9%	2,9%	22,0%	9,5%	100%

Fonte: Calculada a partir de HALL. *Louisiana Slave Database, 1719-1820.*

o maior grupo: 34% (n = 628). Mesmo se pressupusermos que todos os minas eram ajas no século XVIII e XIX, os ajas não eram nem sequer uma maioria, pelo menos na Louisiana.

Quem, então, eram os minas? O significado de "mina" claramente variou ao longo do tempo e do espaço nas Américas. "Mina" muitas vezes tinha um significado amplo no Brasil, onde a língua geral da Mina surgiu de uma mistura de várias línguas gbe faladas pelas várias etnias trazidas da Costa dos Escravos para o Brasil. Seu significado nos primeiros documentos hispano-americanos não está claro. O grande número de listagens muito antigas faz com que seja improvável que eles fossem da *casta* mina descrita como falantes de línguas gbe por Alonso de Sandoval em 1627. Também não é provável que eles fossem da Costa do Ouro, onde o tráfico de escravos não começou em escala significativa antes de 1650. Antes de 1650, *"los minas"* podem simplesmente ter sido mineradores de várias etnias. Depois de 1650, é mais provável que os mina-popós no Brasil e em Cuba

Tabela 5.3 Equilíbrio de gêneros entre as principais etnias do Golfo do Benim registradas em documentos na Louisiana, 1760-1820

Etnia		Homens	Mulheres	Total
Aja/Fom/Arará	Número	114	117	231
	% por gênero	49,4%	50,6%	100,0%
	% dentro do gênero	9,4%	19,5%	12,8%
	% do total	6,3%	6,5%	12,8%
Samá	Número	272	138	410
	% por gênero	66,3%	33,7%	100,0%
	% dentro do gênero	22,5%	23,0%	22,7%
	% do total	15,0%	7,6 %	22,7%
Hauçá	Número	121	11	132
	% por gênero	91,7%	8,3%	100,0%
	% dentro do gênero	10,0%	1,8%	7,3%
	% do total	6,7%	0,6%	7,3%
Mina	Número	425	197	622
	% por gênero	68,3%	31,7%	100,0%
	% dentro do gênero	35,2%	32,8%	34,4%
	% do total	23,5%	10,9%	34,4%
Nagô/Iorubá	Número	239	110	349
	% por gênero	68,5%	31,5%	100,0%
	% dentro do gênero	19,8%	18,3%	19,3%
	% do total	13,2%	6,1%	19,3%
Edo	Número	38	27	65
	% por gênero	58,5	41,5%	100,0%
	% dentro do gênero	3,1%	4,5%	3,6%
	% do total	2,1%	1,5%	3,6%
Total	**Número**	**1.209**	**600**	**1,809**
	% por gênero	**66,8%**	**33,2%**	**100,0%**
	% dentro do gênero	**100,0%**	**100,0%**	**100,0%**
	% do total	**66,8%**	**33,2%**	**100,0%**

Fonte: Calculada a partir de HALL. *Louisiana Slave Database, 1719-1820.*

tenham sido os minas que se assentaram em Popó Pequeno e outros lugares da Costa dos Escravos e adotaram uma língua gbe. Os minas eram claramente uma etnia particular em vários períodos e locais nas Américas. Uma definição ampla de mina parece ser peculiar ao Brasil e a colônias hispano-americanas vizinhas. Os padrões em transformação da exportação de escravos de várias etnias da Costa dos Escravos ao longo do tempo indicam que os africanos registrados como minas no Brasil antes do início do século XIX muito provavelmente eram falantes do grupo linguístico gbe. Isso se refletiu na língua geral mina, que era quase idêntica ao fom. Nós sabemos que os minas, tanto na Louisiana quanto em Cuba, falavam uma língua comum, mas não sabemos que língua era essa. Durante a segunda metade do século XVIII e primeira metade do XIX, os minas da Louisiana e de Cuba eram comunidades sociais e linguísticas específicas, conscientes, fortes, bem-organizadas e assertivas. Os africanos listados como minas por todas as Américas certamente não eram invariavelmente, ou provavelmente nem sequer frequentemente, africanos que viveram perto de Elmina na Costa do Ouro, ou que foram enviados de lá. O significado de "mina" variou no tempo e no espaço e por língua dos documentos, e o termo às vezes pode ter significado "minerador". Mas "mina" normalmente era uma designação étnica ou costeira que, apesar de incluir a Costa do Ouro, muitas vezes era uma etnia específica exportada da Costa dos Escravos.

6

Baixa Guiné: O Golfo de Biafra*

> Os [ibos] recém-chegados encontram ajuda,
> cuidado e exemplos com aqueles que chegaram
> antes deles.
> MOREAU DE ST.-MÉRY. *Description
> topographique, physique, civile, politique et
> historique de la partie française de l'isle de
> St. Domingue*, 1797.

O Golfo de Biafra é discutido aqui separadamente da Costa do Marfim, Costa do Ouro e Costa dos Escravos/Golfo do Benim, as outras regiões também rotineiramente consideradas partes da Baixa Guiné. Sua geografia, economia e política foram distintas, além dos padrões de seu tráfico transatlântico de escravos. O Golfo de Biafra localiza-se no Delta do Níger e no vale do rio Cross. Essa região compõe hoje o sudeste da Nigéria. Manguezais extensos dificultavam muito o acesso de navios que velejavam pelos oceanos. Os europeus não tiveram acesso ao interior até metade do século XIX. Os escravos eram trazidos para a costa por barcos que operavam em riachos e lagoas. Bem mais de 90% dos escravos do Golfo de Biafra foram exportados de três portos: Elem Kalabari (Nova Calabar) e Calabar (Velha Calabar) no rio Cross, e Bonny, que surgiu como o principal porto durante o século XVIII. *The Trans-Atlantic Slave Trade Database* indica que 85% das viagens foram britânicas. Os navios saíam principalmente de Bristol, e posteriormente de Liverpool. Apesar do aumento do tráfico britânico de escravos do Golfo de Biafra depois de 1740, apenas 7,7% (n = 43) das viagens dessa costa chegaram à Carolina do Sul.

O tráfico atlântico de escravos dessa região começou cedo, mas lentamente, depois cresceu no final das décadas de 1670 e

---

* Atualmente rebatizado pelo governo nigeriano como Golfo de Bonny [N.R].

1680, e aumentou rapidamente durante o século XVIII. Ele passou de cerca de 1.000 cativos por ano durante a primeira década do século XVIII para 3.800 durante a década de 1730, 10.000 durante a de 1740, 15.200 durante a de 1760 e, no seu auge, 17.500 durante a de 1780. Ele continuou por boa parte do século XIX, mesmo muito depois de ser ilegalizado, trazendo números significativos de escravos para Cuba. Outros padrões também foram únicos. Uma proporção notavelmente alta de mulheres foi enviada como escrava para as Américas. Os "números costeiros" brutos escondem as proporções de gênero muito contrastantes entre as etnias exportadas dessa região. Altas proporções de mulheres eram características dos ibos, e não de outras etnias – por exemplo, os ibibios* e mocos**, que tendiam a ser em grande parte homens.

Parece haver um consenso entre os acadêmicos de que a ocupação do Delta do Níger pelos ibos era muito antiga. Não havia nenhuma tradição oral de migração de outra região. Seus mitos de criação explicam que eles surgiram da terra[1]. As evidências arqueológicas indicam ocupações humanas e atividades produtivas mais antigas na Ibolândia*** do que acreditavam os acadêmicos. Um abrigo de pedra em Afikpo**** revelou ferramentas e cerâmica da Idade da Pedra com cerca de 5.000 anos. Inhames eram cultivados há pelo menos 3.000 anos. O trabalho em ferro era antigo, e a arte em bronze era da mais alta qualidade[2].

O pioneiro historiador nigeriano Kenneth Dike argumenta convincentemente que os ibos estavam muito fortemente representados entre os escravos enviados através do Atlântico do Golfo de Biafra. Ele cita "pesquisas científicas" realizadas pelo Capitão

---

* Ibíbio, Ibibyo ou agbishera [N.R.].

** Moko [N.R.].

1. AFIGBO. *Ropes of Sand*, p. 1-30, 77-79.

*** Terra dos ibos, no sudoeste da atual Nigéria [N.R.].

**** Ou Ehugbo, na região central da Ibolândia [N.R.].

2. ALAGOA. "Fon and Yoruba", p. 447-448.

John Adams entre 1786 e 1800, publicadas em 1822. Adams escreveu: "Este lugar [Bonny] é o mercado por atacado de escravos, já que não menos de 20.000 são vendidos anualmente aqui; 16.000 dos quais são membros de uma nação, chamada *heebo* [ibo], de modo que essa única nação [...] durante os últimos 20 anos [exportou nada menos] do que 320.000; e aqueles da mesma nação vendidos em Nova Calabar [um porto do delta] provavelmente representavam, no mesmo período de tempo, mais 50.000, fazendo um total agregado de 370.000 *heebos*. A parte remanescente dos 20.000 acima é composta dos nativos do país Brass [...] e também de *ibbibbys* [ibibios] ou *quaws*"[3].

Dike aponta um processo contínuo de crioulização entre os povos que viviam perto da Costa do Atlântico, que englobava povos diversos que falavam várias línguas. Ele comenta:

> Em grande parte, é verdade dizer que, por causa de sua superioridade numérica e consequente fome de terras, os migrantes ebos* (forçados ou voluntários) formavam o grosso da população do Delta durante o século XIX. Eles legaram sua linguagem para a maioria das cidades-Estados – para Bonny, Okrika, Opobo, e até certo ponto influenciou a língua e as instituições da Velha e da Nova Calabar. Mas a população, que evoluiu a partir dessa mistura de povos, não era nem benim, nem efique**, ibo ou ibibio. Eles eram um povo separado, o produto das culturas em choque do interior tribal e da comunidade atlântica, ambos aos quais eles pertenciam[4].

Nas Américas, os ibos foram os menos endógamos dos povos africanos. A proporção de mulheres entre eles era das maiores, e elas casavam-se com homens de várias outras etnias. Esse padrão de casamento exógamo entre as mulheres ibos parece ser verda-

---

3. DIKE. *Trade and Politics in the Niger Delta*, p. 38, apud ADAMS. *Sketches Taken during Ten Voyages to Africa between the Years 1786 and 1800*.
* Aqui se referindo aos ibos [N.R.].
** Efik [N.R.].
4. DIKE. *Trade and Politics in the Niger Delta*, p. 30.

Mapa 6.1 Leste da Baixa Guiné, 1600-1900

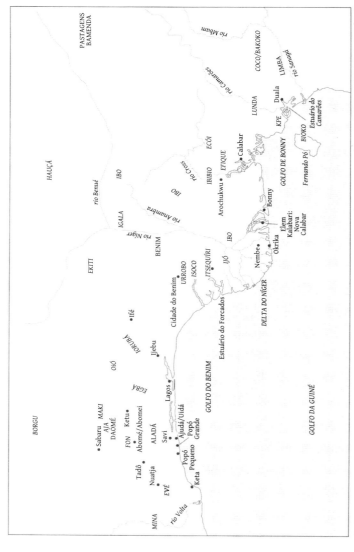

Fonte: Adaptado de um mapa de E.J. Alagoa. Em OGOT, B.A. (ed.). Unesco *História Geral da África* – Vol. 5: África do séc. XVI ao XVIII. São Paulo: Universidade Federal de São Carlos, 2010.

deiro por todas as Américas[5]. Os ibos, então, tinham baixa probabilidade de permanecerem como uma cultura de enclave separada entre os africanos nas Américas.

Em vários outros aspectos, o Golfo de Biafra contrasta fortemente com as costas da Baixa Guiné examinadas no capítulo anterior. No Golfo de Biafra, a influência muçulmana chegou muito tarde e teve pouca importância. Estados altamente centralizados estavam ausentes. A estrutura política era forte, mas segmentada. Confederações frouxas mantinham laços comerciais e religiosos. O prestígio de oráculos poderosos e alguns mercenários armados mantinha a conformidade e desempenhava um papel importante na obtenção de escravos para envio através do Atlântico. Apesar de guerras de larga escala ligadas à construção de estados serem fracas, os escravos eram "produzidos" através de ataques entre aldeias, alguns sequestros, procedimentos legais e ritos religiosos[6].

Então quais etnias foram enviadas do Golfo de Biafra, e em quais proporções? Atualmente essa é uma questão muito debatida. Alguns historiadores, em grande parte americanistas, acreditam que elas eram em sua maioria ibos, especialmente durante o século XVIII. Outros historiadores, em grande parte africanistas, desafiam essa conclusão. No sul da Nigéria, a designação "ibo" passou a ser associada com "escravo". Os aros, grandes traficantes de escravos na Ibolândia, "distinguiam-se dos grupos ibos mais tradicionais. Além disso, eles buscam manter antigas relações culturais, étnicas e de parentesco com os efiques, ibibios e ecóis* com base na troca, na *ekpe*[7], no casamento entre as etnias

---

5. Cf., p. ex., HALL. "African Women in Colonial Louisiana".

6. DIKE. *Trade and Politics in the Niger Delta*, p. 19-46. • LOVEJOY. *"A escravidão na África: uma história de suas transformações"*.

* Ekoi, ekoy, ezam, ejam, edjagam, ejagham, eafen, edjarem, iyako ou njagham [N.R.].

7. Sociedade secreta muito importante nessa região, também conhecida como "Sociedade do Leopardo" [N.T.].

e nos laços de composição étnica originais com vários assentamentos aros que ainda são encontrados nessas partes de áreas não ibos"[8]. Mas é possível que alguns desses padrões tenham sido estendidos demais para o passado. Joseph Inikori escreve:

> Deve-se notar [...] que uma identidade pan-ibo como conhecemos hoje não existia durante a era do tráfico atlântico de escravos. Como Dike e Ekejiuba observam corretamente, "ibo" como uma categoria étnica é um desenvolvimento do século XX aceito com relutância por vários dos grupos constituintes com base em questões políticas e administrativas. Como eles disseram, "durante o período coberto por nosso estudo (séculos XVIII e XIX), os agora doze milhões ou mais de 'ibos', distribuídos por mais de 75.000 quilômetros quadrados de território a leste e oeste do Níger, eram chamados variadamente ou como grupos culturais [...] ou pela zona ecológica em que eles eram encontrados [...]. Como o termo 'ibo' era usado, nesse período, para referir-se pejorativamente às terras altas densamente povoadas, a maior fonte de escravos, e, por extensão, a escravos, não surpreende que muitos desses grupos relutem em aceitar a identidade ibo. Os aros estavam entre os grupos que não se consideravam ibos nesse período. Esses fatos de identidade e organização sociopolítica são importantes para compreender as condições políticas e militares na Ibolândia que facilitaram a obtenção de cativos para venda nos portos costeiros"[9].

Entretanto, os americanistas não podem deixar de impressionar-se pelo grande número de africanos identificados ou autoidentificados como ibos nos documentos americanos. Nós veremos que em algumas épocas e locais, os ibos eram claramente

---

8. DIKE & EKEJIUBA. *The Aro of South-eastern Nigeria*, p. 326-327.
9. INIKORI. "The Development of Entrepreneurship in Africa", p. 78, n. 44.

diferenciados dos ibibios, mocos, calabares e biokos*, todas designações étnicas do Golfo de Biafra. A "nação" ou "casta" ibo aparece entre várias outras etnias no livro de Alonso de Sandoval, datado de 1627. Os ibos eram muito significativos tanto em números quanto em proporções nas listas de escravos criadas em oito colônias diferentes na América do Norte entre 1770 e 1827. Poder-se-ia talvez argumentar que "ibo" era um nome imposto pelos europeus sobre os africanos. Mas, como vimos, os africanos muitas vezes identificavam suas próprias etnias registradas em documentos americanos. C.G.A. Oldendorp, um missionário morávio que trabalhou nas Índias Ocidentais Dinamarquesas em 1767 e 1768, entrevistou um africano na Pensilvânia que se descreveu como um ibo[10]. Deminster, um escravo de 40 anos, identificou sua nação como ibo quando prestou depoimento sobre escravos fugidos na Louisiana em 1766. L'Éveillé, um ferreiro, identificou sua nação como ibo quando prestou depoimento durante o julgamento dos conspiradores de Pointe Coupée que queriam abolir a escravidão em 1795.

Existiam autoidentificações de outras etnias do Golfo de Biafra. Guela fugiu de seu senhor e foi recapturado em 1737. Ele identificou sua nação como bioko (nativo da Ilha de Fernando Pó no Golfo da Guiné). Ele explicou que fugira porque seu senhor o espancava com frequência e não lhe dava o suficiente para comer. Ele já havia fugido uma vez, e voltara voluntariamente. Suas orelhas foram cortadas e ele foi marcado a ferro no ombro. Nesse caso, e em outros, os africanos do Golfo de Biafra não eram simplesmente amontoados como ibos. Alguns eram identificados como ibibios, mocos, ecóis, esans*, biokos e calabares**.

---

* Provavelmente se referindo à população nativa da atual ilha de Bioko (antiga ilha de Fernando Pó e onde se encontra Malabo, capital da atual Guiné Equatorial). A ilha é voltada para o litoral do atual Camarões e era habitada, à época, pelos bubis (ou boobe, voove, pove, adeeyahs, adeejahs, adijas, ediyas, eris ou fernandinos {em referência a Fernando Pó}) [N.R.].

10. BROWN. "From the Tongues of Africa", p. 49-50.

* Ishan, ison, isa, esa, anwain ou ison [N.R.].

** Calabari ou calavari [N.R.].

As pastagens de Bamenda, bem populosas, a noroeste dos postos de tráfico de escravos forneceram alguns africanos escravizados que foram enviados diretamente do rio Camarões. Estimar o tráfico de escravos de Camarões apresenta muitas dificuldades. Ele parece ter chegado ao auge entre 1760 e 1776 e sempre foi uma fração minúscula do tráfico de escravos dos portos do Golfo de Biafra. Nós não encontramos etnias de Camarões ou das pastagens de Bamenda registradas em documentos americanos[11].

Tabela 6.1 Números, porcentagens e equilíbrio de gêneros dos ibos comparados com ibibios/mocos em espólios em Guadalupe, Louisiana e São Domingos/Haiti

	Ibo	Ibibio/Moco	Calabar
Guadalupe	79,5% (n = 248)	20,5% (n = 64)	
(1770-1789)	homens 47% (n = 116)	homens 63,0% (n = 40)	
	mulheres 53% (n = 132)	mulheres 37,0% (n = 24)	
Louisiana	69,5% (n = 524)	11,0% (n = 82)	19,5% (n = 47)
(1719-1820)	homens 54,8% (n = 287)	homens 74,4% (n = 61)	homens 59,9% (n = 88)
	mulheres 45,2% (n = 237)	mulheres 25,6% (n = 21)	mulheres 40,1% (n = 59)
São Domingos/Haiti	93,2% (n = 1,129)	6,8% (n = 83)	
(1721-1797)	homens 49,2% (n = 556)	homens 65,1% (n = 54)	
	mulheres 50,8% (n = 573)	mulheres 34,9% (n = 29)	

Fonte: Calculada a partir de VANONY-FRISCH. "Les esclaves de la Guadeloupe". • HALL. *Louisiana Slave Database, 1719-1820*. • GEGGUS. "Sex Ratio, Age, and Ethnicity in St. Domingue".

Está claro que a imensa maioria dos africanos do sudeste da Nigéria e do Golfo de Biafra encontrados em documentos americanos foram registrados como ibos. Eles eram uma grande maioria durante o século XVIII e uma maioria menor durante

---

11. AUSTEN & DERRICK. *Middlemen of the Cameroons Rivers*, p. 5-47.

o XIX. Se discutirmos os ibos nos Estados Unidos, o foco da obra recentemente criticada de Douglas B. Chambers, Michael A. Gomez e Lorena Walsh, podemos sustentar a suposição feita por esses acadêmicos de que os ibos representaram uma grande porção dos africanos do Golfo de Biafra. Eles estavam aglomerados no Caribe e também em Chesapeake. Alguns dos africanos exportados do Golfo de Biafra foram registrados em documentos americanos como ijós, ibibios, mocos, ecóis e biokos, mas eles eram uma minoria muito pequena antes do século XIX[12].

Não é possível determinar a porcentagem aproximada de ibos exportados do Golfo de Biafra apenas através do estudo de viagens do tráfico transatlântico de escravos ou através do estudo de etnias registradas em qualquer colônia particular nas Américas. Como algumas etnias foram enviadas de mais de uma costa, as descrições de africanos em documentos americanos podem nos informar sobre as proporções das etnias registradas entre os africanos escravizados em lugares e períodos particulares nas Américas, mas elas não podem nos informar de que costas eles foram enviados. As taxas de gênero entre os africanos enviados de várias costas não podem ser extrapoladas para as etnias supostamente enviadas dessas costas. E as taxas de gênero entre as etnias registradas em documentos americanos também não podem ser extrapoladas para os africanos enviados de uma costa em particular[13]. Mas as informações sobre as etnias listadas num número significativo de colônias durante o mesmo período de tempo são mais esclarecedoras. Várias etnias foram exportadas dos mesmos portos, e suas proporções mudaram com o passar do tempo. Os africanos escravizados exportados de Bonny tinham claramente maior probabilidade de ser ibos. Durante o início do século XVIII, Bonny emergiu como o principal porto de tráfico de escravos no Golfo de Biafra. Os estudos mais recentes

---

12. NORTHRUP. "Igbo and Myth Igbo".
13. INIKORI. "Sources of Supply for the Atlantic Slave Exports".

de Lovejoy e Richardson indicam que, cerca de 1730, Bonny já tinha mais movimento do que Velha Calabar como um porto do tráfico atlântico de escravos: pelo menos quarenta anos antes do que os historiadores estimavam anteriormente. O predomínio de Bonny desde o começo resultou de suas estruturas financeiras superiores, incluindo o papel importante que a escravidão por dívidas teve lá. Há um consenso de que Bonny enviou principalmente ibos, indicando que os ibos eram realmente proeminentes no tráfico atlântico de escravos para Chesapeake e também para outros lugares depois da década de 1720. Os cálculos de Lovejoy e Richardson a partir de *The Trans-Atlantic Slave Trade Database* revelam que, para todo o período do tráfico transatlântico de escravos, 40,5% (n = 1.046) das viagens que partiram do Golfo de Biafra vieram de Bonny; 27,0% (n = 697) de Velha Calabar; e 9,2% (n = 238) de Elem Kalabari (Nova Calabar). Esses dados provavelmente são razoavelmente completos e precisos, pois elas foram viagens em sua maioria britânicas. Os documentos estão centralizados em arquivos grandes e foram estudados por David Richardson. Lovejoy e Richardson afirmam que as viagens de Bonny aglomeraram-se mais intensamente entre 1726 e 1820[14].

"Calabar" aparece ocasionalmente em documentos americanos, mas seu significado é incerto. O termo pode se referir a africanos enviados de dois portos de tráfico de escravos: Velha Calabar ou Nova Calabar. Ou ele pode significar a Costa de Calabar, o que incluiria Bonny e também outros portos. "Calabar" também pode ter sido uma designação étnica. Dike se referiu aos *"kalabari"* durante o início do século XIX como "um povo do Delta"[15]. Oldendorp entrevistou cinco escravos que se descreveram como membros da nação calabar. Eles relataram que viviam muito acima do rio Calabar, que os ibos eram um povo muito populoso, e eram seus "vizinhos e amigos que compar-

---

14. LOVEJOY & RICHARDSON. "This Horrid Hole".
15. DIKE. *Trade and Politics in the Niger Delta*, p. 46.

Olaudah Equiano, um ibo, também conhecido como Gustavas Vassa

Fonte: EQUIANO, O. *The Interesting Narrative of Olaudah Equiano, or Gustavas Vassa, the African, Written by Himself*, 1789. Da página *The Atlantic Slave Trade and Slave Life in the Americas: A Visual Record* [http://hitchcock.itc.virginia.edu/Slavery].

tilham a mesma língua que eles"[16]. Em Cuba, Calabar (escrito da forma "*Karabalí*") certamente era uma designação costeira ampla, e não étnica. Entre os escravos do Golfo de Biafra vendidos lá entre 1790 e 1880, 93,2% (n = 2.943) foram listados como *karabalís*, 5,8% (n = 183) como *bibis* (o que significava ibibios), e apenas 1% (n = 32) como ibos. Essas poucas referências a etnias específicas do Golfo de Biafra em documentos de venda cubanos foram quase todas de documentos encontrados em Santiago de Cuba, onde predominavam senhores de escravos de São Domingos/Haiti[17]. "Calabar" não foi encontrado em documentos de São Domingos. Entre os africanos do Golfo de Biafra listados em documentos de espólio datados de 1721 a

---

16. BROWN. "From the Tongues of Africa", p. 49-50.
17. As estatísticas são do banco de dados construído e utilizado em BERGAD; IGLESIAS GARCÍA & BARCIA. *The Cuban Slave Market*. Agradeço a Fé Iglesias por me dar uma cópia desse banco de dados.

1797, David Geggus descobriu que 90,7% (n = 1.129) foram listados como ibos, 6,6% (n = 83) como ibibios/*bibis*; e 2,7% (n = 33) como mocos e outros[18]. Há muitas listagens de ibos em documentos americanos datados do século XVIII. Na Louisiana, e também em outros lugares, os ibibios/mocos eram em grande parte homens, em contraste com os ibos, dos quais quase metade eram mulheres durante o século XVIII.

Tabela 6.2 Africanos escravizados enviados dos
três principais portos do Golfo de Biafra

Período	Portos			
	Bonny	Velha Calabar	Nova Calabar	Número total de escravos
Pré-1730	13,2%	63,8%	22,9%	**(21,011)**
1730-1779	58,2%	33,4%	8,4%	**(209,563)**
1780-1840	66,8%	21,9%	11,2%	**(268,626)**
1660-1840	61,0%	28,5%	10,5%	**(499,200)**
Número total	**(304,309)**	**(142,393)**	**(52,498)**	**(499,200)**

Fonte: Adaptada a partir de LOVEJOY & RICHARDSON. "This Horrid Hole". • ELTIS et al. *The Trans-Atlantic Slave Trade Database.* Calculada a partir de 1.405 viagens.

Alguns historiadores questionam se uma identidade ibo realmente existiu antes do século XX. Eles citam a obra de Sigismund W. Koelle, um pastor e linguista que entrevistou recapturados de viagens ilegais de tráfico de escravos em Freetown, Serra Leoa, cerca de 1850. Eles foram mandados para lá por patrulhas britânicas contra o tráfico de escravos durante as décadas de 1820 e 1830. Apesar de Koelle chamá-los de ibos, ele fez uma ressalva: "Certos nativos que vieram do Golfo são chamados de ibos. Ao falar com alguns deles a respeito desse nome, eu aprendi que eles nunca o ouviram até chegarem a Serra Leoa. Em seu próprio país, eles parecem ter perdido seu nome nacional geral, como os *akus* [nagôs/lucumís/iorubás], e sabem apenas os nomes de seus

18. Calculado a partir de GEGGUS. "Sex Ratio, Age, and Ethnicity".

respectivos distritos ou países. Eu retive esse nome por causa da língua, da qual eu produzo espécimes, já que ela é falada em cinco dos citados distritos ou países".

Os historiadores da África utilizaram a obra notável de Koelle com eficácia. Ele foi um estudioso cuidadoso. Expressou suas reservas sobre a confiabilidade de seus informantes, apontando que os entrevistou em inglês durante o início da década de 1850. A maioria deles havia sido recapturada por navios britânicos contra o tráfico de escravos e trazida para Serra Leoa décadas antes. Entre os seis ibos que ele entrevistou, quatro estavam em Serra Leoa havia trinta anos, um havia vinte e quatro, e outro havia onze anos depois de ter sido sequestrado de sua casa com 3 anos de idade. Quando Koelle escreveu que os ibos que entrevistou "perderam seu nome nacional geral", sua implicação é de que esse nome existia[19].

A partir desse único enunciado ambíguo feito no final da era do tráfico de escravos, conclusões transcendentes foram retiradas sobre todos os africanos através das Américas: por exemplo, que todos os africanos eram tão isolados e imóveis que eles não tinham consciência da existência de outros africanos diferentes deles. Portanto, os termos para etnias africanas que aparecem em documentos americanos não teriam surgido na África, mas sim nas Américas, depois que os escravos foram expostos pela primeira vez a africanos que não eram iguais a eles. Talvez eles chamassem-se de alguma outra coisa. Talvez eles não compreendessem totalmente seus interrogadores, ou seus interrogadores não os compreendessem totalmente. Talvez eles não pudessem se lembrar muito bem. As palavras são representações imperfeitas da realidade. Independentemente de que palavra eles utilizavam ou não para identificarem-se no passado, ela não os impediu de considerarem-se um grupo internamente relacionado diferente de outros. De qualquer forma, o enunciado de Koelle

---

19. KOELLE. *Polyglotta Africana*, p. 7-8.

não deve ser extrapolado para o passado e para todas as etnias africanas. David Northrup afirmou: "Algumas outras 'nações' de Serra Leoa compartilhavam uma língua comum. Falantes dos vários dialetos do efique ('calabar' em Serra Leoa), hauçá, fula, acã ('*kronmantee*') da Costa do Ouro, ou jalofo passaram a utilizar a língua como um modo de distinguir-se de outros africanos em Serra Leoa, ainda que não existisse uma consciência nacional ou unidade política em suas terras natais"[20]. Essa é uma generalização realmente muito ampla. Por exemplo, os jalofos viveram em estados desenvolvidos e hierarquizados por muitos séculos antes de o tráfico atlântico de escravos começar, e certamente se identificavam através da ascendência, história, leis, política, cultura e religião compartilhadas, além da linguagem.

Em meados do século XIX, a designação "ibo" pode ter recebido uma conotação maior de vergonha do que tinha em tempos anteriores, quando ela era menos claramente identificada com "escravo". A designação "ibo" era reconhecida tanto por africanos quanto por europeus muito antes de meados do século XIX, incluindo Alonso de Sandoval em 1627. Sandoval não discutiu nem números nem porcentagens das etnias africanas que chegaram a Cartagena das Índias. Parte das informações de Sandoval sobre a África e as etnias africanas foi obtida a partir de relatos e estudos, principalmente de missionários portugueses e espanhóis enviados para a África. Ele nem sempre deixa claro quais africanos ele encontrou em Cartagena das Índias e quais ele conheceu através de outras fontes. Apesar da imensa maioria das etnias que ele discutiu provavelmente ter sido trazida para as Américas, algumas delas podem nunca o ter sido. Também não podemos pressupor que todas as etnias que ele menciona foram trazidas nas mesmas proporções. De qualquer forma, Sandoval obvia-

---

20. NORTHRUP. *Africa's Discovery of Europe*, p. 131.

mente escreveu muito antes de qualquer número significativo de africanos ter chegado a qualquer uma das colônias britânicas[21].

Ainda assim, alguns historiadores concluíram que os ibos identificavam-se apenas com suas regiões ou aldeias, e que não tinham nenhuma identidade mais ampla antes de serem trazidos para as Américas, onde teria surgido a identidade étnica ibo. Essa conclusão duvidosa é então extrapolada para todos os africanos em todas as Américas em todos os períodos e lugares. Os ibos não eram tão isolados como muitos historiadores afirmam. Seu sistema de "Estados" e sua organização social não se conformam ao que normalmente procuram acadêmicos ocidentais impregnados de construções sociológicas amplas e ilusões de progresso. Não era um sistema fraco e altamente fragmentado. "Segmentado" seria uma palavra melhor[22]. As entrevistas de ibos em Freetown durante o século XIX indicam que lá a "produção" de escravos envolvia um alto nível de sequestro de indivíduos, de condenação de "criminosos" à escravidão e de invasões entre aldeias[23]. A guerra de larga escala no decorrer da construção de impérios era menos comum do que em algumas outras regiões da África. Mas a probabilidade de que os africanos estivessem isolados e imóveis em regiões onde o tráfico transatlântico de escravos estava ativo é muito baixa. Rotas comerciais antigas proliferavam por toda a África muito antes de o tráfico atlântico de escravos começar[24]. Redes comerciais extensas por terra, mar, lagos e rios, conquistas mútuas e construção de impérios, e um processo normal de crioulização na África expuseram os africanos a vários outros povos diferentes deles desde muito tempo. Seria razoável generalizarmos a descrição de Boubacar Barry das interações e interpenetrações pacíficas entre etnias africanas muito antes de o tráfico transa-

---

21. Essa documentação pode ser encontrada nas edições originais de 1627 e 1647 do livro de Sandoval e na publicação fac-similada da edição de 1627.

22. DIKE. *Trade and Politics in the Niger Delta*, p. 19-46.

23. NORTHRUP. *Trade without Rulers*, p. 79-80.

24. NIANE. "Relações e intercâmbios entre várias regiões".

tlântico de escravos começar. Depois que ele começou, guerras, capturas e deslocamentos de populações por causa da fuga e da fome foram endêmicas ao processo de "produção" de escravos.

Os documentos gerados nas Américas que contêm listagens de etnias apontam para uma grande maioria de ibos entre os africanos enviados do Golfo de Biafra durante a segunda metade do século XVIII e uma maioria menor durante o século XIX. Chambers, Gomez e Walsh, que escreveram sobre a população africana na América do Norte continental britânica durante o século XVIII, pressupuseram que a imensa maioria dos africanos que chegaram do Golfo de Biafra era de ibos. A maior estimativa de escravos ibos ou falantes de ibo foi publicada por Chambers, que afirmou ser "provável, ou pelo menos possível", que eles fossem 80% dos africanos que chegaram do Golfo de Biafra, ainda que recentemente ele tenha revisado e diminuído um pouco essa estimativa[25].

Nós não temos evidências diretas válidas das colônias continentais britânicas porque os documentos em inglês prestavam muito pouca atenção às etnias africanas. Se nos restringirmos ao século XVIII, o período mais importante para os Estados Unidos, a pressuposição de Chambers, Gomez e Walsh de grande número de ibos na Virgínia é apoiada por documentos criados no lado americano do Atlântico, mas com algumas ressalvas. *The Trans--Atlantic Slave Trade Database* mostra que as viagens do Golfo de Biafra para a Virgínia ocorreram cedo: 84% (n = 89) antes de 1750, 16% entre 1751 e 1775 (n = 17) e nenhuma depois dessa data. Mas as viagens de Bonny, de onde uma grande proporção de ibos foi exportada, começaram antes do que os acadêmicos costumavam acreditar.

Nós não conhecemos as origens costeiras nem as etnias dos africanos novos trazidos para Chesapeake através do tráfico de

---

25. GOMEZ. *Exchanging Our Country Marks*. • WALSH. *From Calabar to Carter's Grove*. • CHAMBERS. "My Own Nation". • CHAMBERS. "The Significance of Igbo in the Bight of Biafra Slave Trade".

transbordo do Caribe, ou talvez através de viagens de tráfico de escravos organizadas e realizadas por senhores de escravos de Chesapeake, ou por pessoas que queriam tornar-se senhores de escravos, para comprar africanos para uso próprio, ou por piratas. Mas nós temos ricas informações sobre etnias africanas de documentos de oito colônias diferentes no continente norte-americano. Nossos dados mais detalhados e confiáveis gerados em documentos americanos sobre as etnias datam entre 1770 e 1827. Os documentos em francês, especialmente os documentos cartoriais de São Domingos, Guadalupe e da Louisiana, são particularmente ricos e detalhados sobre as etnias africanas. As listas de escravos em documentos cartoriais em francês listam os falantes de banto do noroeste, incluindo os ibibios e mocos, e também os ibos em bons detalhes ao longo do tempo. Na Louisiana também foi listada a designação vaga "calabar". Essas evidências não apoiam a probabilidade de que os falantes de dialetos efiques de línguas banto do noroeste, os ibibios, mocos e ijós, eram numerosos nas Américas durante o século XVIII. Elas estabelecem que a imensa maioria dos africanos que viviam no baixo Delta do Níger enviados para as Américas e registrados ao longo do tempo em documentos cartoriais americanos que sobreviveram e foram estudados foi listada como ibos, mesmo se excluirmos os africanos listados como calabares.

Ao contrário das evidências do lado africano, esses dados americanos coletados de documentos cartoriais permitem que façamos cálculos de designações étnicas registradas ao longo do tempo e do espaço, e também por gênero, além de muitas outras informações sobre os africanos escravizados. Para São Domingos/Haiti no século XVIII, David Geggus estudou quase 400 inventários de espólio em documentos datados entre 1721 e 1797 que listavam mais de 13.300 africanos. Ele descobriu que os ibos listados eram 90,7% (n = 1.129) dos africanos vindos do Golfo de Biafra. Havia muito poucos africanos listados como calabares

Figura 6.1 Viagens do tráfico atlântico de escravos para Maryland e Virgínia: costas de origem ao longo do tempo (1651-1775)

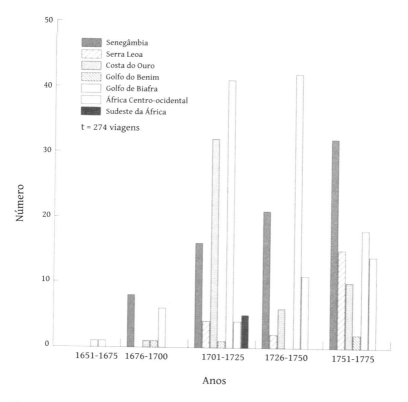

Fonte: Calculada a partir de ELTIS et al. *The Trans-Atlantic Slave Trade Database*.
As viagens da "Costa Windward" foram adicionadas a Serra Leoa.

na amostra de Geggus, talvez nenhum[26]. Para Guadalupe, Nicole Vanony-Frisch estudou e catalogou todos os inventários de espólio existentes e legíveis que listavam escravos entre 1770 e 1789. Ela descobriu que 37% de *todos* os africanos de etnias identificadas foram listados como ibos (n = 248). Nenhum calabar foi listado em sua amostra. Nos inventários de espólios na Louisiana entre 1770

---

26. Comunicação de David Geggus, set./2002.

e 1789, os africanos listados como ibos eram 78,6% (n = 81) de todos os africanos identificados do Golfo de Biafra. Os documentos de espólios da Louisiana mostram que os falantes de línguas banto do noroeste, ibibios e mocos, tinham uma porcentagem muito alta de homens: 88,9%. Os africanos listados como calabares nos inventários de espólios da Louisiana entre 1770 e 1789 eram 84,6% homens (n = 11). Havia um homem listado como ecói e outro como bioko, ambos fugidos. Os números para todos os não ibos eram muito pequenos; aqueles que foram listados como calabares provavelmente não seriam ibos nesse lugar e momento.

Como vimos, as evidências do lado americano do Atlântico indicam que a proporção de ibos exportados do Golfo de Biafra durante o século XVIII era muito alta: provavelmente tão alta quanto aquilo que Chambers, Gomez e Walsh afirmaram ou pressupuseram, mesmo se contarmos a conclusão muito improvável de que nenhum dos africanos registrados como calabares nos documentos americanos eram ibos. Os ibibios e mocos, os únicos outros africanos numericamente significativos do Golfo de Biafra encontrados até agora em documentos americanos, eram majoritariamente homens. Os documentos da Louisiana mostram que os ibos tinham uma pequena maioria de mulheres até 1790, e depois disso uma pequena maioria de homens.

Os dados tanto na África quanto nas Américas indicam uma proporção substancialmente maior de falantes do grupo linguístico banto do noroeste durante o século XIX. Ainda assim, os ibos permaneciam sendo a maioria, o que fica mais claro do lado americano nas listas de registros de escravos criadas nas Antilhas britânicas como preparação para a emancipação geral. Entre as cinco ilhas que listam informações étnicas africanas, quatro eram antigas colônias francesas e a outra era Trinidad, para onde senhores e escravos falantes de crioulo francês haviam migrado, em grande parte, da Martinica. Essas listas de registro britânicas do século XIX (1813-1827) refletem porcentagens variáveis de ibos nas ilhas das Antilhas britânicas, variando de um mínimo de

Tabela 6.3 Etnias africanas do Golfo de Biafra nas Antilhas britânicas – listas de registro, 1813-1827

Localidade	Etnia				
	Ibo	Moco	Ibibio	Outra	Total
Trinidad (1813)	2,863 (51,8%)	2,240 (40,6%)	371 (6,7%)	21 (0,04%)	**5,520**
Sta. Lúcia (1815)	894 (71,5%)	291 (23,3%)	59 (4,8%)	6 (0,5)%	**1,250**
São Cristóvão (1817)	440 (72,4%)	164 (27,0%)	–	4 (0,05%)	**608**
Berbice (1819)	111 (61,0%)	64 (35,2%)	–	7 (3,8%)	**182**
Anguila (1827)	4 (66,7%)	2 (33,3%)	–	–	**6**
Total	**4,312 (57,9%)**	**2,529 (33,4%)**	**371 (5,0%)**	**38 (0,005%)**	**7,566**

Fonte: Calculada a partir de HIGMAN. *Slave Populations of the British Caribbean*, tabelas S3.1-S3.5.

51,8% em Trinidad a um máximo de 72,4% em São Cristóvão. Em todas essas listas, os ibos foram um total de 57,9% (n = 4.312; t = 7.566) dos africanos da região do Golfo de Biafra.

Os africanos descritos nessas listas britânicas chegaram depois dos africanos registrados em documentos de espólios. Na Louisiana, os dados de documentos de vendas que registram os africanos que chegaram num período comparável (1790-1820) contrastam com os dados de Trinidad, mas são próximos dos dados de São Cristóvão. A proporção de ibos nesses documentos da Louisiana caiu muito levemente das listas de espólios anteriores: de 78,6% para 75%. Mas a taxa de gênero entre os escravos listados como calabares seguiu bem de perto a taxa de gênero entre os ibos, o que pode fazer dessa leve queda mais aparente do que real. Os "calabares" vendidos depois de 1789 tinham uma porcentagem menor de homens (48,8%) do que os ibos (54,6%), enquanto os falantes de banto do noroeste (ibibios e mocos) continuaram a ter uma porcentagem muito grande de homens (81,5%). É muito provável que ao menos alguns desses africanos vendidos como calabares na Louisiana fossem na realidade ibos.

242

Se somarmos alguns dos calabares aos ibos, isso leva os ibos a quase 80% dos africanos do Golfo de Biafra vendidos na Louisiana entre 1790 e 1820.

Examinando o lado africano, o censo de 1848 em Freetown, Serra Leoa, reflete as etnias africanas dos recapturados trazidos pelas patrulhas britânicas contra o tráfico de escravos. Entre aqueles que chegaram do Golfo de Biafra (excluindo os 657 hauçás dos totais para podermos comparar os ibos com seus vizinhos não ibos), encontramos 60,9% (n = 1.231) de ibos, 15,8% (n = 319) de efiques e 23,3% (n = 470) de mocos[27]. Esse censo mostra uma grande maioria de ibos. Para resumir, as evidências apresentadas aqui indicam uma queda na proporção de ibos exportados durante o século XIX e um aumento na proporção de homens entre eles. Ainda assim, os ibos continuaram a ser uma maioria substancial dos africanos escravizados que viviam no baixo Delta do Níger que foram exportados para as Américas.

É um truísmo na literatura histórica que os ibos, especialmente os homens ibos, não eram apreciados nas Américas, principalmente devido a sua propensão a fugir e/ou cometer suicídio. Os ibos realmente eram às vezes descritos como "escravos de lixo" [*refuse slaves*] que eram comprados em grandes porcentagens na Virgínia porque a pobreza dos senhores de escravos não lhes dava alternativa[28]. Mas as mulheres ibos eram valorizadas como mais emocionalmente estáveis do que os homens, fisicamente atraentes e boas trabalhadoras. Se examinarmos mais de perto os padrões dos mercados e outros dados, vemos uma imagem notavelmente diferente dos ibos em várias regiões das Américas. Em alguns lugares, eles eram especialmente valorizados. O estudo de Colin Palmer sobre o tráfico britânico de escravos por *asiento* para as colônias espanholas

---

27. CURTIN. *The Atlantic Slave Trade*, p. 245 (tabela 71).

28. Para uma resenha da literatura que cita percepções negativas dos ibos, cf. GOMEZ. "A Quality of Anguish: The Igbo Response to Enslavement in America". • WALSH. *From Calabar to Carter's Grove*, p. 79-80.

(1700-1739) deixa claro que os compradores espanhóis, que tinham a vantagem do acesso fácil à prata mexicana, compravam apenas os melhores africanos, pelos quais pagavam os maiores preços. De acordo com Palmer, "os ibos [...] eram considerados tratáveis, e, portanto, eram muito procurados por alguns dos senhores de escravos na América"[29].

Tabela 6.4 Africanos do Golfo de Biafra vendidos independentemente de espólios na Louisiana, 1790-1820

Etnia	Homens	Mulheres	Total	Porcentagem do total
Ibo	112 (55%)	93 (45%)	205	**75**
Ibibio/Moco	22 (82%)	5 (19%)	27	**10**
Calabar	20 (49%)	21(51%)	41	**15**
Total	**154 (56%)**	**119 (44%)**	**273**	**100**

Fonte: Calculada a partir de HALL. *Louisiana Slave Database, 1719-1820.*

Quando ibos não puderam ser comprados para preparar uma nova fazenda nas terras altas da Jamaica, o capataz explicou que ele não comprou outros escravos porque os ibos seriam "aqueles que respondem melhor aqui"[30]. Em 1730, um comerciante de Barbados reclamou que "não se vende uma carga de escravos *ebbos* aqui há muito tempo, e muitas pessoas estão perguntando por eles". Daniel Littlefield apresenta evidências convincentes de que as mulheres ibos tinham um valor único para os traficantes britânicos de escravos ao longo da costa africana[31].

Precisamos tomar cuidado quanto a basearmo-nos muito em evidências anedóticas que depreciam os ibos. A maior parte das evidências vem de documentos sobreviventes escritos por grandes fazendeiros. Os fazendeiros que operavam unidades me-

---

29. PALMER. *Human Cargoes*, p. 29.
30. MULLIN. *Africa in America*, p. 26.
31. LITTLEFIELD. *Rice and Slaves*, p. 20, 26, 72-73.

nores podem ter sido mais positivos sobre os ibos, mas eles raramente deixaram documentações de suas atividades e opiniões. Precisamos de evidência mais sistemática. Os documentos na Louisiana, por exemplo, demonstram uma falta de entusiasmo por escravos ibos. Eles eram sub-representados na Louisiana antes de 1790, apesar de uma grande proporção de viagens do Golfo de Biafra chegar à Jamaica e a Cuba, ambas grandes pontos de transbordo no Caribe para os africanos trazidos para a Louisiana durante o período espanhol (1770-1803). Um documento de venda de escravos na Louisiana explica que o vendedor não sabia qual era a nação do africano recém-chegado que figurava na transação, mas ele garantiu que o escravo não era um ibo[32].

Fica evidente que depois que os Estados Unidos compraram a Louisiana no final de 1803, africanos do Golfo de Biafra foram contrabandeados para a Louisiana em grande número. Entre 1804 e 1820, os ibos começaram a aparecer em proporções maiores entre todos os africanos e tornaram-se uma das cinco etnias mais frequentes encontradas em documentos. A idade média deles não avançou significativamente com o passar do tempo, apesar de o tráfico marítimo estrangeiro de escravos para a Louisiana ter se tornado ilegal a partir de 1803. Havia mais homens entre eles do que durante o século XVIII. Um número insignificante de ibos (um total de nove) foram listados como crianças. Apesar de alguns desses ibos poderem ter sido transbordados de Charleston antes de 1808, apenas seis viagens documentadas e catalogadas de tráfico de escravos chegaram do Golfo de Biafra à costa leste dos Estados Unidos (todas de Charleston) entre 1803 e 1807. Em 1º de janeiro de 1808, o tráfico estrangeiro de escravos para os Estados Unidos tornou-se ilegal. Os ibos obviamente estavam entre as etnias contrabandeadas ativamente para a Loui-

---

32. Atos Originais da Paróquia Pointe Coupée, mai./1787, documento n. 1571, vente d'esclave. Monsanto à LeDoux, New Roads, Louisiana.

siana e também para Cuba muito depois de o tráfico estrangeiro de escravos ser ilegal[33].

Será que esse crescimento relativo e absoluto da população ibo na Louisiana ocorreu porque aqueles que os compraram não tiveram escolha? O *Louisiana Slave Database* permite-nos comparar os preços pagos por africanos de várias etnias, homens e mulheres. Surge uma imagem complexa. O apêndice deste livro compara os preços de escravos por etnia e gênero na Louisiana e discute a confiabilidade comparativa das datas dos preços, incluindo as complexidades da inflação e o valor sempre em transição das várias moedas em circulação.

Os resultados para os ibos são ao mesmo tempo surpreendentes e anômalos. Se os homens ibos eram desprezados, e as mulheres ibos valorizadas, isso não se reflete nos preços durante o período espanhol na Louisiana, onde o preço médio dos homens ibos era o mais alto entre as etnias mais numerosas. O preço das mulheres ibos era apenas 64% do preço dos homens ibos, de longe a maior diferença entre preços de homens e mulheres para essas cinco etnias. Curiosamente, o padrão inverteu-se completamente durante o período inicial dos Estados Unidos, quando a Louisiana rapidamente mudou de uma "sociedade com escravos" para uma "sociedade agrícola escravista", como coloca Ira Berlin[34]. O preço médio dos homens ibos caiu para último lugar. O preço médio das mulheres ibos subiu para 97,5% do preço dos homens ibos, de longe a menor diferença entre os preços de homens e mulheres da mesma etnia durante o período inicial dos Estados Unidos. Essa reversão da diferença dos preços entre ibos homens e mulheres é ainda mais surpreendente porque a diferen-

---

33. HALL. "In Search of the Invisible Senegambians".

34. BERLIN, I. *Many Thousands Gone*. Para uma aplicação muito anterior dessa metodologia para a escravidão na América, cf. HALL. *Social Control in Slave Plantation Societies*.

ça de preços por gênero aumentou muito entre todos os outros escravos vendidos.

A tendência anômala de preços entre os ibos escravizados tem várias explicações possíveis. Os ibos não se ajustaram ao trabalho de grandes bandos de escravos que plantavam açúcar ou algodão. De acordo com Michael Mullin, os senhores de escravos da Carolina do Sul não consideravam os ibos aptos para a produção de arroz[35]. Isso poderia explicar por que eles não eram apreciados na Carolina do Sul, onde o arroz era o principal plantio de exportação, e eram mais apreciados na Virgínia, onde reinava o tabaco. Durante o período inicial dos Estados Unidos na Louisiana (1804-1820), as plantações de açúcar e algodão expulsaram as variadas produções de anil, arroz, hortaliças, tabaco, milho, gado, carne, couro, artigos navais, ciprestes e outras madeiras do período espanhol. Esses produtos normalmente eram produzidos em fazendas pequenas com relativamente poucos escravos. O estreitamento da diferença entre preços de homens e mulheres ibos na Louisiana pode também ter resultado do conhecimento crescente entre os senhores de escravos das forças e fraquezas dos ibos, pelo menos do ponto de vista dos senhores. As mulheres ibos estavam entre as duas etnias africanas cujas mulheres tinham a maior proporção de filhos que sobreviviam. Elas casavam-se com grande frequência fora do grupo ibo. No começo do período dos Estados Unidos, as mulheres ibos sem filhos podem ter sido recém-chegadas que foram separadas de seus filhos na África. Algumas delas poderiam ainda não ter dado à luz na Louisiana. Seus compradores poderiam ter boas esperanças sobre o futuro reprodutivo delas. A outra etnia com altos resultados reprodutivos era a jalofa*. Durante o período espanhol, o preço médio das mulheres jalo-

---

35. MULLIN. *Africa in America*, p. 23.
* Wolof, Wólof, ouolof, uolofo ou uólofe [N.R.].

fas era maior do que o dos homens jalofos. As mulheres jalofas eram procuradas como parceiras sexuais na Louisiana colonial, onde elas eram consideradas especialmente belas, inteligentes e elegantes. Mas o preço relativo delas caiu durante o período inicial dos Estados Unidos junto com o de quase todas as mulheres escravas, exceto as ibos. As mulheres mandês exibiam resultados reprodutivos relativamente baixos. Entre os períodos espanhol e do início dos Estados Unidos, as mulheres mandês caíram de terceiro para último lugar no preço médio das mulheres entre as etnias mais frequentes. As mulheres conguesas eram numerosas, apesar da alta taxa de homens, mas seus resultados reprodutivos eram substancialmente menores do que os calculados para mulheres de qualquer outra etnia africana, possivelmente devido a uma alta taxa de aborto entre elas e/ou o impacto em sua saúde e potencial reprodutivo causado pela longa viagem de regiões interiores da África. A diferença de preço entre os homens e as mulheres conguesas diminuiu levemente do período espanhol para o do início dos Estados Unidos.

Esses diferenciais de preço apontam para um valor substancial atribuído ao potencial reprodutivo das mulheres escravizadas. O preço das mulheres despencava depois dos 34 anos de idade, enquanto o preço dos homens permanecia estável até os quarenta anos. Em regiões como Chesapeake, onde a reprodução natural da população escrava era uma grande prioridade, os ibos provavelmente não eram escravos "de lixo", mas sim preferidos. Por causa da posição e postura independentes das mulheres ibos na África, sua disposição em casar fora de sua etnia e de ter e criar filhos, sua identificação com lugares pequenos e sua ligação com a terra onde seu primeiro filho nascia, elas estavam bem equipadas para estabelecer novas comunidades em propriedades pequenas onde estruturas hierárquicas claras eram fracas ou ausentes. Os afro-americanos têm mais probabilidade de descenderem diretamente de mulheres africanas através da linha feminina porque eles têm muito mais ancestrais homens brancos do que mulheres. Nos Estados Unidos, as mães africanas tinham boa probabilidade de serem ibos ou jalofas; uma hipótese que poderá eventualmente ser testada através de estudos de DNA.

Portanto, os ibos e seus vizinhos foram negligenciados e injustificadamente depreciados na literatura histórica sobre os africanos nas Américas. Não há forma melhor de concluir este capítulo do que uma citação de Dike:

> Talvez a genialidade principal dos ibos, ibibios, ijós, ecóis e efiques, e de suas instituições políticas, estivesse em seus poderes extraordinários de adaptabilidade – poderes que eles demonstraram inúmeras vezes no século XIX e por todo o período do tráfico atlântico de escravos tendo em vista as necessidades econômicas europeias, que mudavam constantemente. Sua genialidade para o comércio não era menor. Dr. Talbot, um observador do século XIX bem-informado que vivia lá, declarou: "Eles são um povo de grande interesse e inteligência, cabeças-duras, percepção aguçada e comerciantes naturais. De fato, um dos principais agentes aqui, [um europeu] com experiência em todo o mundo, afirmou que, em sua opinião, os calabares [um povo do Delta] poderiam competir no mesmo nível que os judeus, cristãos ou chineses"[36].

---

36. DIKE. *Trade and Politics in the Niger Delta*, p. 45-46.

7

As terras bantas: África Centro-ocidental e Moçambique

> *Ele não faria a guerra de modo algum, pois era a guerra contínua que já havia destruído o reino, e também a fé. Os congueses também não queriam mais problemas. Eles já estavam cansados de ser tratados como bestas nos campos e desertos: ultrajados, assassinados, roubados e vendidos, e seus parentes, esposas e filhos mortos por todos os lados.*
>
> Pedro IV, rei do Congo, 1710.

O tráfico atlântico de escravos na África Centro-ocidental começou muito cedo e acabou muito tarde. Estima-se que cerca de 40 a 45% dos africanos escravizados trazidos para as Américas pelo tráfico transatlântico de escravos eram falantes do grupo linguístico banto da África Centro-ocidental[1].

A costa oeste da África se projeta bastante dentro do Oceano Atlântico e segue um curso para o leste através do Delta do Níger. Ela então se volta abruptamente para o sul, perto do Equador, e torna-se uma região muito mais estreita chamada África Central. Os falantes do grupo linguístico banto viveram nessa região por milhares de anos. Neste capítulo nós discutiremos a África Centro-ocidental, a região que forneceu africanos em números estonteantes durante todo o período do tráfico transatlântico de escravos, e Moçambique no sudeste da África, ao longo do Oceano Índico, uma região onde o tráfico atlântico

---

1. HEYWOOD. *Central Africans and Cultural Transformations in the American Diaspora*, p. 1-20.

de escravos começou cedo numa escala pequena e cresceu muito durante o final do século XVIII e o século XIX.

Em muitas outras regiões da África profundamente afetadas pelo tráfico atlântico de escravos, os europeus frequentemente estavam confinados a suas fortalezas ou estações de comércio ao longo das costas, ou a distâncias curtas acima de rios navegáveis; ou eles eram forçados a negociar em seus navios ancorados ao longo da costa. Em contraste, desde o começo do tráfico atlântico de escravos, comerciantes, funcionários, soldados, missionários e mascates portugueses e afro-portugueses penetraram profundamente no interior do reino do Congo e no interior angolano a leste de Luanda e Benguela, os dois principais portos que eles estabeleceram na costa de Angola.

Durante os muitos séculos antes das caravelas portuguesas chegarem às costas da África Centro-ocidental em 1472, a região estava isolada do comércio transaariano de caravanas de camelos e também das rotas comerciais marítimas ao longo da costa leste da África[2]. Quando os portugueses chegaram, eles não encontraram sociedades grandes e complexas o bastante para sustentar um comércio sistemático – quer dizer, até 1483, quando eles alcançaram o reino do Congo. Sua capital, Banza Congo, estava localizada no interior ao sul do rio Zaire (Congo). O reino do Congo tinha rotas comerciais, mercados e uma moeda de conchas (zimbo) há muito tempo. O comércio português com o reino do Congo envolveu, no começo, a troca de manilhas de cobre e marfim por mercadorias de luxo portuguesas e os serviços de conselheiros técnicos. Em 1486, os portugueses assentaram a Ilha de São Tomé no Golfo da Guiné e lá desenvolveram uma indústria açucareira. Durante a década de 1490, os portugueses começaram a exigir escravos para enviar para São Tomé.

Joseph Inikori e Nicolás Ngou-Mve negam que a escravidão existisse na África Centro-ocidental antes da chegada dos portu-

---

2. HARRIS, J.E. *Global Dimensions of the African Diaspora.*

Mapa 7.1 África Centro-ocidental e oriental: Terras bantas, 1500-1900

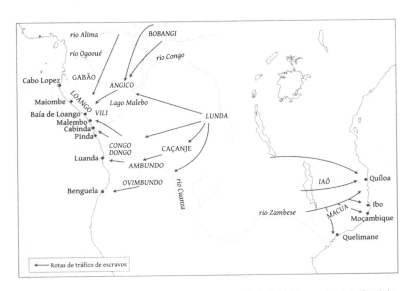

Fonte: Adaptado de um mapa de J.E. Inikori. Em OGOT, B.A. (ed.). Unesco História Geral da África – Vol. 5: África do séc. XVI ao XVIII. São Paulo: Universidade Federal de São Carlos, 2010. (Todos os oito volumes da coleção podem ser baixados gratuitamente em: http://www.unesco.org/new/pt/brasilia/education/inclusive-education/general-history-of-africa/)

gueses. Inikori afirma que a escravidão na África antes do tráfico atlântico de escravos era mais como o feudalismo na Europa medieval do que como a escravidão africana nas Américas – uma opinião exposta anteriormente por John Thornton em relação ao reino do Congo[3]. Jan Vansina explica que, inicialmente, "dependentes" eram vendidos no reino do Congo. Eles eram forasteiros que viviam em famílias e aldeias onde distinções sociais claras eram feitas com base na linhagem e na ascendência de acordo com o princípio de que "pessoas que viviam juntas deviam ser aparentadas umas às outras"[4]. Costa e Silva descreve um grupo servil transitório, pessoas de origem estrangeira capturadas em guerras ou in-

---

3. INIKORI. "Slavery in America and the Trans-Atlantic Slave Trade". • NGOU-MVE. *El Africa bantú en la colonización de México*. • THORNTON. *The Kingdom of Kongo*, p. 22.
4. VANSINA. *Paths in the Rainforests*, p. 200-201.

vasões, criminosos alienados ou removidos da sociedade, pessoas que perderam a proteção dos seus. Os descendentes delas estavam destinados a ser absorvidos pela sociedade[5]. Portanto, vários historiadores de prestígio afirmaram que a África Centro-ocidental não tinha experiência com a escravidão hereditária ou com a exportação de escravos antes da chegada dos portugueses. O tráfico atlântico de escravos da África Centro-ocidental cresceu depois de 1500 e aumentou rapidamente entre 1520 e 1560, quando mais de 7.000 escravos por ano eram exportados principalmente para a Costa do Ouro através de São Tomé[6].

Em 1491, o rei do Congo converteu-se ao cristianismo, foi instruído na fé, foi batizado e adotou o nome português João I. Seu sucessor, Afonso I (1506-1543), declarou o cristianismo como religião oficial do reino e mandou alguns de seus súditos jovens para Portugal a fim de receberem educação religiosa. Funcionários, comerciantes, clérigos, missionários e soldados portugueses estabeleceram-se na capital, Banza Congo. A capital foi renomeada como São Salvador.

Os africanos centro-ocidentais sofreram profundamente com a presença antiga, direta e contínua de traficantes marítimos de escravos portugueses e brasileiros e dos afro-portugueses vindos de São Tomé, e da rivalidade entre as potências europeias envolvidas no tráfico atlântico de escravos. As entidades políticas frágeis e vulneráveis do reino do Congo foram fraturadas por rivalidades entre funcionários portugueses, comerciantes, missionários, frotas, soldados e colonos da Península Ibérica e também de São Tomé e do Brasil, e por comerciantes itinerantes (*pombeiros*) que penetravam bastante no interior. Essas facções intrusivas promoveram guerras para aumentar a oferta de cativos enviados através do Atlântico como escravos. Elas faziam intrigas

---

5. COSTA E SILVA. *A manilha e o libambo*, p. 369.
6. MILLER. "Lineages, Ideology, and the History of Slavery in Western Central Africa", p. 41.

e lutavam entre si, recrutando clientes africanos centro-ocidentais para servir como aliados umas contra as outras. As várias ordens rivais de missões católicas enviadas para catequizar o reino do Congo, e depois Angola, também tinham intrigas entre si. Alguns desses missionários fizeram fortunas particulares com o tráfico de escravos. Apesar de vários governantes do reino do Congo expressarem oposições eloquentes ao tráfico de escravos, suas objeções tiveram pouco impacto na África Centro-ocidental. John Thornton afirma que não foi a escravidão e o tráfico de escravos que provocaram a indignação dos reis do Congo, mas sim o escárnio a suas regras e leis tradicionais que regulavam a escravização e a escravidão[7].

Em 1568, os jagas invadiram o reino do Congo. Os portugueses utilizaram – e alguns acadêmicos dizem que criaram – os jagas* (descritos, talvez de forma sensacionalista, como mercenários canibais) para atacar o reino do Congo, forçando seus governantes a buscar proteção portuguesa pagando o preço de retirar sua oposição ao tráfico de escravos. Apesar de várias entidades políticas africanas terem se aliado aos jagas, já se afirmou que os jagas foram utilizados primariamente pelos portugueses como um instrumento de controle político e de expansão de seu tráfico de escravos[8]. Os jagas aterrorizaram o vale do rio Cuanza entre 1590 e 1640 e acabaram assentando-se em várias regiões de Angola, em entidades políticas chamadas de reinos ovimbundos. Governantes posteriores, incluindo alguns na área ovimbundo, reivindicaram essa herança militarista, que era coberta de crenças mágicas.

---

7. THORNTON. *The Kingdom of Kongo*, p. 74-96. • THORNTON. "African Political Ethics and the Slave Trade".

* Na língua quicongo (falada no antigo reino do Congo), a palavra jaga não se relacionava necessariamente a um povo ou etnia específica. Ela era usada para se referir ao "outro", ao "estrangeiro", ao "de fora", ao "bárbaro". A partir do século XVII passou a significar também "bandido".

8. NGOU-MVE. *El Africa bantú de la colonización en México*, p. 62-65.

Na metade do século XVI, Portugal começou a afastar-se do reino do Congo e concentrar-se em regiões mais ao sul. Em 1575, Portugal estabeleceu o Porto de Luanda com a ilusão de que essa região era rica em prata, e Luanda emergiu como um porto de tráfico de escravos sob controle português direto. Portugal invadiu as terras ao interior de Luanda para obter cativos com as guerras que provocava. Em 1622, o reino de Dongo*, sob o governo do *angola a quiluanje***, foi criado a partir da região ao sul do reino do Congo com apoio português. Já bem-entrincheirados em Luanda e seu interior, os portugueses fizeram de Luanda o foco de seu tráfico atlântico de escravos e o principal porto atlântico de tráfico de escravos da África Centro-ocidental. Ao longo dos séculos, Angola permaneceu como a principal área da qual traficantes portugueses e brasileiros enviavam africanos escravizados para as Américas.

Os holandeses tiveram o papel principal no enfraquecimento do controle português sobre o tráfico de escravos na África, e espalharam-no para novas regiões. Entre 1580 e 1640, as coroas da Espanha e de Portugal estavam unidas. Os holandeses rebelaram-se contra os reinos ibéricos e desafiaram o controle português ao longo de toda a costa da África e também no Brasil. Enquanto a guerra entre comerciantes portugueses e holandeses e seus clientes africanos crescia, governantes e entidades políticas africanas às vezes se aliavam aos holandeses: a mais notável foi a famosa Rainha Jinga*** e seus vizinhos do norte que defenderam o interior de Luanda contra os portugueses. Muitos cativos dessas guerras foram vendidos para traficantes portugueses de escravos em Luanda e acabaram na América Espanhola e também no Brasil. Depois que os portugueses e os holandeses finalmente assinaram um tratado de paz, eles deixaram seus "aliados" africanos a ver navios[9].

---

* Ndongo, Ngola ou Angola [N.R.].

** Ngola a kiluanje. Onde quiluange (kiluanjke) significa "conquistador" [N.R.].

*** Ginga, Nzinga, Njinga, Dinga ou Djinga [N.R.].

9. THORNTON. "A África e os africanos na formação do Mundo Atlântico", p. 110.

Entre 1630 e 1654 os holandeses capturaram e controlaram a província açucareira de Pernambuco no Brasil, e, de 1641 a 1648, eles também tomaram posse de Luanda. Apesar de a origem costeira africana dos escravos trazidos ao Brasil holandês não ser bem documentada, é provável que os holandeses tenham enviado números substanciais da África Centro-ocidental. De fato, Luanda foi capturada pelos holandeses principalmente para fornecer escravos para suas plantações de açúcar no Brasil.

Os holandeses não conseguiam enviar escravos suficientes de Luanda porque os afro-portugueses recuaram para o rio Bengo e para Massangano*, uma fortaleza no rio Cuanza, bloqueando as rotas do tráfico de escravos do interior para Luanda. Os holandeses tiveram que apelar principalmente para o tráfico de escravos do reino de Sônio** e seu Porto de Pinda*** na costa atlântica perto da foz do rio Zaire (Congo). Os africanos enviados de Pinda eram em grande parte falantes do grupo linguístico quicongo. Esse tráfico foi suspenso pela guerra em 1642. Em 1648, uma frota brasileira expulsou os holandeses de Luanda. Em 1654, uma milícia brasileira expulsou-os de Recife, a última fortaleza holandesa no Brasil. Os traficantes holandeses exportaram cerca de 2.064 africanos centro-ocidentais escravizados entre 1580 e 1639, 11.504 entre 1640 e 1649 enquanto ocuparam Luanda, 785 entre 1650 e 1659, e 7.337 entre 1658 e 1674[10]. Devido ao papel brasileiro na expulsão dos holandeses tanto do Brasil quanto de Luanda, sua penetração do mercado angolano com sua popular cachaça, e a navegação fácil entre a África Centro-ocidental e o Brasil, os brasileiros assumiram grande parte do tráfico de escravos de Luanda. Ele tornou-se largamente um tráfico direto

---

* Ou Forte de Nossa Senhora da Vitória de Massangano [N.R.].
** Sonho, Sono, Soio ou Soyo [N.R.].
*** Mpinda [N.R.].
10. MILLER. "Central Africa During the Era of the Slave Trade", p. 64-69.

sem passar por Portugal. Angola tornou-se, em grande medida, uma colônia brasileira, e não portuguesa.

Não há dúvida de que a presença antiga, contínua, ativa e esmagadora desses intrusos na África Centro-ocidental e o recrutamento de clientes africanos pelas facções entre eles contribuíram fortemente para guerras, instabilidades, fomes e despovoamentos intensos. Os refugiados sobreviventes migraram para locais remotos e defensáveis[11]. Em 1657, um exército português tomou o lado dos rivais do rei congolês Garcia, que se aliara aos holandeses. Os portugueses invadiram o reino do Congo, desbaratando seu exército e matando a maioria de seus comandantes na Batalha de Ambuíla* em 1665. Ainda assim, já em 1670 os portugueses foram derrotados, expulsos, e não voltaram por 100 anos. Mas, em 1689, a força do reino do Congo estava exaurida. Ele tornara-se um reino pobre e descentralizado. Sua capital, São Salvador, desaparecera. Seus missionários católicos remanescentes partiram para Luanda, onde muitos deles enriqueceram, frequentemente através do tráfico de escravos. Uma nova geração de traficantes de escravos ricos e altamente competitivos lutou pelo legado do reino católico do Congo do início do século XVI.

Entre 1680 e 1715 houve guerras constantes e destruidoras. Com a fome espalhada por todos os cantos, o preço da comida subiu muito. Aldeias foram queimadas, e seus habitantes fugiram. O reino do Congo desintegrou-se sob guerras internas incessantes. Muitos dos congueses indefesos, tanto nobres quanto plebeus, foram tomados como escravos. Eles foram vendidos para Luanda e depois para os traficantes vilis**, que afunilavam números crescentes de africanos escravizados da Costa de Loango para o tráfico atlântico de escravos. Apesar de haver um pouco de contrabando de escravos realizado por traficantes do norte da

---

11. VANSINA. *Kingdoms of the Savanna*, p. 129-133.
* Batalha de Mbwila [N.R.].
** Bavili (no plural da língua banto) [N.R.].

Europa em portos menores ao sul de Luanda, Portugal e Brasil dominavam em Luanda, seu interior e em Benguela, o porto que estabeleceram ao sul de Luanda. Os traficantes do norte da Europa – holandeses, ingleses e franceses – dominavam ao longo da Costa de Loango ao norte do rio Congo/Zaire.

Vários historiadores realmente espetaculares estudaram o reino do Congo por causa da documentação extraordinariamente rica, que inclui relatos de funcionários e missionários portugueses de várias ordens, além da correspondência entre os reis do Congo e a coroa de Portugal. Também há descrições de alta qualidade feitas por viajantes e comerciantes holandeses. Ainda assim, o impacto contínuo do reino do Congo na África e também nas Américas não está claro. Em 1689, o reino do Congo desmoronara, e os africanos centro-ocidentais escravizados eram trazidos cada vez mais de regiões mais ao norte, sul e leste. Certamente, um número substancial desses africanos veio da região do antigo reino do Congo ou de lugares influenciados por ele muito depois de sua desintegração. Mas parece razoável concluir que mais africanos centro-ocidentais que chegaram à América do Norte durante o século XVII eram catequizados do que aqueles que chegaram durante o século XVIII; a maioria destes veio através da Costa de Loango, onde os esforços missionários cristãos foram tardios, extremamente fracos e de curta duração, apesar de números substanciais de angolanos catequizados terem sido enviados do Lago Malebo para a Costa de Loango para exportação para as Américas. Quando o tráfico atlântico de escravos da Costa de Loango tornou-se significativo, ele era controlado pelas potências do norte da Europa – os holandeses, franceses e ingleses – que eram menos motivadas a catequizar e batizar os africanos que partiam do que os traficantes portugueses e brasileiros. Mas, mesmo em Luanda e no reino do Congo, a influência religiosa africana nativa no catolicismo português permaneceu forte[12].

---

12. Para os padrões ao longo do tempo e do espaço, cf. THORNTON. "Religious and Ceremonial Life in the Kongo and Mbundu Area". • HEYWOOD. "Portuguese into African". Para uma discussão da carreira breve e frustrante dos

Povos quiocos. Escola de Muzamba. "Músico-chefe sentado tocando o sansa (kaponya)", madeira

Museu de Arte de Nova Orleans. Doação de Victor K. Kiam, 77.135.

Povos congos. "Figura mágica (nkisi)", madeira, vidro, final do século XIX

Museu de Arte de Nova Orleans. Presente de Philip Thelin em memória de seus avós, o presidente da Suprema Corte da Suíça e Madame Henri Thelin Panchaud de Bottens, 94.213.

O tráfico de escravos ao longo da Costa de Loango começou muito lentamente. Os holandeses começaram a comerciar lá em 1595, mas eles não compravam escravos. Eles restringiam suas compras ao marfim, tecidos e tintas vermelhas. Em 1639, os traficantes holandeses podiam comprar apenas 200 escravos por ano no Porto de Loango e 100 no de Malembo. Entre 1630 e 1670, os vilis deslocaram-se por grandes distâncias, negociando várias mercadorias, mas acabaram envolvendo-se cada vez mais no tráfico de escravos. No último quarto do século XVII, o tráfico de escravos holandês, inglês e francês começou a se desenvolver ao longo da Costa de Loango. Os ingleses tornaram-se ativos lá a partir de 1675, e os franceses a partir de 1700. Mesmo em 1702-1703, demorava de nove a dez meses para se coletar uma "carga" de escravos ao longo da Costa de Loango, enquanto em Ajudá, na Costa dos Escravos, isso levava apenas de dois a três meses. Entre 1706 e 1714, poucos navios vinham buscar escravos na Costa de Loango. Os europeus do norte tinham que negociar de navios ancorados. Eles não tinham permissão de estabelecer entrepostos comerciais. Mas, a partir de 1717, o tráfico de escravos começou a aumentar[13].

Durante o século XVIII, as potências do norte da Europa traficavam principalmente ao longo da Costa de Loango enquanto os portugueses e brasileiros continuaram a concentrar-se em Angola. Como as redes de tráfico de escravos operavam tanto ao norte quanto ao sul do rio Congo, havia uma sobreposição considerável entre os grupos étnicos africanos vendidos de Luanda, de Angola e da Costa de Loango. Os traficantes de escravos da Costa de Loango conseguiam atravessar o turbulento rio Congo em alguns lugares. Eles penetraram ao sul e ao oeste de Angola em sua busca de escravos. Ainda assim, os falantes de quicongo*

---

missionários cristãos na Costa de Loango, cf. MARTIN. *The External Trade of the Loango Coast*, p. 48.

13. MARTIN. *The External Trade of the Loango Coast*, p. 56, 79, 80, 118.

* Kikongo [N.R.].

eram enviados principalmente da Costa de Loango para a América do Norte, e os falantes de quimbundo (designados de modo geral como angolanos) para o Brasil e a costa sudeste da América Espanhola. Os africanos centro-ocidentais trazidos para o Caribe e a América do Norte eram principalmente da Costa de Loango e eram muito provavelmente falantes bastante próximos do grupo linguístico quicongo.

Os franceses dominaram o tráfico de escravos da Costa de Loango por todo o século XVIII até a deflagração da Revolução Francesa em 1789, da qual logo se seguiu a revolta dos escravos em São Domingos/Haiti em 1791. Em 1794, a Assembleia Nacional Francesa extinguiu a escravidão em todas as colônias francesas. Traficantes britânicos de escravos tomaram o Porto de Cabinda na Costa de Loango. Durante as duas últimas décadas do século XVIII e o longo período de tráfico de escravos aberto e legal ao sul do Equador durante a primeira metade do século XIX, houve um aumento grande e contínuo do tráfico atlântico de escravos das terras bantas.

Nossa melhor estimativa é que os africanos centro-ocidentais representaram cerca de 45% dos africanos escravizados que desembarcaram nas Américas. Eles aglomeraram-se mais consistentemente no Brasil, mas também em números muito substanciais no resto das Américas. O preço dos escravos no Brasil geralmente era menor do que em outros lugares, porque as viagens no sistema do Atlântico Sul eram relativamente curtas. Os preços dos africanos centro-ocidentais também eram relativamente baratos em parte por causa do grande número de africanos centro-ocidentais "produzidos" pelo holocausto que resultou da ocupação por forasteiros. Apesar do sistema de ventos do Atlântico Sul proporcionar uma viagem fácil e rápida da África Centro-ocidental para o sudeste do Brasil, a mortalidade era alta. Durante a travessia do Atlântico, a "carga" ainda era propriedade dos traficantes de escravos baseados em Luanda, em sua maioria luso-africanos, até ser vendida no Brasil. Portanto, os traficantes marítimos de escravos portugueses e brasileiros eram menos motivados a tentar reduzir a mortalidade, e preferiam lotar os navios com suas vítimas e reduzir sua água e comida, entre outras medidas mortíferas de diminuição de custos[14].

As viagens da África Centro-ocidental para a América do Norte, o Caribe e a costa norte da América do Sul levavam muito mais tempo do que as viagens da Alta e Baixa Guiné. Por causa das distâncias maiores e de ventos e correntes desfavoráveis, essas viagens exigiam navios maiores, tripulações mais numerosas e mais suprimentos, o que aumentava seus custos e as taxas de doença e morte tanto entre a "carga" quanto entre a tripulação. Ainda assim, os africanos centro-ocidentais foram trazidos em grande número para quase todas as regiões das Américas durante todo o tráfico transatlântico de escravos e aglomeraram-se ao longo do tempo e do espaço, parcialmente devido à sua disponibilidade imediata, preços menores e, com exceção dos africanos do Gabão, menor incidência de revoltas[15].

Nós já vimos que a maioria dos africanos centro-ocidentais trazidos para as colônias francesas e espanholas nas Américas foi registrada em documentos como congueses, enquanto a maioria dos africanos centro-ocidentais trazidos para as colônias britânicas foi registrada como angolanos. Apesar de haver algumas outras designações étnicas registradas para os africanos centro-ocidentais nas Américas, a utilização de designações de identidade amplas nessa escala é característica apenas da África Centro-ocidental, e reflete as características únicas dessa região, compondo uma unidade fundamental entre uma diversidade ampla.

As tradições vilis afirmam que quase todos os falantes do grupo linguístico congo, incluindo aqueles do reino do Congo e também todos os reinos ao longo da Costa de Loango, diziam ser descendentes da mesma mulher, Nguunu. Por causa da escassez de terra, seus quatro filhos migraram e formaram novos reinos. Vários reinos estavam localizados ao longo da costa de Loan-

---

14. MILLER. *Way of Death*.
15. RICHARDSON. "Shipboard Revolts".

go. De norte a sul, eles eram os reinos de Maiombe, Chicongo, Loango, Cacongo* e Angoio**. Seus muitos dialetos não eram imediatamente inteligíveis mutuamente, mas ainda assim eram próximos. Jan Vansina, utilizando dados linguísticos, reconstruiu e datou aproximadamente a grande profundidade de tempo e as interações próximas entre os africanos centro-ocidentais. Ele recentemente reafirmou a unidade linguística e cultural fundamental dos africanos centro-ocidentais[16].

No final do século XVI, Duarte Lopes escreveu que o quicongo e o quimbundo, os dois principais subgrupos linguísticos bantos falados na África Centro-ocidental eram linguisticamente tão parecidos quanto o espanhol e o português. Alonso de Sandoval descreveu os dialetos quimbundos, apesar de suas variações, como mutuamente inteligíveis. Portanto, as barreiras linguísticas entre os africanos centro-ocidentais eram fracas. Os falantes das diferentes línguas podiam aprender a comunicar-se uns com os outros em poucas semanas.

Esse padrão de unidade fundamental entre a diversidade é um espelho dos padrões gerais das sociedades da região. As famílias eram quase totalmente matrilineares (calculavam a descendência e as heranças do lado da mãe) e virilocais (morava-se na aldeia do pai). A *banza*, a cidade ou aldeia, era a principal entidade política e muitas vezes a principal base de autoidentificação. As cidades eram geralmente pouco populosas. As divisões sociais baseavam-se em classes, grupos ocupacionais, residências ou grupos de parentesco. As linhagens espalhavam-se bastante através do casamento exógamo. As aldeias agrupavam-se em distritos governados, pelo menos teoricamente, por reis, cujos poderes eram bastante limitados, e o nível de autonomia dos distritos

---

* Kakongo [N.R.].
** Ngoyo [N.R.].
16. VANSINA. Prefácio. *Central Africa and Cultural Formations*, p. xi, xv. • VANSINA. *Paths in the Rainforests*.

e aldeias era grande. As regras de descendência desses reinos enfraqueciam muito sua estabilidade. Depois da morte de um rei não se permitia regentes, e qualquer descendente matrilinear de um rei falecido podia reivindicar a coroa. Assim, o número de candidatos possíveis para rei crescia com o tempo. No reino do Congo, as tentativas de mudar esse padrão para a primogenitura, onde apenas o filho mais velho do rei poderia sucedê-lo, encontraram oposição dos portugueses e, portanto, fracassaram[17].

A geografia de grande parte dessa região também levava à fragmentação. Muitas das regiões povoadas do reino do Congo consistiam em florestas profundas, colinas e declives montanhosos abruptos cortados em espinhaços por correntes e encimados por planícies altas e cultiváveis. Aldeias pequenas localizavam-se em lugares protegidos por escarpas altas e selvas difíceis. Ilhas pequenas, mas densamente povoadas no rio Congo, permaneciam independentes do reino do Congo e não lhe pagavam tributos[18]. Durante as guerras crescentes depois que o tráfico atlântico de escravos começou, mulheres, crianças e idosos refugiaram-se nessas cidades. Nicolás Ngou-Mve discutiu a correlação entre o tráfico atlântico de escravos que se acelerava e o aumento das guerras na África Centro-ocidental. Ele contou, no Congo e em Angola (Dongo), dezenove guerras entre 1603 e 1607, dezesseis entre 1617 e 1620, seis em 1626 e dezesseis em 1641 e 1642. Dos 3.480 soldados portugueses que vieram para Luanda entre 1575 e 1594, mais de 91% (n = 3.180) morreram[19].

Os africanos centro-ocidentais eram agricultores que utilizavam muito a agricultura de coivara. Eles eram mineradores de ferro, ouro e prata; metalúrgicos; ceramistas e tecelões; caçadores e pescadores. No início do século XVII eles já cultivavam muitas

---

17. VANSINA. *Kingdoms of the Savanna*, p. 139-140.
18. THORNTON. *The Kingdom of Kongo*, p. 6-15.
19. VANSINA. *Kingdoms of the Savanna*, p. 37-69. • NGOU-MVE. *El Africa bantú en la colonización de México*, p. 58, 59.

variedades de milho trazidas das Américas pelos portugueses. A mandioca não se disseminou por lá antes do século XVIII. Esses alimentos, especialmente a mandioca, eram fáceis de armazenar e muito fáceis de transportar. Outros alimentos domesticados por americanos nativos ao longo de vários milênios eram cultivados, incluindo amendoins, batatas-doces e abacaxis. Os alimentos americanos nativos ajudaram a compensar, até certo ponto, a perda populacional causada pelas guerras crescentes que resultavam, em grande parte, do tráfico atlântico de escravos. Bananas, frutas cítricas, feijões, pimentas do Benim, inhames, cana-de-açúcar e palmeiras para óleo e vinho fraco eram outros alimentos importantes. Os alimentos eram cultivados quase totalmente pelas mulheres. Apesar de muitos escravos congueses provavelmente serem cristãos ou pelo menos batizados formalmente antes de serem levados para as Américas, depois que o reino do Congo desintegrou-se e os missionários católicos fugiram para Angola, talvez fosse mais provável que muitos congueses praticassem religiões bantas tradicionais menos adulteradas. A presença de missionários cristãos ao longo da costa de Loango foi muito breve.

Os padrões no sudeste da África foram diferentes. Madagascar foi uma região fundamental para o tráfico atlântico de escravos para colônias britânicas, em parte por causa de sua importante indústria de arroz, uma das principais fontes da transferência tecnológica desse alimento para as Américas. Mas Moçambique foi de longe a principal região de exportação de africanos escravizados do sudeste da África. Durante a ocupação holandesa de Luanda (1641-1648), os portugueses concentraram-se em escravos de Moçambique. Durante a segunda metade do século XVIII, traficantes franceses de escravos que habitavam as Ilhas Mascarenhas no Oceano Índico (Maurício e Reunião) alegraram-se ao encontrar escravos de alta qualidade e relativamente baratos sendo vendidos em Moçambique. Os traficantes franceses de escravos levaram alguns deles para o Caribe, majoritariamente para São Domingos/Haiti durante o último quarto do século XVIII.

Ilustração do século XIX de mulheres bantas cultivando o solo com enxadas

Fonte: LIVINGSTONE, D. & LIVINGSTONE, C. *Narrative of an Expedition to the Zambesi and Its Tributaries; and of the Discovery of the Lakes Shirwa and Nyassa, 1858-1864*, 1865.

Os traficantes franceses de escravos trouxeram 51 "cargas" de Moçambique para São Domingos. As viagens francesas foram 86,8% (t = 68) das viagens de Moçambique registradas em *The Trans-Atlantic Slave Trade Database* para esse quarto de século. Certamente, alguns dos escravos trazidos de Moçambique foram transbordados de São Domingos para a Louisiana e provavelmente também para outras colônias. Depois que os escravos de São Domingos revoltaram-se em 1791, o tráfico de escravos de Moçambique tornou-se em grande parte uma operação brasileira/portuguesa. Depois de 1808, quando os britânicos ilegalizaram o tráfico transatlântico de escravos ao norte do Equador, Moçambique tornou-se uma fonte importante de africanos que eram levados principalmente para o Rio de Janeiro. As viagens de Moçambique foram 16,1% (n = 250; t = 1.556) das viagens registradas que chegaram ao Rio de Janeiro entre 25 de julho de 1795 e 31 de dezembro de 1830. O número de escravos registrados que chegaram de Moçambique entre 1811 e 1830 era 68.846 (25%; t = 272.942). Portanto, apesar de existir um tráfico atlântico de escravos significativo de Moçambique, ele começou numa escala relativamente pequena e desenvolveu-se tardiamente. Os traficantes ingleses e franceses de escravos eram muito ativos em Moçambique entre as décadas de 1850 e 1870, coletando "trabalhadores contratados" para enviar para o Caribe, mas eles eram "produzidos" exatamente como ocorria com os escravos.

Está claro por que o tráfico atlântico de escravos do sudeste da África durou tanto tempo. O sistema europeu de tratados contra o tráfico de escravos e as patrulhas contra esse tráfico começaram lá mais tarde do que ao longo da costa do Atlântico, e o tratado não era observado adequadamente. Antes do final do século XIX havia poucas patrulhas contra o tráfico de escravos no Oceano Índico. As correntes do rio Congo levavam os navios que contornavam a parte sul da África para bem longe no mar, o que acabava permitindo que eles evitassem as patrulhas costeiras. O comércio de marfim produzira o marfim de maior qualidade da África, valorizado especialmente na Índia, mas ele estava em declínio. Traficantes de escravos brasileiros, portugueses, cubanos, espanhóis, norte-americanos, franceses e árabes enxamearam em Moçambique por grande parte do século XIX.

Em contraste com a situação na África Centro-ocidental, o controle português era fraco em Moçambique. Nós já vimos que mesmo na década de 1820 os portugueses ainda estavam confinados à costa e não tinham permissão de entrar nos territórios macua* e iaô** [20]. Depois de 1854 a demanda por "trabalhadores contratados" que eram "produzidos" exatamente da mesma forma que escravos levou a invasões extensas dos macuas. Seu efeito foi devastador.

---

* Makua, makuwa, makoa, makouwa, mato, meto ou makwai [N.R.].

** Yao, adjao, ajaua, ajáua, wayao ou wahyao [N.R.].

20. ALPERS. *Ivory and Slaves*, 209.

Os povos de Moçambique perceberam que estavam se destruindo para obter alguns prisioneiros para fornecer ao tráfico português de escravos. Por um tempo, eles pararam com as guerras, e o mercado de escravos na Ilha de Moçambique teve pouco movimento. Em 1857, apesar dos macuas expulsarem os portugueses depois de ameaçarem atacar seus assentamentos, o tráfico de escravos, chamado eufemisticamente de comércio de "trabalhadores contratados", voltou depois mais forte do que nunca.

Frederic Elton, o cônsul britânico em Moçambique durante a década de 1870, descreveu essa devastação:

> O medo de ataques de traficantes de escravos – os rastros deles estão marcados por muitos assentamentos queimados e desolados – engendrou um desconforto de desconfiança entre os aldeões por tantos anos, que ele agora se tornou uma característica inata do caráter macua, está marcado em seus rostos, e atualmente tinge todas as ações de suas vidas. Não se permite nenhuma comunicação com um estranho ou com uma tribo adjacente sem permissão expressa de uma *baraza*[21] de chefes. O território lomué*, que está entre Macuani e o lago Maláui**, Mossembé e Mwendazi, não pode ser visitado, sob ameaça de pena capital, sem que o chefe da subdivisão da tribo à qual o pretendente a viajante pertence peça permissão a uma autoridade maior. Certos terrenos são devastados propositalmente, e ficam desolados nas fronteiras, onde batedores armados, geralmente velhos caçadores de elefantes, vagueiam continuamente, pois seu dever é relatar o mais rapidamente possível qualquer aproximação de estranhos, que invariavelmente são tratados como inimigos[22].

---

21. Palavra suaíli que designa uma assembleia pública convocada por um chefe [N.T.].

* Lomwe, alomwe, acilowe, walomwe, alolo, lolo, mihavane, ngumu, nguru ou anguru [N.R.].

** Ou lago Niassa (Nyassa ou Nyasa) [N.R.].

22. ELTON & McLEOD. "English Consuls at Mozambique during the 1850s and 1870s", citados em Alpers, *Ivory and Slaves*, p. 223-227.

Portanto, o tráfico atlântico de escravos de larga escala de Moçambique começou e terminou tarde. Os três séculos e meio de exportação ininterrupta de escravos "produzidos" por guerras incessantes na África Centro-ocidental e depois em Moçambique desempenharam um papel fundamental no povoamento das Américas, tanto do Norte quanto do Sul.

Estudar os padrões de introdução desse número enorme de africanos centro-ocidentais nas Américas ao longo dos séculos não é nem um pouco simples. Muitos deles vieram de aldeias e cidades pequenas e identificavam-se com mais força com comunidades locais e não entidades políticas mais amplas e estratificadas. Suas identificações geográficas e étnicas são complicadas pela utilização de uma terminologia ampla e contraditória pelos traficantes europeus de escravos e também em documentos criados nas Américas. Nós vimos que os traficantes britânicos de escravos geralmente se referiam a toda a África Centro-ocidental como Angola, e os colonos britânicos geralmente chamavam todos os africanos centro-ocidentais de angolanos. Os documentos franceses e espanhóis tendiam a listar todos os africanos centro-ocidentais como congueses. Os documentos brasileiros muitas vezes utilizavam nomes de portos para descrevê-los. No período inicial do Peru, o termo "Angola" era utilizado provavelmente porque os escravos de lá vinham majoritariamente de Luanda. Com exceção de alguns anúncios de escravos fugidos em jornais jamaicanos do final do século XVIII e início do XIX que utilizavam *Mungola* como uma designação de nação, documentos cartoriais na Louisiana e em São Domingos que listavam números substanciais de *mondongues*, e o estudo de Mary Karasch sobre os relatos de viajantes ao Rio de Janeiro no século XIX, temos relativamente poucas informações sobre etnias específicas da África Centro-ocidental em documentos nas Américas. Ainda assim, é relativamente seguro concluir que, independentemente das designações utilizadas pelos britânicos em contraposição às utilizadas pelos franceses, espanhóis e portugueses, a maioria dos falantes de banto trazidos para a América do Norte e o Caribe depois de 1700 eram falantes do grupo linguístico quicongo levados da Costa de Loango e a maioria daqueles trazidos para o Brasil eram falantes do grupo linguístico quimbundo levados de Angola. Como indicou-se anteriormente neste capítulo, peritos em história, antropologia e linguística garantem-nos que os africanos centro-ocidentais compartilhavam linguagens e culturas muito próximas.

É difícil superestimar os números e a presença universal dos africanos centro-ocidentais por todas as Américas. Apesar de eles frequentemente serem discutidos no quadro da escravidão no Brasil, eles foram proeminentes na América Espanhola depois de 1575, e desde então em quase todos os lugares nas Américas. A indústria açucareira brasileira começou a desenvolver-se durante as últimas décadas do século XVI e tornou-se uma das principais fontes da riqueza portuguesa. O trabalho de americanos nativos foi muito utilizado em seus estágios iniciais, mas os africanos escravizados mostraram-se mais produtivos e um tanto mais fáceis de controlar. Números crescentes de africanos centro-ocidentais que chegavam de viagens de Luanda diluíram a aglomeração de africanos da Grande Senegâmbia no Brasil e na América Espanhola do século XVI. Eles começaram a chegar em grande número na década de 1590 e rapidamente se tornaram a principal fonte de trabalho. As ações militares portuguesas crescentes no Congo e em Angola, a guerra entre os portugueses e os holandeses que recrutavam aliados e clientes entre os africanos para lutarem entre si, e a introdução do rum pelos holandeses em Pinda durante a década de 1640 e depois pelos brasileiros em Luanda alimentaram uma exportação crescente de angolanos escravizados para a América Espanhola e também para o Brasil[23]. O tráfico português de *asiento* para a América Espanhola entre 1595 e 1640 trouxe números crescentes de angolanos. A imensa

---

23. NGOU-MVE. *El Africa bantú en la colonización de México.*

maioria das viagens do tráfico de escravos de origem costeira identificada que chegaram a Veracruz, no México, veio de Luanda, e uma grande minoria dessas viagens para Cartagena das Índias também partiu de Luanda. Apesar de, durante a maior parte do século XVI, a grande maioria dos africanos escravizados ter sido trazida da Grande Senegâmbia/Alta Guiné para a América Espanhola, no final do século XVI Luanda cresceu em importância como um porto africano de origem para todas as Américas. Durante o século XVII, Congo e Angola predominaram em documentos cartoriais da Costa Rica[24]. Os africanos que chegaram ao leste de Cuba eram em sua grande maioria de Luanda, por várias razões. Quando os navios de Luanda dirigiam-se a Cartagena e Veracruz, e sua "carga" estava em condições precárias, ela às vezes era desembarcada e vendida em Santiago de Cuba. Alguns deles eram mineradores de cobre experientes e foram utilizados para desenvolver as minas de cobre perto de Santiago[25].

Tabela 7.1 Viagens para Cartagena das Índias e Veracruz de costas africanas identificadas, 1595-1640

Local de partida	Cartagena de Índias	Veracruz	Total
Rios da Guiné	4	-	**4**
Cabo Verde	24	6	**30**
Guiné	27	1	**28**
São Tomé	11	6	**17**
Angola	46	106	**152**
Aladá/Costa dos Escravos	2	-	**2**
Calabar/Golfo de Biafra	-	1	**1**
Total	**114**	**120**	**234**

Fonte: Calculada a partir de VILA VILAR. *Hispanoamérica y el comercio de esclavos*, quadros 3-5.

24. CÁCERES GÓMEZ. *Negros, mulatos, esclavos y libertos*.
25. DUNCAN & MELÉNDEZ. *El negro en Costa Rica*, p. 19. • PORTUANDO ZUÑIGA. *Entre esclavos y libres de Cuba colonial*, p. 44-57.

Eles trabalharam em fazendas de açúcar e minas de prata no México. As viagens que chegaram ao rio da Prata, a região hispano-americana na costa do Atlântico Sul diretamente ao sul do Brasil, também vieram em sua imensa maioria de Angola. Durante a primeira metade do século XVIII, os africanos centro-ocidentais entravam no Alto Peru através da costa leste da América Espanhola pelo rio da Prata. Esse tráfico trazia cerca de 1.500 a 3.000 africanos escravizados de Angola por ano. Traços deles podem ser encontrados em documentos de venda de escravos em Charcas, na Bolívia, entre 1650 e 1710. Aqueles cuja etnia africana foi identificada eram principalmente africanos centro-ocidentais (n = 51). Apenas dezessete eram da Alta Guiné. Os africanos centro-ocidentais eram em sua maioria mulheres (trinta e uma mulheres, vinte homens), provavelmente escravas domésticas[26].

Depois de Portugal recuperar sua independência da Espanha em 1640, o monopólio português do tráfico marítimo para a África desmoronou. Já no início do século XVIII, os traficantes de escravos do norte da Europa na África Centro-ocidental operavam principalmente ao longo da Costa de Loango, distribuindo-se ao sul de Maiombe até a costa ao norte do rio Congo. Eles começaram a exportar números substanciais de africanos centro-ocidentais para suas colônias nas Américas. A Costa de Loango exportara poucos escravos durante o século XVII, e então cresceu lentamente durante o início do XVIII[27]. A partir de então esse tráfico de escravos cresceu muito, trazendo números enormes de congueses para o Caribe e os Estados Unidos. Apesar de os ingleses normalmente os chamarem de angolanos, eles quase certamente eram em sua maioria congueses. Angola continuou

---

26. VILA VILAR. *Hispanoamérica y el comercio de esclavos*, p. 122-123. • CRESPO, R. *Esclavos negros en Bolivia*, p. 36.

27. HILTON. *The Kingdom of Kongo*, p. 148, 169. Para uma cronologia detalhada da África Centro-ocidental do século XIII até 1887, cf. MERLET. *Autour du Loango*, p. 133-153.

a suprir o Brasil com grande número de africanos escravizados durante os séculos XVIII e XIX.

Os africanos centro-ocidentais foram trazidos para os Estados Unidos em grande número[28]. Durante a década de 1730 a maioria das viagens documentadas do tráfico transatlântico de escravos para a Carolina do Sul chegou da África Centro-ocidental. Eles eram referidos como angolanos nos documentos registrados na Carolina do Sul, mas eles certamente eram majoritariamente congueses, coletados ao longo da Costa de Loango por traficantes britânicos de escravos. Houve muito poucas viagens da África Centro-ocidental para a Carolina do Sul entre 1740 e 1800, sem dúvida devido ao temor resultante da Rebelião Stono de 1739, liderada por congueses. As viagens da África Centro-ocidental para a Carolina do Sul não ocorreram novamente em números significativos até alguns anos antes de o tráfico estrangeiro de escravos para os Estados Unidos ser ilegalizado em 1º de janeiro de 1808.

Na Louisiana depois de 1770, os africanos registrados como congueses foram mais aglomerados em propriedades na Paróquia Orleans, e, depois de 1803, na Paróquia São Carlos, imediatamente acima no rio Mississipi. As fazendas de açúcar prosperavam em ambas as paróquias. A proporção de congueses listados em documentos cresceu subitamente entre 1800 e 1820. Logo depois de os Estados Unidos comprarem o Território da Louisiana em 1803, o tráfico estrangeiro de escravos para a Louisiana foi ilegalizado. O tráfico ilegal de escravos parece ter se concentrado muito fortemente na África Centro-ocidental, ainda que alguns dos congueses nos documentos da Louisiana possam ter sido transbordados legalmente de Charleston antes de 1808. Entre 1801 e 1805, vinte e três viagens (41,1% de todas as viagens)

---

28. Para a discussão mais recente e mais bem-informada sobre a origem costeira dos africanos escravizados trazidos para os Estados Unidos, incluindo a Louisiana, cf. GOMEZ. *Exchanging Our Country Marks*, p. 28, 29 (tabelas 2.6, 2.7).

chegaram à Carolina do Sul vindas da África Centro-ocidental. Em 1806-1807, 39 viagens (36,1% de todas as viagens) chegaram dessa região. As evidências dos documentos da Louisiana depois de 1803 indicam que alguns desses africanos congueses foram transbordados para lá de Charleston.

Os congueses eram menos presentes ao subir-se o rio Mississipi, onde os africanos do Golfo do Benim e da Grande Senegâmbia continuaram a predominar até 1820. Muitos dos homens congueses – mas nenhuma das mulheres – eram arrebentados pelas cargas pesadas. A proporção de congueses listados com laços de família era substancialmente menor do que entre as outras etnias africanas. Parece que esses congueses contrabandeados, em grande parte homens, eram utilizados para trabalhos pesados na indústria açucareira. A porcentagem de homens entre os congueses e o diferencial de preço entre homens e mulheres aumentaram[29].

Durante o século XIX, a proporção e o número de pessoas das terras bantas trazidas para as Américas aumentaram rapidamente. Quando a Grã-Bretanha assinou tratados com a Espanha e Portugal em 1817 para acabar com o tráfico transatlântico de escravos para as Américas em troca de um pagamento substancial, Portugal reservou-se o direito de continuar o tráfico de escravos ao sul do Equador até 1830. As patrulhas contra o tráfico de escravos não estavam ativas ao sul do Equador antes de 1842. Em 1826, depois da independência do Brasil, esse país assinou um tratado com a Grã-Bretanha para acabar com sua importação de escravos em troca do reconhecimento britânico da soberania da nova nação. Mas o tráfico atlântico de escravos para o Brasil só aumentou até 1850[30]. Como resultado, proporções crescentes de africanos centro-ocidentais foram trazidos para todas as regiões das Américas, o que contribuiu ainda mais para a aglomeração

---

29. Calculado a partir de HALL. *Louisiana Slave Database*.
30. DAGET. "A abolição do tráfico de escravos", p. 67.

Figura 7.1 Congueses na Louisiana por gênero (décadas de 1730 a 1810)

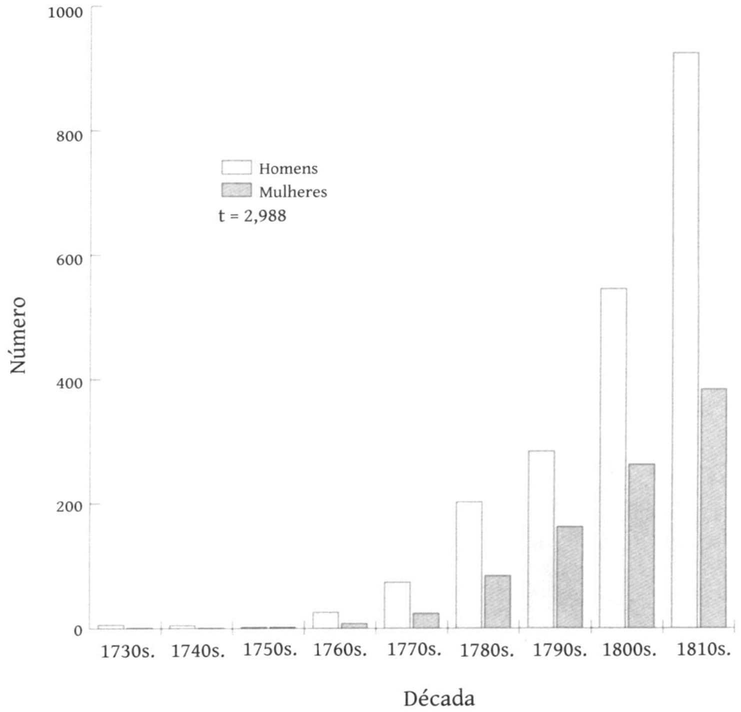

Fonte: Calculada a partir de HALL. *Louisiana Slave Database, 1719-1820.*

de africanos dessa região. A presença conguesa em Cuba durante o século XIX foi subestimada, em parte porque alguns cubanos parecem envergonhar-se dos congueses e têm mais orgulho dos iorubás. Nós já vimos que em Moçambique o tráfico de escravos, chamado eufemisticamente de tráfico de "trabalhadores contratados", continuou muito além de 1850.

Princesa Madia, uma conguesa que chegou aos Estados Unidos em 1860, quando o navio negreiro americano em que ela estava, *Wildfire*, foi capturado pela marinha americana perto de Key West, na Flórida. Devido à dignidade do seu porte e da deferência mostrada a ela por alguns outros escravos capturados, a tripulação do *Wildfire* chamava-a de "princesa".

Fonte: *Harper's Weekly*, 02/06/1860.

Tabela 7.2 Africanos centro-ocidentais nas Antilhas britânicas

Colônia	Ano	Total de africanos identificados	Africanos centro-ocidentais
São Cristóvão	1817	2.746	1.348 (49,1%)
Santa Lúcia	1815	2.638	602 (22,8%)
Trinidad	1813	13.398	2.569 (19,2%)
Berbice	1819	1.138	248 (21,8%)
Anguila	1827	53	20 (37,7%)
Total		**19.973**	**4.787 (24,0%)**

Fonte: Calculada a partir de HIGMAN. *Slave Populations of the British Caribbean*, apêndice, seção 3.

O contrabando de africanos escravizados de todas as costas continuou por todo o século XIX. Durante as guerras da independência latino-americana (1808-1821), a pirataria e o contrabando de escravos aumentaram no Caribe, na Flórida e no sul dos Estados Unidos ao longo do Golfo do México. Anne Perotin Dumont descreveu os piratas e contrabandistas como *"corsaires de la liberté"*[31]. Independentemente dessa designação lisonjeira, eles estavam profundamente envolvidos no contrabando de escravos. As evidências das etnias africanas registradas em documentos americanos indicam que muitos dos navios capturados por piratas partiram da África Centro-ocidental, e que os contrabandistas tinham laços diretos com fornecedores africanos centro-ocidentais. As redes de contrabandistas envolviam traficantes ilícitos de e para Cuba, Guadalupe e a Flórida. Os irmãos Lafitte, piratas com base em Barataria, na Louisiana, e depois em Galveston, no Texas, contrabandearam africanos recém-chegados para a Louisiana durante o início do século XIX. Os navios negreiros que traziam africanos recém-chegados para Cuba eram seus principais alvos[32]. Está claro que esses navios vinham principalmente da África Centro-ocidental. Depois de 1819, quando o tráfico estrangeiro de escravos para Cuba foi ilegalizado por um tratado entre a Grã-Bretanha e a Espanha, a rede estabelecida de piratas tornou-se muito ativa no contrabando de africanos escravizados para Cuba. Os africanos contrabandeados para a costa norte do Golfo do México eram das mesmas etnias contrabandeadas para Cuba: em sua maioria, congueses, ibos e ibibios. A tabela 2.2 (no capítulo 2) demonstra que os congueses e os "calabares" (Golfo de Biafra) eram 55% dos escravos vendidos em Cuba entre 1790 e 1880. Surpreendentemente, os lucumís (iorubás) eram apenas 9%. Os estudos de Manuel Moreno Fraginals dos etnônimos afri-

---

31. "Corsários da liberdade" [N.T.]. • DUMONT. *Être patriotique sous les tropiques*.

32. TAYLOR. "The Foreign Slave Trade in Louisiana after 1808". • HENDRIX. "The Efforts to Reopen the African Slave Trade in Louisiana".

canos listados em propriedades açucareiras e cafeeiras em Cuba mostra que os lucumís/iorubás cresceram de 8,22% (n = 354) dessas etnias entre 1760 e 1769 para 8,38% (n = 453) entre 1800 e 1820 e então para 34,52% (n = 3.161) entre 1850 e 1870. Não há dados para o período entre 1821 e 1849, quando os lucumís sem dúvida começavam a ser introduzidos em grande número.

As mesmas duas costas africanas, a África Centro-ocidental e o Golfo de Biafra, tornaram-se grandes fontes do tráfico de escravos para as Antilhas britânicas durante o século XIX. Apesar das grandes distâncias e dos ventos e correntes desfavoráveis, um quarto dos africanos escravizados introduzidos em cinco colônias das Antilhas britânicas no início do século XIX eram africanos centro-ocidentais. Eles eram chamados quase universalmente de congueses, obviamente porque essas colônias previamente haviam sido francesas, com exceção de Trinidad, que, entretanto, fora colonizada principalmente a partir da Martinica.

Depois de 1830, as patrulhas contra o tráfico de escravos recapturaram ainda menos africanos das terras bantas do que da Alta ou da Baixa Guiné, porque a África Centro-ocidental não foi patrulhada antes de 1842 e, mesmo assim, foi patrulhada menos efetivamente do que a Alta e a Baixa Guiné. Grande parte das informações para o século XIX registradas em *The Trans-Atlantic Slave Trade Database* vem de navios capturados por patrulhas contra o tráfico de escravos. Antes de 1830, essas patrulhas operavam legalmente apenas ao norte do Equador, o que fez com que a proporção do tráfico marítimo de escravos da Alta e da Baixa Guiné no século XIX, as áreas patrulhadas, fosse superestimada em comparação com o tráfico da África Centro-ocidental e do sudeste da África. Portanto, os historiadores que estudam as viagens documentadas do tráfico transatlântico de escravos para as Américas durante o século XIX tendem a subestimar as viagens que partiram da África Central. Depois que o tráfico atlântico de escravos legal acabou, trabalhadores *"emancipados"*[33] e

---

33. Em português no original [N.T.].

"contratados", em grande parte africanos centro-ocidentais, continuaram a ser introduzidos no Caribe em números substanciais. Africanos centro-orientais, principalmente de Moçambique, foram levados para o Brasil em grande número antes de o tráfico de escravos legal terminar lá em 1830 e certamente até 1850, quando o tráfico atlântico de escravos para o Brasil finalmente foi efetivamente suprimido[34].

Portanto, o tráfico transatlântico de escravos das terras bantas começou cedo, aumentou com o tempo e terminou muito tarde. Com uma certa sobreposição, os africanos de Angola tendiam a aglomerar-se ao longo da costa leste da América do Sul – no Brasil, Uruguai e Argentina – e os congueses tendiam a aglomerar-se no Caribe e nas costas ao seu redor, e nos Estados Unidos. Assim, os africanos bantos chegaram em números grandes e crescentes em todos os lugares das Américas.

---

34. Para o Caribe, cf. SCHULER. *Alas, Alas Kongo.*

Conclusão
As implicações para a formação cultural nas Américas

Este livro é apenas o começo da tarefa longa, complexa e desafiadora – mas importante – de restaurar os elos rompidos entre a África e as Américas. Para compreender as raízes das culturas em qualquer lugar das Américas precisamos explorar o padrão de introdução dos africanos ao longo do tempo e do espaço. Esperamos que isso prepare a fundamentação de uma discussão mais bem-informada das influências culturais africanas em várias regiões das Américas. Não podemos mais nos satisfazer com ideias simplistas e romanceadas sobre as identidades dos ancestrais africanos dos afro-americanos. É muito improvável que eles falassem suaíli. Nos Estados Unidos, eles provavelmente não eram iorubás, a não ser na Louisiana. Mesmo na Louisiana, os iorubás eram apenas cerca de 4% dos escravos de etnias africanas identificadas. Os iorubás foram mais proeminentes na Bahia do século XIX[1]. Apesar de os iorubás/lucumís terem sido importantes em Cuba no século XIX, eles chegaram em grande número muito tarde, mais tarde do que na Bahia. É possível que sua presença e influência em Cuba tenha sido sobrevalorizada às custas dos ibos, ibibios e especialmente dos congueses.

Uma das glórias da história é que ela nos permite evitar construções abstratas e estáticas demais, que nos cegam quanto

---

1. REIS. "Ethnic Politics among Africans in Nineteenth-Century Bahia".

à riqueza e complexidade da vida. Nós precisamos estudar os africanos na África e nas Américas ao longo do tempo e do espaço, e evitar lidar com questões isoladas de padrões amplos. Os muitos milhões de pessoas arrastadas em correntes da África para as Américas precisam ser resgatados do anonimato de africanos genéricos e estudados como povos variados e complexos. Este livro afirma que um número significativo de africanos registrados em documentos criados no hemisfério ocidental identificava suas próprias etnias e as de outros africanos. Apesar das dificuldades em identificar as designações étnicas africanas registradas de vários modos em muitas línguas importantes em documentos por todas as Américas, e apesar das mudanças das designações étnicas e identidades com o passar do tempo em ambos os lados do Atlântico, essas descrições étnicas são evidências fundamentais para ligarmos os africanos na África aos africanos nas Américas[2].

As conclusões de um lugar e um período não devem ser extrapoladas para toda a África e as Américas. Nós precisamos fazer nossas perguntas dentro de um quadro de padrões que mudavam ao longo do tempo e do espaço, e evitar generalizações amplas projetadas sobre o passado. Os estudos sobre os séculos XIX e XX são mais frequentes porque há mais evidências e documentação disponíveis. Mas com exceção da religião, da visão de mundo e de princípios estéticos, nem sempre é provável que os dois últimos séculos reflitam o passado mais distante. Os padrões de crioulização em Serra Leoa durante o século XIX não podem ser extrapolados para a crioulização nas Américas em todos os períodos e lugares[3]. Os africanos que chegavam a algumas regiões das

---

2. Biografias individuais estão vindo à tona, algumas delas apoiadas pelo trabalho do Centro de Recursos Harriet Tubman dirigido por Paul E. Lovejoy na Universidade York em Toronto, no Canadá. Para um belo estudo recente, cf. LAW & LOVEJOY. *The Biography of Mahommah Gardo Baquaqua*. Para um bom resumo de relatos de outros africanos escravizados, cf. NORTHRUP. *Africa's Discovery of Europe*, p. 107-115.

3. Uma metodologia questionável utilizada em NORTHRUP. *Africa's Discovery of Europe*, p. 122-135.

Américas não eram tão variados quanto os africanos que desembarcaram e reassentaram-se em Serra Leoa vindos de navios de recapturados. Esses recapturados não eram escravos. Se a crioulização significava europeização em Serra Leoa, isso certamente não era o caso nas Américas. A crioulização não foi um processo de africanos jogados num cadinho europeu. A crioulização foi um processo contínuo que abrangeu a população inteira de colônias americanas com contribuições africanas muito importantes e às vezes muito específicas. Os africanos que desembarcaram em Serra Leoa durante o século XIX aprenderam o inglês como a língua franca. Os africanos que desembarcaram no Caribe aprenderam línguas crioulas, em cuja criação e desenvolvimento eles ou seus antecessores desempenharam um papel fundamental. Os africanos que chegaram ao Brasil claramente criaram e aprenderam a língua geral da mina do Brasil. Ela baseava-se em línguas gbes durante o século XVIII, e depois em línguas nagôs/iorubás devido ao influxo de grande número de falantes dessas últimas durante o século XIX. A africanização não foi um processo que afetou apenas os africanos e seus descendentes. A população inteira foi mais ou menos africanizada no uso da linguagem e também em muitos outros aspectos da cultura.

O impacto dos africanos nos padrões de crioulização variou muito ao longo do tempo e em lugares diferentes, dependendo de vários fatores. Eles incluem os padrões de introdução de africanos de regiões e etnias particulares; suas proporções de gênero e seus padrões de formação de famílias e criação de filhos; quanto tempo eles demoraram para começar a reproduzir-se; a proporção e força da população americana nativa; a extensão da miscigenação racial; se a geografia favorecia comunidades de escravos fugidos; as prioridades econômicas, estratégicas e militares das potências colonizadoras; a utilização militar e policial de escravos; a extensão e o papel da manumissão; as demandas de trabalho dos principais produtos de exportação enquanto a economia evoluía; e as políticas de controle social refletidas em várias tradições e instituições religiosas e legais da Europa. Mas os europeus não eram todo-poderosos, certamente não em questões de economia e cultura. Eles também eram estranhos num mundo estranho, perigoso e hostil. O poder e o controle europeus muitas vezes eram fracos, especialmente durante os períodos iniciais e mais cruciais da formação cultural. Os padrões de crioulização diferiram por todas as Américas ao longo do tempo e do espaço. Na maioria dos locais, a alta porcentagem de homens entre os africanos foi um fator fundamental que limitou a possibilidade de criação de culturas africanas de enclave contínuas e específicas. Algumas etnias africanas com altas proporções de mulheres – por exemplo, os ibos – tinham padrões de casamento exógamo e sua taxa de fertilidade era extraordinariamente alta.

Uma de minhas contendas com alguns especialistas na história africana e no tráfico transatlântico de escravos envolve sua atenção excessiva a fontes apenas na língua inglesa. Nos documentos de língua inglesa gerados nas Américas, as informações sobre etnias africanas são raras. Os anúncios de jornais e registros de cadeias que descrevem escravos fugidos às vezes identificam suas etnias, mas eles não necessariamente refletem a composição étnica da população escrava. Por exemplo, os documentos em inglês não podem esclarecer muito sobre as proporções de ibos na população escrava durante os séculos XVIII e XIX porque os ibos fugiam em maior proporção do que outros. Também fica claro que os documentos em inglês gerados na África, os documentos do tráfico atlântico de escravos e outras fontes importantes traduzidas para o inglês não ajudam muito. David Northrup afirmou: "Há poucas evidências diretas sobre as origens dos escravos, mas é possível calcular a porcentagem relativa de falantes das principais línguas nas áreas de captação de escravos dos principais portos de tráfico da região e ajustar esses cálculos puramente topográficos com informações sobre densidades populacionais e operações de tráfico de escravos"[4].

---

4. NORTHRUP. "Igbo and Myth Igbo", p. 9.

Essa abordagem gera algumas perguntas. Em primeiro lugar, nós não conhecemos as proporções dos africanos de etnias particulares enviados do interior através desses portos. Não podemos pressupor que africanos de várias etnias eram enviados na mesma proporção que existia nos lugares onde viviam. Nosso conhecimento do tráfico e de outros padrões no Golfo de Biafra é limitado pelo fato de que os europeus estavam confinados à costa até a metade do século XIX. O ambicioso projeto de pesquisa realizado por David Eltis e G. Ugo Nwokeji pode nos esclarecer quanto à proporção dos ibos capturados pelos navios britânicos contra o tráfico de escravos durante as primeiras décadas do século XIX. O projeto deles estuda e registra em bancos de dados os nomes e escarificações dos africanos libertados dessas viagens em Havana e Serra Leoa. Isso é um projeto complexo, cujos resultados ainda não estão claros[5].

Se cruzarmos o Atlântico podemos fazer melhor que isso. As etnias africanas registradas em locais particulares nas Américas não nos permitem tirar conclusões sobre os números ou proporções de alguma etnia particular exportada de alguma costa africana particular, especialmente porque os povos trazidos do interior foram enviados para as Américas em números crescentes e proporções variáveis com o passar do tempo. Mas podemos falar com confiança sobre as mudanças de proporções das etnias que aparecem em descrições de africanos em documentos gerados nas Américas que sobreviveram.

Este livro demonstrou o valor de combinar o estudo de dados de viagens do tráfico transatlântico de escravos com descrições de etnias africanas em documentos de várias épocas e lugares nas Américas. Ele estabelece o valor de registrar em bancos de dados ambos os tipos de informação para permitir estudos refinados ao longo do tempo e do espaço. O resultado é maior sutileza nas perguntas feitas, e elas são respondidas com confiança razoável.

---

5. ELTIS & NWOKEJI. "The Roots of the African Diaspora".

Nós podemos agora começar a ligar os africanos na África aos africanos nas Américas.

Eu afirmei aqui que, por várias razões convincentes, os africanos de regiões e etnias particulares muitas vezes se aglomeraram nas Américas. Essas razões incluem os sistemas de ventos e correntes que ligam várias costas africanas a várias regiões das Américas; redes comerciais tradicionais entre compradores e vendedores europeus, afro-europeus, americanos e africanos; o desenrolar no tempo do tráfico transatlântico de escravos envolvendo números crescentes de costas africanas ao longo dos séculos; e as preferências de senhores em regiões americanas particulares por povos africanos particulares. Os africanos de costas e etnias particulares muitas vezes chegavam em ondas que os aglomeravam em locais específicos nas Américas.

As etnias africanas que chegaram durante o período formativo inicial de um lugar em particular muitas vezes continuaram a ser preferidas. Essas preferências às vezes eram exercidas enérgica e eficazmente no tráfico de escravos. Como explicou-se no capítulo 3, o tráfico de transbordo parece ter aumentado a aglomeração, já que as preferências entre os compradores foram ainda mais estabelecidas. Os fatores de oferta certamente foram cruciais. David Geggus afirma que os fazendeiros de São Domingos relutavam em empregar africanos centro-ocidentais em plantações de açúcar[6]. Gabriel Debien afirma que os africanos centro--ocidentais aglomeravam-se em plantações de café porque essas propriedades foram criadas mais tarde, quando o tráfico atlântico de escravos já se deslocara em grande parte para a África Centro--ocidental[7]. Na Louisiana, o crescimento da indústria açucareira nas paróquias de Orleans e São Carlos coincidiu com um influ-

---

6. GEGGUS. "Sugar and Coffee Cultivation".

7. Para uma discussão esclarecedora sobre a designação étnica congo e outros africanos centro-ocidentais nas Antilhas francesas, incluindo os *mondongues*, cf. DEBIEN. *Les esclaves aux Antilles françaises*, p. 41, 49-52.

xo enorme e crescente de africanos centro-ocidentais no tráfico transatlântico de escravos. Talvez eles tenham se aglomerado nem tanto por escolha, mas por disponibilidade, em lugares onde a demanda de trabalho nas plantações de açúcar aumentou muito.

O que essas descobertas significam para a formação cultural nas Américas? Voltemo-nos brevemente para o Suriname, no qual a influente tese Mintz-Price se baseia em grande parte. Ao aniquilar a passagem do tempo em seu estudo do tráfico transatlântico de escravos para o Suriname, Mintz e Price concluíram que os africanos chegaram como uma multidão incoerente cujas identidades e características culturais particulares desapareceram quase imediatamente ao desembarcarem nas Américas. Eles então generalizaram essa descoberta para todas as Américas, e desprezaram a significância de culturas e etnias regionais africanas particulares na formação das culturas afro-americanas em todos os lugares. Mas a tese Mintz-Price não se aplica nem sequer ao Suriname, onde houve uma fase da Costa do Ouro e então uma fase quase totalmente da África Centro-ocidental durante o terceiro quarto do século XVIII. Os africanos jamais foram uma multidão incoerente, nem mesmo no Suriname. A tese Mintz-Price é perceptiva quando afirma que as culturas afro-americanas e as línguas crioulas formaram-se no começo e tiveram um impacto contínuo naqueles que vieram depois. Em contraste, Roger Bastide afirma que aqueles que chegaram depois e em grande número exerceram a influência cultural preponderante. A tese de Bastide tende a ser uma abordagem a-histórica e estática da formação cultural, traçando "resquícios" contemporâneos a etnias e regiões contemporâneas na África[8]. Não há dúvida de que as chegadas tardias imensas de africanos de regiões e etnias particulares afetaram as culturas existentes num processo contínuo de crioulização. Mas a influência daqueles que vieram primeiro manteve sua posição por ter criado as línguas e culturas afro-

---

8. BASTIDE. *Les Amériques noires*.

crioulas mais antigas às quais os recém-chegados tiveram, em grande parte, que se ajustar.

Há muito a aprender-se com a tese Mintz-Price. Ela apresenta argumentos importantes com validade genuína: que as línguas e culturas crioulas formaram-se rapidamente, e que as culturas africanas não foram preservadas em conserva nas Américas, estando sujeitas ao processo de crioulização ao longo do tempo. Mas essas culturas iniciais não foram simplesmente culturas afro-americanas abstratas. Elas eram culturas regionais bastante distintas, que se desenvolveram em resposta a um conjunto de fatores, incluindo os padrões de introdução de africanos com o passar do tempo de várias regiões, e a aglomeração de várias etnias africanas que chegavam da África em ondas. Os primeiros africanos muitas vezes tiveram uma influência contínua e decisiva sobre seus descendentes crioulos, os africanos que chegaram depois e a sociedade mais ampla. David Geggus afirma que em São Domingos o impacto inicial dos africanos trazidos do Golfo do Benim explica a religião vodu no Haiti – extensa, profundamente enraizada e resistente – que ainda sobrevive com força e continua a evoluir e mudar[9]. Entre 1725 e 1755, 39,4% das viagens do tráfico atlântico de escravos que chegaram a São Domingos vieram do Golfo do Benim, trazendo um grande número de ajas/fons/ararás/evés e seus deuses vodus. Na Martinica, durante o mesmo período, 48,7% das viagens do tráfico atlântico de escravos chegaram do Golfo do Benim. Esses africanos compreendiam bem as línguas uns dos outros. Recentemente, acadêmicos enfatizaram a influência conguesa no vodu haitiano[10]. Essas interpretações não são contraditórias. Elas têm base na introdução enorme de africanos centro-ocidentais durante a segunda metade do século XVIII, e o impacto muito substancial desses povos no processo

---

9. GEGGUS. "The French Slave Trade". • LAGUERRE. *Voudou and Politics in Haiti.*

10. VANHEE. "Central African Popular Christianity".

contínuo de crioulização da religião em São Domingos. A crioulização da religião seguiu um caminho diferente em Cuba, onde o impacto banto foi mais direto e não adulterado. Até hoje, o palo maiombe, uma fé conguesa tradicional, tem influência forte em Cuba e entre os imigrantes cubanos nos Estados Unidos e no Caribe. Em Cuba, apesar de os deuses iorubás e a santeria muitas vezes serem destacados, as influências conguesas no folclore e na religião também são fortes. Influências religiosas do Golfo de Biafra refletem-se nas crenças e práticas religiosas afro-cubanas, surgindo da introdução significativa de *karabalís* em Cuba no século XIX. O candomblé no Brasil reflete a introdução enorme de nagôs/iorubás durante o final do século XVIII e o século XIX, especialmente na Bahia[11].

Para resumir, o processo de crioulização nas Américas variou bastante ao longo do tempo e do espaço, dependendo dos muitos fatores variáveis discutidos acima. A crioulização na África foi muito diferente da crioulização nas Américas. Como ocorreu na maioria dos lugares do mundo, ela foi um processo interno que ocorreu quando os povos de várias etnias encontraram-se e misturaram-se como imigrantes, conquistadores e conquistados, comerciantes e consumidores. A influência europeia e afro-europeia foi importante perto da costa atlântica da África, mas essa influência nos africanos escravizados enviados para as Américas não deve ser exagerada. Como vimos, depois de o tráfico atlântico de escravos começar, os lançados portugueses tiveram um papel fundamental na crioulização ao longo das costas, rios e outros centros comerciais na África onde eles tiveram permissão de entrar, ou quando puderam forçar seu acesso ao interior. Línguas crioulas com base no português surgiram em São Tomé e Cabo Verde. Os comerciantes portugueses e cabo-verdianos trouxeram o crioulo de Cabo Verde para a costa da Alta Guiné, onde os primeiros afro-portugueses estabeleceram-se em enclaves comerciais. Mas o

---

11. REIS. "Ethnic Politics among Africans in Nineteenth-Century Bahia".

mandê continuou a ser a língua principal para a comunicação e o comércio. Em seu livro, publicado em 1627, Alonso de Sandoval escreveu: "Os jalofos, sereres, mandês e fulas normalmente conseguem compreender-se, ainda que suas línguas e etnias [castas] sejam diversas, por causa da comunicação extensa que todos eles tiveram com a maldita seita de Maomé, sem dúvida para grande confusão dos cristãos. [...] Entre eles, os mandês são inumeráveis, espalhados por quase todos os reinos, e, portanto, conhecendo quase todas as línguas"[12]. Em 1735, o mandê (mandinga/"mundingoe") ainda era descrito como a língua mais comum falada na Grande Senegâmbia, seguido pelo crioulo português, a língua mais bem conhecida pelos britânicos[13].

Nas Américas, a crioulização foi um processo mais radical. As economias e culturas basearam-se em influências americanas nativas decisivas, especialmente nos planaltos da América Latina, mas também em quase todos os outros lugares. Os europeus e africanos que chegaram às Américas eram estranhos num mundo estranho. Era um lugar violento e inseguro onde a sobrevivência muitas vezes era mais importante do que o preconceito. Como resultado, os elementos culturais mais adaptativos de quatro continentes foram adotados, ainda que sua derivação não europeia nunca tenha sido reconhecida adequadamente. Essa fertilização cruzada biológica e cultural radical é a força básica das Américas.

A formação cultural variou de lugar para lugar. Cada região americana deve ser examinada separadamente ao longo do tempo para discernirmos os padrões que prevaleceram de introdução de vários povos africanos e suas influências na formação da cultura no processo contínuo de crioulização. Essa não é uma tarefa simples. Ela exige muitas pesquisas novas que utilizem documentos já conhecidos e outros que ainda precisam ser descobertos. Ela requer um nível razoável de sutileza e sofisticação, e uma

---

12. SANDOVAL. *De instauranda Aethiopium salute*, p. 91, 335.
13. BROOKS. *Eurafricans in Western Africa*, p. 228.

mente aberta. Aniquilar o tempo, utilizando contagens simples e agregadas das viagens do tráfico transatlântico de escravos para vários locais das Américas, não servirá. O tráfico de transbordo dos africanos recém-chegados precisa receber o peso que merece. As etnias mais frequentes devem ser desagregadas e estudadas. Se for possível identificar em documentos a presença de números significativos de etnias africanas em épocas e lugares diferentes, essa informação precisa ser armazenada em bancos de dados para a realização de estudos cooperativos e relacionais. Muito trabalho ainda precisa ser feito antes que possamos chegar a respostas confiáveis. Apesar de os Arquivos Coloniais Franceses em Aix-en-Provence abrigarem uma coleção enorme de volumes encadernados de documentos cartoriais de São Domingos que listam etnias africanas, seus dados ainda não foram estudados minuciosamente. Documentações ricas sobre etnias africanas podem ser encontradas em tribunais e arquivos por toda Cuba. A destruição de documentos brasileiros que envolviam a escravidão foi muito exagerada; documentos importantes continuam a existir em todo o Brasil[14].

Melhores conceitos e metodologias e novas pesquisas são necessárias para os estudos dos Estados Unidos. Os historiadores que têm fé excessiva em documentos existentes sem dúvida negligenciam o tráfico de transbordo do Caribe para as colônias continentais britânicas e também para as colônias caribenhas de outras nações. Mais conhecimento sobre o tráfico de transbordo do Caribe durante o século XVIII poderia alterar o senso comum sobre a taxa de crescimento natural entre os escravos na América do Norte britânica e as baixas proporções de africanos na população escrava durante o século XVIII. Com exceção dos escravos que chegaram com seus senhores de Barbados quando a colonização da Carolina foi iniciada, não é verossímil que o tráfico

---

14. Para uma sinopse de listas de escravos estudadas recentemente no Brasil que ofereçam designações étnicas, cf. LOVEJOY. "Ethnic Designations of the Slave Trade", p. 26-29 (tabelas 1.5-1.8).

de escravos do Caribe tenha trazido números significativos de escravos nascidos no Caribe. Os escravos transbordados do Caribe certamente eram, em sua imensa maioria, nascidos na África, muito provavelmente recém-chegados da África. Muitos ancestrais africanos nos Estados Unidos sem dúvida chegaram em viagens documentadas e não documentadas do Caribe. Os historiadores anglófonos precisam ampliar seu foco e tornar-se mais proficientes na utilização de documentos e literatura histórica em outras línguas. Os acadêmicos que estudam a diáspora africana nas Américas, independentemente de sua língua materna, precisam aprender a criar e utilizar bancos de dados relacionais.

As culturas africanas não foram preservadas nem mantidas em conserva. Elas não devem ser tratadas como estáticas, ou mantidas em isolamento umas das outras nem na África nem nas Américas, nem das culturas crioulas em formação. As etnias e culturas regionais africanas específicas não devem mais ser invisíveis como fatores importantes que contribuíram para a formação das culturas afro-americanas e, de fato, para a formação das culturas em geral das Américas.

APÊNDICE
Preços de escravos por etnia e gênero na Louisiana, 1719-1820

Os dados sobre preços em meu *Louisiana Slave Database* têm suas forças e suas fraquezas. Sua maior força é a quantidade imensa de informações de preços que eles fornecem. Excluindo os registros derivados de viagens do tráfico atlântico de escravos que não têm informações de preços, eles contêm 45.369 registros (49,4%) com preços individuais; 37.466 (40,7%) com preços de grupos; e 9.186 (10%) sem preços. Pode-se calcular preços diferenciais de escravos ao longo do tempo por origem ou etnia, designação racial, gênero, idade e habilidades. Cada registro representa um indivíduo descrito num documento, pesquisado e catalogado a partir de fontes manuscritas inéditas em francês, espanhol e inglês. Quase todos esses documentos estão abrigados em bibliotecas, arquivos e tribunais por toda a Louisiana[1]. Informações completas sobre a fonte, com a data e localização exata do documento original, foram incluídas em cada registro. Quase todos os documentos existentes foram estudados. O *Louisiana Slave Database* contém 100.600 registros. Entre eles, 8.645 tratam de indivíduos que chegaram em viagens do tráfico transatlântico de escravos e não oferecem muitas informações sobre eles. Há 113 campos que contêm informações comparáveis, e

---

1. HALL. *Louisiana Slave Database*. Para detalhes, cf. a entrada nas referências sob "Bancos de dados publicados".

19 campos recodificados no arquivo de SPSS Slave.sav. Esses arquivos podem ser obtidos de graça na página <http://www. ibiblio.org/laslave>. Essa página oferece um motor de busca que facilita muito seu uso, mas ele não contém todos os campos. Os acadêmicos que desejem fazer cálculos com esses bancos de dados devem obter as versões SPSS.sav do *Louisiana Slave Database* e também o *Louisiana Free Database*, que contém registros de mais de 4.000 escravos descritos em documentos de alforria.

Tabela A.1 Escravos vendidos independentemente de espólios na Louisiana, 1770-1820

	Preço médio: homens	Preço médio: mulheres	Preço de mulheres como porcentagem do preço de homens
Período Espanhol (1770-1803)	605,91 (n = 3,043)	541 (n = 1,998)	89
Período inicial, Estados Unidos (1804-1820)	827,40 (n = 6,457)	662,11 (n = 5,426)	80

Fonte: Calculada a partir de HALL. *Louisiana Slave Database, 1719-1820.*

Nota: Registros totais: 16.924. Indivíduos apenas de idades entre 15-34 anos.

Os estudos de preços podem nos contar muito sobre a história comparativa social e econômica. Apenas escravos tiveram preços colocados sobre o valor de sua produção e reprodução ao longo de suas vidas. Os dados de preços para uma época e lugar particulares têm valor limitado até poderem ser comparados com os dados de preços em outras épocas e lugares. Mas as comparações não têm nenhum valor, a não ser que os próprios dados de preços para o lugar em particular sejam válidos. O *Louisiana Slave Database* contém dados de preços computadorizados suficientes para ir além de preços globais, permitindo comparações válidas de preços entre subgrupos da população escrava. Os preços diferenciais de escravos ao longo do tempo por origem ou etnia, designação racial, gênero, idade e habilidades podem ser calculados e estudados. Todos os preços foram coletados e computadorizados porque quanto maior for o número de registros totais incluídos, maior será a amostra para cada subgrupo.

As tabelas A.1-A.3 comparam os preços médios de escravos quando os preços para cada indivíduo foram informados. Calcular apenas preços individuais reduz os preços das mulheres comparadas aos homens inventariados porque as mulheres vendidas com filhos e/ou parceiros foram eliminadas. Apesar de esse fato revelar o alto valor atribuído ao potencial de fertilidade das mulheres, ele não nos diz o suficiente sobre o preço das mulheres que tinham filhos e/ou parceiros incluídos com elas nos preços de grupos. Recalcular os preços de grupos certamente aumentaria os números válidos para cada subgrupo da população escrava. Nesse estágio, esse é um problema sério, mas corrigível. Patrick Manning desenvolveu um sistema de códigos que consiste em mais de 100 códigos para várias combinações de grupos de escravos registrados no *Louisiana Slave Database*, mas esses dados ainda não foram codificados devido ao custo, tempo e trabalho envolvidos. As fórmulas dos códigos de Manning podem ser oferecidas para qualquer acadêmico que deseje realizar essa tarefa utilizando as descrições do grupo fornecidas nos registros e criando fórmulas de conversão de preços. Tal projeto certamente aumentaria os números válidos para cada subgrupo da população escrava. O *Louisiana Slave Database* toca em muitos aspectos da escravidão, e infelizmente eu precisei estabelecer limites para o que ele poderia realizar. Mas ele é uma ferramenta muito flexível, que pode ser adaptada pelo usuário e/ou revisada e reeditada muito rapidamente e com baixo custo.

Os documentos que consultei são multilíngues. Entre 1719 e 1820, a Louisiana foi governada pela França, depois pela Espanha e finalmente pelos Estados Unidos. Vários tipos de moedas circularam durante todos os três períodos. Eu tive que resolver o problema de preços comparáveis listados em várias moedas.

Tabela A.2 Preço médio de venda das cinco etnias africanas
encontradas com maior frequência na Louisiana

Etnia	Período Espanhol (1770-1803)			Período Inicial Estados Unidos (1804-1820)			Total
	Homens	Mulheres	Preço de mulheres como porcentagem do preço de homens	Homens	Mulheres	Preço de mulheres como porcentagem do preço de homens	
Congo	544,16 (n = 188)	452,11 (n = 84)	83	767,72 (n = 454)	622,49 (n = 194)	81,0	**920**
Ibo	644,70 (n = 23)	415,88 (n = 24)	64	682,15 (n = 47)	604,66 (n = 29)	97,5	**123**
Mandê/ Mandinga	553,97 (n = 72)	449,45 (n = 33)	81	712,72 (n = 72)	532,14 (n = 43)	75,0	**220**
Mina	580,63 (n = 49)	561,45 (n = 20)	97	873,88 (n = 32)	699,82 (n = 28)	80,0	**129**
Jalofo	605,85 (n = 71)	642,82 (n =22	106	824,29 (n =42)	637,43 (n = 21)	77,0	**156**

Fonte: Calculada a partir de HALL. *Louisiana Slave Database, 1719-1820*.

Nota: Registros totais: 1.548. Indivíduos apenas de idade entre 15-34 anos.

Em 1985, Robert A. Rosenberg, então diretor dos Artigos Edison na Universidade Rutgers, desenvolveu uma fórmula de conversão de preços a partir de preços comparáveis que eu encontrara em documentos de Pointe Coupée Post durante o período espanhol (1770-1803). Essa fórmula foi aplicada no campo que faz cálculos automáticos de preços denominadores comuns. Ela vale para a imensa maioria dos preços e, com pouquíssimas exceções, foi utilizada para todo o banco de dados. A fórmula é: 5 *livres* = 1 *piastre* (em francês) ou *peso* (em espanhol); 1 libra de *indigo marchande* = 1 *piastre* ou 1 *peso*; 1 *piastre gourde sonante de Mexique* (em francês) ou *peso fuerte* (em espanhol) = 1,75 *piastres* ou *pesos*. Para o período inicial dos Estados Unidos (1804-1820), o dólar foi calculado da mesma forma que a piastra ou o peso, e isso ofereceu resultados bastante verossímeis. Em muito poucos casos, a *gourde* foi listada como a moeda em documentos do período inicial dos Estados Unidos, mas os resultados da fórmula de recálculo não foram verossímeis, portanto o preço denominador comum foi mudado a mão nesses poucos casos. A informação monetária original foi listada no campo de comentários.

Os preços, cálculos e recálculos datados dos períodos espanhol (1770-1803) e inicial dos Estados Unidos (1804-1820) são confiáveis. Mas os preços do período francês (1723-1769) são de confiabilidade limitada, e a amostra é muito pequena comparada às amostras dos períodos espanhol e inicial dos Estados Unidos. Em primeiro lugar, há menos registros, e, entre eles, há menos preços individuais devido à proibição, no *Code noir*[2], da separação de mãe, pai e filhos com menos de quatorze anos quando da venda de escravos. Essa proibição foi seguida na Louisiana francesa, e as famílias de escravos realmente eram inventariadas e vendidas juntas. Com exceção das crianças, há relativamente poucas informações numéricas sobre idades, provavelmente porque elas muitas vezes eram africanas que não sabiam ou não conseguiam comunicar sua idade numérica. Há poucos registros para a década de 1720, e a maior parte dos anos está completamente ausente da década de 1750. O ano de 1758 está razoavelmente bem representado no número de registros, mas eles vêm de muito poucos documentos e incluem um inventário de uma grande propriedade com mais de 200 escravos. Os preços de 1758 parecem seriamente inflacionados por causa das condições de tempos de guerra. Os preços do período francês não apenas eram inflacionados – eles flutuaram imprevisivelmente depois de 1735, quando o Rei Luís XV autorizou a emissão de papel-moeda para a Louisiana[3]. A moeda da Louisiana foi desvalorizada a partir de uma moeda da Martinica já desvalorizada. Em 1741,

---

2. Decreto de 1685 do Rei Luís XIV da França que regulamentou a escravidão nas colônias francesas [N.T.].

3. Coleção Parsons, 14/09/1735. • Decreto de Luís XV, 3D102, rótulo incorreto. Biblioteca da Universidade do Texas, Austin.

Tabela A.3 Preço médio de escravos por etnia e sexo inventariados em espólios na Louisiana ao longo do tempo

Década	Etnia	Homens			Mulheres		
		Número	Média	Desvio-padrão	Número	Média	Desvio--padrão
1770	Bamana*	7	282,66	26,904	3	266,67	61,101
	Samá	5	306,00	39,749	2	280,00	113,137
	Congo	37	259,00	95,596	9	246,67	107,703
	Ibo	8	248,75	71,602	7	320,00	40,150
	Mandinga**	18	297,78	87,753	5	312,00	45,497
	Mina	9	263,33	99,624	4	245,00	88,506
	Nagô/Iorubá	3	250,00	50.000	2	225,00	35,355
	Jalofo	9	235,56	107,251	5	288,00	57,619
	Total	**96**	**267,53**	**87.310**	**37**	**277,03**	**75,824**
1780	Bamana	28	425,54	172,333	7	385,71	146,385
	Samá	23	424,35	149,691	7	491,43	199,368
	Congo	89	400,84	164,215	31	398,55	150,162
	Ibo	16	552,81	161,637	13	289,38	179,691
	Mandinga	51	485,82	224,805	20	396,50	155,200
	Mina	32	435,00	178,163	12	408,33	160,728
	Nagô/Iorubá	30	368,93	195,919	11	409,09	128,799
	Jalofo	23	437,83	185,985	22	368,64	173,714
	Total	**449**	**339,89**	**129,071**	**135**	**280,57**	**132,214**
1790	Bamana	48	371,15	132,244	3	336,67	197,569
	Samá	46	340,15	143,318	17	318,00	107,740
	Congo	119	331,76	125,443	41	279,12	126,721
	Ibo	25	290,60	135,803	9	206,67	131,909
	Mandinga	70	342,86	135,883	23	289,35	100,638
	Mina	69	349,35	104,526	11	309,09	191,139
	Nagô/Iorubá	38	399,79	105,058	17	286,76	194,767
	Jalofo	34	378,47	151,891	14	256,86	141,116
	Total	**449**	**339,89**	**129,071**	**135**	**280,57**	**132,214**
1800	Bamana	39	497,31	235,542	2	300,00	353,553
	Samá	38	473,03	196,109	23	323,91	160,163
	Congo	121	517,04	192,192	48	437,19	159,484
	Ibo	22	492,73	187,011	12	264,17	188,316

* Ou Bambara [N.R.].
** Ou Mandê [N.R.].

	Mandinga	68	479,41	196,800	32	405,63	204,655
	Mina	41	502,63	230,314	22	418,18	189,326
	Nagô/Iorubá	31	476,45	206,051	12	281,67	218,334
	Jalofo	23	534,78	158,426	10	320,60	151,728
	Total	**474**	**502,32**	**199,196**	**161**	**378,70**	**188,163**
1810	Bamana	45	420,22	261,008	7	511,43	316,882
	Samá	38	420,39	282,715	11	328,64	187,538
	Congo	377	650,63	326,512	102	571,96	273,692
	Ibo	42	622,62	284,391	18	486,11	291,954
	Mandinga	92	520,60	337,975	20	312,00	193,951
	Mina	76	660,86	512,788	15	440,33	244,894
	Nagô/Iorubá	20	567,50	307,483	4	375,00	217,945
	Jalofo	47	659,04	305,485	15	432,00	294,690
	Total	**737**	**606,20**	**350,170**	**192**	**495,36**	**276,715**

Fonte: Calculada a partir de HALL. *Louisiana Slave Database, 1719-1820.*

a taxa de desvalorização da moeda da Martinica foi explicada: "Nós avisamos que a moeda em uso na Martinica é fraca, divisível em *piastres*, como *reaux*, *reaux* e meio, e que a *piastre* de peso é chamada de *gourd* ou redonda e vale lá 33% a mais do que a dita moeda em uso. Os cálculos feitos pelo Sr. Demuere no relato que ele apresentou ao Sr. Du Conge são de 165 *piastres* e 4 *reaux* pela soma de 993 *livres*, que, com o 33% acima, é reduzida para 111 *piastres* de peso"[4].

Dividindo 993 por 165, chegamos a aproximadamente 6 *livres* por 1 *piastre*. Apesar de a taxa de conversão de 6 *livres* por 1 *piastre* ser mencionada em vários documentos, durante o período francês a taxa de conversão oficial era de 4 por 1. Em 1752, 3.300 *livres* em letras de câmbio valiam 4.950 *livres* na Martinica[5], ou 1,5 *livres* da Martinica por 1 *livre* em letras de câm-

4. Registros do Conselho Superior da Louisiana, 1741:11:23:01. Centro Histórico da Louisiana, Nova Orleans.

5. Hurson para o Ministério das Colônias, set./1752, na Coleção Moreau de St.-Méry, Ser. F3 90, fols. 70-71. Arquivos de Além Mar, Aix-en-Provence, França.

bio. Em 1767, o valor das notas coloniais na Louisiana flutuava imprevisivelmente face ao abandono da colônia pela França e a imposição tardia e débil de autoridade pela Espanha. Apesar de afirmar-se que a taxa de conversão oficial variava de um máximo de 4 *livres* por 1 *piastre gourde* até um mínimo de 8 por 1 em vários documentos datados de 1767 e 1769, na realidade, as notas coloniais da Louisiana eram às vezes simplesmente recusadas; recorria-se ao escambo; ou o pagamento era feito em letras de câmbio reembolsáveis na Europa ou em moedas de prata mexicanas[6]. Em julho de 1767, 6.344 *livres*, 1 *sol*, 3 *deniers* em notas coloniais valiam 933 *piastres* em letras de câmbio da Europa, ou 6,8 *livres* em notas coloniais da Louisiana por 1 *piastre* em letras de câmbio[7]. Em fevereiro de 1767, uma letra de câmbio de 200 libras esterlinas emitida pelo Sr. Voix, comerciante em La Rochelle, para Charles Ogebrie em Londres, endossado por S. Maxent, comerciante em Nova Orleans, foi convertida na taxa de aproximadamente 28 *livres* por 1 libra esterlina[8]. Portanto, a moeda não tinha valor claro nem estável na Louisiana entre 1735, quando Luís XV autorizou o papel-moeda para a colônia, até a Espanha estabelecer o controle efetivo em 1770 e introduzir números substanciais de moedas de prata mexicana. A taxa de conversão da *livre* para a *piastre* (ou *peso*) era de 5 por 1, e da *piastre* ou *peso* para a *piastre* de prata mexicana (registrada como *piastre gourde sonante de Mexique* ou *peso fuerte*) era de 1,75 por 1, e permaneceu estável.

Apesar dos cálculos apresentados aqui se confinarem à baixa Louisiana durante nosso período de tempo especificado, comparações interessantes poderão ser feitas no futuro com outras

---

6. Registros do Conselho Superior da Louisiana, vários documentos mostrando preços comparáveis: 1767.03.27.07, 1767.04.02.01, 1767.09.14,02, 1767.08.22.02, 1767.01.22.01, 1767.02.09.01, 1768.05.18.03, 1769.01.18.03, 1769.05.01.08, 1769.07.15.01. Centro Histórico da Louisiana, Nova Orleans.

7. Ibid., 1767.07.07.04.

8. Ibid., 1767.02.04.01.

sociedades escravistas nas Américas. É essencial catalogar em bancos de dados qualquer estudo de preços sofisticado para podermos selecionar subgrupos sobre os quais faremos cálculos. Os estudos comparativos da estrutura interna de preços de escravos por idade, gênero, origem, habilidades e etnia podem mostrar contrastes no grau pelo qual pessoas de vários subgrupos na população escrava eram valorizadas de acordo com a época e o lugar. Os preços para crianças e escravos idosos em Cuba e no Brasil eram baixos. Em contraste, os preços para crianças e idosos parecem ser surpreendentemente altos na Louisiana. A diferença entre os preços de homens e mulheres na Louisiana cresceu durante o período inicial dos Estados Unidos. Havia um forte contraste nos preços médios por gênero entre as etnias africanas identificadas. O preço médio de mulheres de certas etnias era próximo, e às vezes superior, ao preço médio de homens da mesma etnia, apesar de uma tendência clara e geral de preços médios maiores para homens.

Os acadêmicos interessados em fazer suas próprias perguntas para esses bancos de dados podem consultá-los utilizando um motor de busca para alguns dos principais campos. Para cálculos completos, pode-se obter os arquivos do banco de dados de graça em vários pacotes de software diferentes com explicações detalhadas sobre como eles foram criados e como podem ser usados acessando-se a seguinte página na internet: <http://www.ibiblio.org/laslave>.

Referências

Coleções de manuscritos

Aix-en-Provence, França
    Arquivos de Além-mar
    Coleção Moreau de St.-Méry, Ser. F3

Austin, Estados Unidos
    Biblioteca da Universidade do Texas
    Coleção Parsons

Baton Rouge, Estados Unidos
    Arquivos Estaduais da Louisiana
    Atos Originais de Opelousas Post

Marksville, Estados Unidos
    Atos Originais da Paróquia Avoyelles

New Roads, Estados Unidos
    Atos Originais da Paróquia Pointe Coupée

Nova Orleans, Estados Unidos
    Centro Histórico da Louisiana
    Museu Estadual da Louisiana
    Registros do Conselho Superior da Louisiana

Os primeiros quatro dígitos representam o ano; os dois dígitos seguintes representam o mês; os dois dígitos seguintes representam o dia; e os dois últimos dígitos representam o número do documento para essa data. Assim, 1767.03.27.01 representa 27 de março de 1767, documento n. 1.

Sevilha, Espanha

Arquivo Geral das Índias

Comércio de negros, Arquivo 101, folha 572

Correspondência da intendência com a aduana, 1786-1787, Arquivo 575, folha 89.

Papéis Procedentes de Cuba

Bancos de dados publicados

ELTIS, D.; RICHARDSON, D.; BEHRENDT, S.D. & KLEIN, H.S. (eds.). *The Trans-Atlantic Slave Trade:* A Database on CD-ROM. Cambridge: Cambridge University Press, 1999 [Citado nas notas como ELTIS et al. *The Trans-Atlantic Slave Trade Database*].

HALL, G.M. Louisiana Slave Database, 1719-1820. In: HALL, G.M. (ed.). *Databases for the Study of Afro-Louisiana History and Genealogy, 1719-1860:* Computerized Information from Original Manuscript Sources; A Compact Disk Publication. Baton Rouge: Louisiana State University Press, 2000.

Bancos de dados com sites de busca

HALL, G.M. *Louisiana Slave Database, 1719-1820* [Disponível com um site de busca para os campos mais importantes em www. ibiblio.org/laslave – Disponível com um site de busca em www. ancestry.com].

_____. *Louisiana Free Database, 1719-1820* [Disponível em www. ancestry.com].

Ambos os bancos de dados de Hall encontrados na internet podem ser obtidos sem custos em vários pacotes de software diferentes em www.ibiblio.org/laslave

Banco de dados no prelo

CHAMBERS, D.B. *Jamaican Runaways:* A Compilation of Fugitive Slaves, 1718-1817. CD-ROM. Madison: African Studies Program Publication Series, University of Wisconsin.

Obras publicadas a partir de bancos de dados inéditos

BERGAD, L.W.; GARCÍA, F.I. & BARCIA, M.C. *The Cuban Slave Market, 1790-1880*. Cambridge: Cambridge University Press, 1995.

FLORENTINO, M.G. *Em costas negras:* uma história do tráfico atlântico de escravos entre a África e o Rio de Janeiro, séculos XVIII e XIX. São Paulo: Companhia das Letras, 1997.

FLORENTINO, M.G. & GÓES, J.R. *A paz das senzalas:* famílias escravas e tráfico atlântico. Rio de Janeiro: Civilização Brasileira, 1997.

VANONY-FRISCH, N. "Les esclaves de la Guadeloupe à la fin de l'ancien regime". *Bulletin de la Société d'Histoire de la Guadeloupe*, n. 63-64, 1985.

Livros, capítulos e artigos citados

ACOSTA SAIGNES, M. *Vida de los esclavos negros en Venezuela*. Valencia, Venez.: Vadell Hermanos, 1984.

ADAMS, J. *Sketches Taken during Ten Voyages to Africa between the Years 1786 and 1800*. Londres, 1822, p. 38. Apud DIKE. *Trade and Politics in the Niger Delta*, p. 29.

AFIGBO, A.E. *Ropes of Sand:* Studies in Igbo History and Culture. Oxford: Oxford University Press, 1981.

African Ethnonyms and Toponyms: Report and Papers of the Meeting of Experts Organized by Unesco in Paris, 3-7 July, 1978. Paris: Unesco, 1984.

AGUIRRE BELTRÁN, G. *La población negra de México*. Ed. rev. México, DF: Fondo de Cultura, 1972.

AKINJOGBIN, I.A. *Dahomey and Its Neighbors, 1708-1818*. Cambridge: Cambridge University Press, 1967.

ALAGOA, E.J. "Fon and Yoruba: The Niger Delta and the Cameroon". In: OGOT, B.A. (ed.). *Unesco General History of Africa – Vol. 5: Africa from the Sixteenth to the Eighteenth Century*. Berkeley: University of California Press, 1992, p. 434-452.

ALPERS, E.A. "'Moçambiques in Brazil': Another Dimension of the African Diaspora in the Atlantic World" [Artigo apresentado na conferência *Enslaving Connections: Africa and Brazil during the Era of the Slave Trade*, Universidade York, 12-15/10/2000. A ser publicado em CURTO, J.C. & SOULODRE-LaFRANCE, R. (eds.). *Africa and America:* Interconnections during the Slave Trade.

_____. *Ivory and Slaves:* Changing Patterns of International Trade in East Central Africa to the Later Nineteenth Century. Berkeley: University of California Press, 1975.

ALVAREZ, M. *Ethiopia Minor and a Geographical Account of the Province of Sierra Leone (c. 1615)* [Traduzido e editado por P.E.H. Hair. Liverpool: Departamento de História/Universidade de Liverpool, 1990. • Apud BROOKS. *Eurafricans in Western Africa*, 75].

ARMAH, A.K.; JONES, A. & JOHNSON, M. "Slaves from the Windward Coast". *Journal of African History*, 21, 1980, p. 17-34.

ARRAZOLA, R. *Palenque:* primer pueblo libre de América. Cartagena, Col.: Hernandez, 1970.

AUSTEN, R.A. "The Trans-Saharan Slave Trade: A Tentative Census". In: GEMERY, H.A. & HOGENDORN, J.S. (eds.). *The Uncommon Market:* Essays in the Economic History of the Atlantic Slave Trade. Nova York: Academic Press, 1979, p. 23-76.

AWOONOR, K. *Guardians of the Sacred Word:* Ewe Poetry. Nova York: Nok, 1974.

BARRY, B. *Senegambia and the Atlantic Slave Trade*. Cambridge: Cambridge University Press, 1998 [Tradução de Ayi Kwei Armah].

_____. "Senegambia from the Sixteenth to the Eighteenth Century: Evolution of the Wolof, Sereer and 'Tukuloor'". In: OGOT, B.A. (ed.). *Unesco General History of Africa* – Vol. 5: Africa from the Sixteenth to the Eighteenth Century. Berkeley: University of California Press, 1992, p. 262-299.

_____. *La Sénégambie du XVe au XIXe siècle:* Traite negrière, Islam et conquête coloniale. Paris: L'Harmattan, 1988.

BASTIDE, R. *Les Amériques noires:* Les civilisations africaines dans le Nouveau Monde. Paris: Payot, 1967.

BAZIN, J. "Guerre et servitude à Ségou". In: MEILLASSOUX, C. (ed.). *L'Esclavage en Afrique précoloniale*. Paris: Maspero, 1975, p. 135-181.

BERGAD, L.W.; IGLESIAS GARCÍA, F. & BARCIA, M.C. *The Cuban Slave Market, 1790-1880*. Cambridge: Cambridge University Press, 1995.

BERLIN, I. *Many Thousands Gone:* The First Two Centuries of Slavery in North America. Cambridge, MA: Harvard University Press, 1998.

BLACKBURN, R. *The Making of New World Slavery:* From the Baroque to the Modern, 1492-1800. Londres: Verso, 1997.

BLANCO, L. *Los negros y la esclavitud*. Santo Domingo: Julio D. Postigo e Hijos, 1975.

BOAHEN, A.A. Capítulo 14: "Os Estados e as culturas da costa da Guiné Inferior". In: OGOT, B.A. (ed.). *Unesco História Geral da África* – Vol. 5: África do séc. XVI ao XVIII. São Paulo: Universidade Federal de São Carlos, 2010, p. 475-518. (Todos os oito volumes da coleção podem ser baixados gratuitamente em: http://www.unesco.org/new/pt/brasilia/education/inclusive-education/general-history-of-africa/)

BOOGAART, E. & EMMER, P. "The Dutch Participation in the Atlantic Slave Trade, 1596-1650". In: GEMERY, H.A. & HOGENDORN, J.S. (eds.). *The Uncommon Market:* Essays in the Economic History of the Atlantic Slave Trade. Nova York: Academic Press, 1979, p. 353-376.

BOULÈGUE, J. *Les luso-africains de Sénégambie*. Paris: Université de Paris I/Centre de Recherches Africaines, 1989.

BOWSER, F.P. *The African Slave in Colonial Peru, 1524-1650*. Stanford: Stanford University Press, 1974.

BOXER, C.R. *The Golden Age of Brazil, 1695-1750*. Berkeley: University of California Press, 1962.

BROOKS, G.E. *Eurafricans in Western Africa:* Commerce, Social Status, Gender, and Religious Observance from the Sixteenth to the Eighteenth Centuries. Athens, OH: Ohio University Press, 2003.

_____. *Landlords and Strangers:* Ecology, Society, and Trade in Western Africa, 1000-1630. Boulder, CO: Westview, 1993.

_____. *The Kru Mariners in the Nineteeth Century:* An Historical Compendium. Newark, DE: Liberian Studies Association in America, 1972.

BROWN, S.-D.W. "From the Tongues of Africa: A Partial Translation of Oldendorp's Interviews," *Plantation Society in the Americas*, vol. 2, n. 1, 1983, p. 37-61.

BUHNEN, S. "Ethnic Origins of Peruvian Slaves (1548-1650): Figures for Upper Guinea". *Paideuma*, 39, 1993, p. 57-110.

CÁCERES GÓMEZ, R. *Negros, mulatos, esclavos y libertos en la Costa Rica del siglo XVII*. México: Instituto Panamericano de Geografía e Historia, 2000.

CARNEY, J.A. *Black Rice:* The African Origin of Rice Cultivation in America. Cambridge, MA: Harvard University Press, 2001.

CARON, P. "'Of a Nation Which Others do not Understand': Bambara Slaves and African Ethnicity in Colonial Louisiana, 1718-1760". *Slavery and Abolition*, 18, 1997, p. 98-121.

CASTILLO MATHIEU, N. *Esclavos negros en Cartagena y sus aportes léxicos*. Bogotá: Instituto Caro y Cuervo, 1982.

CATEAU, H. & CARRINGTON, S.H.H. (eds.). *Capitalism and Slavery Fifty Years Later: Eric Eustace Williams – A Reassessment of the Man and His Work*. Nova York: Peter Lang, 2000.

CHAMBERS, D.B. "The Significance of Igbo in the Bight of Biafra Slave Trade: A Rejoinder to Northrup's 'Myth Igbo'". *Slavery and Abolition*, 23 (1), 2002, p. 101-120.

_____. "'My Own Nation': Igbo Exiles in the Diaspora". *Slavery and Abolition*, 18 (1), 1997, p. 72-97.

_____. "Eboe, Kongo, Mandingo: African Ethnic Groups and the Development of Regional Slave Societies in Mainland North America, 1700-1820". *Working Paper*, n. 96-114. International Seminar on the History of the Atlantic World, 1500-1800. Harvard University, set. 1996.

CODERA Y ZAIDÍN, F. *Decadencia y desaparición de los Almoravids em España*. Zaragoza: Comas Hermanos, 1899.

CONRAD, R.E. *Children of God's Fire*. Princeton: Princeton University Press, 1984.

COSTA E SILVA, A. *A manilha e o libambo* – A África e a escravidão, de 1500 a 1700. Rio de Janeiro: Nova Fronteira, 2002.

COUGHTRY, J. *Rhode Island and the African Slave Trade*. Filadélfia: Temple University Press, 1981.

CREEL, M.W. *"A Peculiar People"*: Slave Religion and Community-Culture among the Gullahs. Nova York: Nova York University Press, 1988.

CRESPO, A. *Esclavos negros en Bolivia*. La Paz: Academia Nacional de Ciencias de Bolivia, 1977.

CURTIN, P.D. "Remarks". In: RUBIN, V. & TUDEN, A. (eds.). *Comparative Perspectives on Slavery in New World Plantation Societies*. Nova York: New York Academy of Sciences, 1977, p. 202-204.

_____. *Economic Change in Pre-colonial Africa:* Senegambia in the Era of the Slave Trade. Madison: University of Wisconsin Press, 1975.

_____. *The Atlantic Slave Trade:* A Census. Madison: University of Wisconsin Press, 1969.

CURTO, J.C. *Enslaving Spirits:* The Portuguese-Brazilian Alcohol Trade at Luanda and Its Hinterland, c. 1550-1830. Leiden: Brill Academic Publishers, 2003.

_____. *Álcool e escravo* – O comércio luso-brasileiro do álcool em Mpinda, Luanda e Benguela durante o tráfico atlântico de escravos (c. 1480-1830) e o seu impacto nas sociedades da África Central-ocidental. Lisboa: Vulgata, 2002.

DAGET, S. Capítulo 4: "A abolição do tráfico de escravos". In: AJAYI, J.F.A. (ed.). *Unesco História Geral da África* – Vol. 6: África do século XIX à decada de 1880. São Paulo: Universidade de São Carlos, 2010, p. 77-104. (Todos os oito volumes da coleção podem ser baixados gratuitamente em: http://www.unesco.org/new/pt/brasilia/education/inclusive-education/general-history-of-africa/)

DAVIS, D.B. "Looking at Slavery from Broader Perspectives". *American Historical Review*, 105, n. 2, abr./2000, p. 452-466.

DEBIEN, G. *Les esclaves aux antilles françaises (XVIIᵉ-XVIIIᵉ siècles)*. Basse-Terre/Fort-de-France: Société d'Histoire de la Guadeloupe et de la Martinique, 1974.

_____. "Les origines des esclaves des Antilles (conclusion)". *Bulletin de Ifan*, ser. B, 29, n. 3-4, 1967, p. 536-558.

_____. "Les origines des esclaves des Antilles". *Bulletin de Ifan*, ser. B, 23, n. 3-4, 1961, p. 363-387.

DÍAZ LÓPEZ, Z. *Oro, sociedad y economia* – El sistema colonial en la Gobernación de Popayán: 1533-1733. Bogotá: Banco de la República, 1994.

DIKE, K.O. *Trade and Politics in the Niger Delta, 1830-1885:* An Introduction to the Economic and Political History of Nigeria. Oxford: Clarendon, 1956.

DIKE, K.O. & EKEJIUBA, F. *The Aro of South-Eastern Nigeria. 1650-1980.* Ibadan: University Press, 1990.

DIOP, C.A. "A Methodology for the Study of Migrations". *African Ethnonyms and Toponyms*, P. 86-109.

DIOUF, S. *Servants of Allah:* African Muslims Enslaved in America. Nova York: New York University Press, 1998.

DIOUF, S. (ed.). *Fighting the Slave Trade:* West African Strategies. Athens, OH: Ohio University Press, 2003.

DONNAN, E. (ed.). *Documents Illustrative of the History of the Slave Trade in America*. 4 vol. Washington, DC: Carnegie Institution of Washington, 1930-1935.

DOZY, R. *Spanish Islam*. Londres: Frank Cass, 1972 [Tradução de Francis Griffin Stokes].

DU BOIS, W.E.B. *The Negro*, 1915 [Reimpressão: Filadélfia: University of Pennsylvania Press, 2001].

DUMONT, A.P. *Être patriotique sous les tropiques* – La Guadeloupe, la colonisation et la Révolution, 1789-1794. Basse-Terre: Société d'Histoire de la Guadeloupe, 1985.

DUNCAN, Q. & MELÉNDEZ, C. *El negro en Costa rica*. São José: Costa Rica, 1981.

ELBL, I. "The Volume of the Early Atlantic Slave trade, 1450-1521". *Journal of African History*, 38, 1997, p. 31-75.

ELTIS, D. *The Rise of African Slavery in America*. Cambridge: Cambridge University Press, 2000.

_____. "Europeans and the Rise and Fall of African Slavery in America: An Interpretation". *American Historical Review*, 98, n. 5 (1993), p. 1.399-1.423.

ELTIS, D.; LOVEJOY, P.L. & RICHARDSON, D. "Slave Trading Ports: Towards an Atlantic-Wide Perspective". In: LAW & STRICKRODT (eds.). *Ports of the Slave Trade (Bights of Benin and Biafra)*, p. 12-34.

ELTIS, D. & NWOKEJI, G.U. "Characteristics of Captives Leaving the Cameroons for the Americas, 1822-1837". *Journal of African History*, 43, 2002, p. 191-210.

_____. "The Roots of the African Diaspora: Methodological Considerations in the Analysis of the Names in the Liberated African Registers of Sierra Leone and Havana". *History in Africa*, 29, 2002, p. 365-379.

ELTIS, D.; RICHARDSON, D. & BEHRENDT, S.D. "Patterns in the Transatlantic Slave Trade, 1662-1867: New Indications of African Origins of Slaves Arriving in the Americas". In: DIEDRICH, M.; GATES JR., H.L. & PEDERSEN, C. (eds.). *Black Imagination and the Middle Passage*. Nova York: Oxford University Press, 1999, p. 21-32.

ELTON, F. & McLEOD, L. "English Consuls at Mozambique during the 1850s and 1870s". Apud ALPERS. *Ivory and Slaves*, p. 223-227.

FINKELMAN, P. & MILLER, J.C. (eds.). *Macmillan Encyclopedia of World Slavery*. 2 vols. Nova York: Simon and Schuster, 1998.

FLETCHER, R. *Moorish Spain*. Berkeley: University of California Press, 1993.

FLORENTINO, M.G. *Em costas negras* – Uma história do tráfico atlântico de escravos entre a África e o Rio de Janeiro, séculos XVIII e XIX. São Paulo: Companhia das Letras, 1997.

FLORENTINO, M.G. & GÓES, J.R. *A paz das senzalas:* famílias escravas e tráfico atlântico. Rio de Janeiro: Civilização Brasileira, 1997.

FRANCO, F.J. *Negros, mulatos y la nación dominicana.* Santo Domingo: Nacional, 1969.

GALVIN, M.L. "The Creation of a Creole Medicine Chest in Colonial South Carolina". In: BUISSERET, D. & REINHARDT, S.G. (orgs.). *Creolization in the Americas.* College Station: Texas A&M University Press, 2000, p. 63-98.

GEGGUS, D. "The French Slave Trade: An Overview". *William and Mary Quarterly,* 3. ser., vol. 58, n. 1, jan./2001, p. 119-138.

_____. "Sugar and Coffee Cultivation in St. Domingue and the Shaping of the Slave Labor Force". In: BERLIN, I. & MORGAN, P. (eds.). *Cultivation and Culture:* Work Process and the Shaping of Afro-American Culture in the Americas. Charlottesville: University of Virginia Press, 1993, p. 73-98.

_____. "Sex Ratio, Age, and Ethnicity in the Atlantic Slave Trade: Data from French Shipping and Plantation Records". *Journal of African History,* 30, 1989, p. 23-44.

GOMEZ, M.A. "A Quality of Anguish: The Igbo Response to Enslavement in America". In: LOVEJOY, P.E. & TROTMAN, D. (eds.). *Trans-Atlantic Dimensions of Ethnicity in the American Diaspora.* Londres: Continuum, 2003, p. 82-95.

_____. "African Identity and Slavery in America". *Radical History Review,* 75, 1999, p. 111-120.

_____. *Exchanging Our Country Marks:* Transformation of Identities in the Colonial and Antebellum South. Chapel Hill: University of North Carolina Press, 1998.

_____. "Medieval Western Sudan". In: FINKELMAN & MILLER (eds.). *Macmillan Encyclopedia of World Slavery,* 2, p. 942-944.

GREENE, S.E. "Cultural Zones in the Era of the Slave Trade: Exploring the Yoruba Connection with the Anlo-Ewe". In: LOVEJOY, P.E. (ed.). *Identity in the Shadow of Slavery.* Londres: Continuum, 2000, p. 86-101.

GUTIÉRREZ AZOPARDO, I. *Historia del negro en Colombia:* Sumisión o rebeldia? Bogotá: Nueva América, 1980.

HAIR, P.E.H. "Ethnolinguistic Continuity on the Guinea Coast". *Journal of African History*, 8, n. 2, 1967, p. 247-268.

HALL, G.M. "In Search of the Invisible Senegambians: The Louisiana Slave Database (1723-1820)". In: SAMB, D. (ed.). *Saint-Louis et l'esclavage* – Actes du Symposium International sur la Traite Négrière à Saint-Louis du Sénégal et dans son Arrière-pays (Saint-Louis, 18-20 de dezembro de 1998). Dakar: Institut Fondamental d'Afrique Noir [Ifan], 2001, p. 237-264.

_____. "Myths about Creole Culture in Louisiana: Slaves, Africans, Blacks, Mixed Bloods, and Caribbeans". *Cultural Vistas* 12, n. 2, verão/2001, p. 78-89.

_____. "African Women in Colonial Louisiana". In: CLINTON, C. & GILLESPIE, M. (eds.). *The Devil's Lane:* Sex and Race in the Early South. Nova York: Oxford University Press, 1997, p. 247-262.

_____. *Africans in Colonial Louisiana:* The Development of Afro-Creole Culture in the Eighteenth Century. Baton Rouge: Louisiana State University Press, 1992.

_____. *Social Control in Slave Plantation Societies:* A Comparison of St. Domingue and Cuba. Baltimore: Johns Hopkins, 1971.

HANGER, K.S. *Bounded Lives, Bounded Places:* Free Black Society in New Orleans, 1769-1803. Durham, NC: Duke University Press, 1997.

HARMS, R.W. *River of Wealth, River of Sorrow:* The Central Zaire Basin in the Era of the Slave and Ivory Trade, 1500-1891. New Haven: Yale University Press, 1981.

HARRIS, E.M.G. *The History of Human Populations:* Migration, Urbanization, and Structural Change. 2 vol. Westport, CT: Praeger, 2003.

HARRIS, J.E. "The Dynamics of the Global African Diaspora". In: JALLOH, A. & MAIZLISH, S.E. (eds.). *The African Diaspora*. College Station: Texas A&M University Press, 1996, p. 7-21.

_____. *Global Dimensions of the African Diaspora*. Washington, DC: Howard University Press, 1982.

HAWTHORNE, W. "Strategies of the Decentralized: Defending Communities from Slave Raiders in Coastal Guinea-Bissau, 1450-1815". In: DIOUF, S.A. (ed.). *Fighting the Slave Trade:* West African Strategies. Athens, OH: Ohio University Press, 2003, p. 132-169.

HELG, A. *Our Rightful Share:* The Afro-Cuban Struggle for Equality, 1886-1912. Chapel Hill: University of North Carolina Press, 1995.

HENDRIX JR., J.P. "The Efforts to Reopen the African Slave Trade in Louisiana". *Louisiana History*, 10, 1969, p. 97-123.

HEYWOOD, L.M. "Portuguese into African: The Eighteenth-Century Central African Background to Atlantic Creole Cultures". In: HEYWOOD, L.M. (ed.). *Central Africans and Cultural Transformations*, p. 91-116.

HEYWOOD, L.M. (ed.). *Central Africans and Cultural Transformations in the American Diaspora*. Cambridge: Cambridge University Press, 2002.

HIGMAN, B.W. *Slave Populations of the British Caribbean, 1807-1834.* Baltimore: Johns Hopkins University Press, 1984.

HILTON, A. *The Kingdom of Kongo*. Oxford: Clarendon, 1985.

HITTE, P.K. *History of the Arabs*. Londres: Macmillan, 1937.

HOCHSCHILD, A. *O fantasma do Rei Leopoldo*: uma história de cobiça, terror e heroísmo na África colonial. São Paulo: Cia das Letras, 1999.

HOWARD, P.A. *Changing History:* Afro-Cuban Cabildos and Societies of Color in the Nineteenth Century. Baton Rouge: Louisiana State University Press, 1998.

HULAL AL MAWSIYYA. *Colección de crónicas árabes de las dinastias Almorávides, Almohade y Benimerin*. Tetuan: Marroqui, 1951 [Tradução de Ambrosio Huici-Miranda].

INIKORI, J.E. Capítulo 4: "A África na história do mundo: o tráfico de escravos a partir da África e a emergência de uma ordem econômica no Atlântico". In: OGOT, B.A. (ed.). *Unesco História Geral da*

316

África – Vol. 5: África do séc. XVI ao XVIII. São Paulo: Universidade de São Carlos, 2010, p. 91-134.

_____. "The Struggle against the Slave Trade: The Role of the States". In: DIOUF, S.A. (ed.). *Fighting the Slave Trade:* West African Strategies. Athens, OH: Ohio University Press, 2003, p. 170-198.

_____. *Africans and the Industrial Revolution in England*. Cambridge: Cambridge University Press, 2002.

_____. "The Development of Entrepreneurship in Africa: Southeastern Nigeria during the Era of the Trans-Atlantic Slave Trade". In: JALLOH, A. & FALOLA, T. (eds.). *Black Business and Economic Power*. Rochester, NY: University of Rochester Press, 2002, p. 41-79.

_____. "The Unmeasured Hazards of the Atlantic Slave Trade: Sources, Causes and Historiographical Implications". In: DIÈNE, D.D. (ed.). *From Chains to Bonds*. Paris: Unesco, 2001, p. 86-102.

_____. "The Known, the Unknown, the Knowable and the Unknowable: Evidence and the Evaluation of Evidence in the Measurement of the Trans-Atlantic Slave Trade" [Artigo inédito apresentado na Williamsburg Conference on the Trans-Atlantic Slave Trade Database, set./1998].

_____. "Slavery in Africa and the Trans-Atlantic Slave Trade". In: JALLOH, A. & MAIZLISH, S.E. (eds.). *The African Diaspora*. College Station: Texas A&M University Press, 1996, p. 39-72.(Todos os oito volumes da coleção podem ser baixados gratuitamente em: http://www.unesco.org/new/pt/brasilia/education/inclusive-education/general-history-of-africa/)

_____. "The Sources of Supply for the Atlantic Slave Exports from the Bight of Benin and the Bight of Bonny (Biafra)". In: DAGET, S. (ed.). *De la traite à l'esclavage* – Actes du Colloque International sur la Traite des Noirs. Nantes, 1985. Nantes: Centre de Recherche sur l'Histoire du Monde Atlantique, 1988, p. 26-43.

_____. "West Africa's Seaborne Trade, 1750-1850 – Vol. Structure and Implications". In: LIESEGANG; PASCH & JONES (eds.). *Figuring African Trade*, p. 50-88.

JADIN, L. *L'Ancien Congo et l'Angola, 1639-1655*. 3 vols. Bruxelas: Institut Historique Belge de Rome, 1975.

KARASCH, M.C. *Slave Life in Rio de Janeiro, 1808-1850*. Princeton: Princeton University Press, 1987.

KENT, R.K. "Madagascar and the Islands of the Indian Ocean". In: OGOT, B.A. (org.). *Unesco General History of Africa* – Vol. 5: Africa from the Sixteenth to the Eighteenth Century. Berkeley: University of California Press, 1992, p. 849-894.

Kitab tabakat al-uman (Livre des catégories des nations) [Atribuído a Sa'id ibn Ahmad, al-Andalusi]. Paris: Larose, 1935 [Tradução de Régis Blachère].

KLEIN, H.S. *African Slavery in Latin America and the Caribbean*. Oxford: Oxford University Press, 1986.

KLEIN, M.A. "Senegambia". In: FINKELMAN & MILLER (eds.). *Macmillan Encyclopedia of World Slavery*, 2, p. 944-947.

KNIGHT, F.W. *Slave Society in Cuba during the Nineteenth Century*. Madison: University of Wisconsin Press, 1970.

KOELLE, S.W. *Polyglotta Africana*. 1854 [Reimpr. Ed. com uma intr. por P.E.H. Hair. Graz: Akademische Druck- und Verlagsanstalt, 1963].

LaCHANCE, P. "The Politics of Fear: French Louisianians and the Slave Trade, 1786-1809". *Plantation Societies in America*, 1 (1979), p. 162-197.

LAGUERRE, M. *Voudou and Politics in Haiti*. Londres: Macmillan, 1989.

LAMIRAL, D.H. *L'Affrique et le peuple affriquain considérés sous tous leurs rapports avec notre commerce & nos colonies...* Paris: Dessenne, 1789 [Apud DEBIEN, G. "Les origines des esclaves aux Antilles". *Bulletin de l'Institut Français d'Afrique noir*, ser. B, 23, 1961, p. 363-387].

LANDERS, J. "The Central African Presence in Spanish Maroon Communities". In: HEYWOOD, L.M. (ed.). *Central Africans and Cultural Transformations*. Cambridge: Cambridge University Press, 2002, p. 227-242.

_____. "Cimarron Ethnicity and Cultural Adaptation in the Spanish Domains of the Circum-Caribbean, 1503-1763". In: LOVEJOY, P.E. (ed.). *Identity in the Shadow of Slavery*. Londres: Continuum, 2000, p. 30-54.

_____. *Black Society in Spanish Florida*. Urbana: University of Illinois Press, 1999.

LAW, R. *Ouidah:* The Social History of a West African Slaving "Port", 1727-1892. Athens, OH: Ohio University Press, 2004.

_____. *The Slave Coast of West Africa, 1550-1750.* Oxford: Oxford University Press, 1991.

LAW, R. & LOVEJOY, P.E.(eds.). *The Biography of Mahommah Gardo Baquaqua:* His Passage from Slavery to Freedom in Africa and America. Princeton: Markus Weiner, 2001.

LAW, R. & STRICKRODT, S. (eds.). *Ports of the Slave Trade (Bights of Benin and Biafra).* Stirling: Centre of Commonwealth Studies/ University of Stirling, 1999.

LE PAGE DU PRATZ, A.S. *Histoire de la Louisiane.* 3 vol. Paris: Lambert, 1758.

LIESEGANG, G.; PASCH, H. & JONES, A. (eds.). *Figuring African Trade:* Proceedings of the Symposium on the Quantification and Structure of the Import and Export and Long Distance Trade in Africa, 1800-1913 (St. Augustine, 03-06/01/1983). Berlin: D. Reimer, 1986.

LITTLEFIELD, D.C. *Rice and Slaves:* Ethnicity and the Slave Trade in Colonial South Carolina. Baton Rouge: Louisiana State University Press, 1981.

LOCKHART, J. *Spanish Peru, 1532-1560:* A Colonial Society. Madison: University of Wisconsin Press, 1968.

LOVEJOY, P.E. "Ethnic Designations of the Slave Trade and the Reconstruction of the History of Trans-Atlantic Slavery". In: LOVEJOY, P.E. & TROTMAN, D.V. (eds.). *Trans-Atlantic Dimensions of Ethnicity in the African Diaspora.* Londres: Continuum Press, 2003, p. 9-42.

_____. *A escravidão na África*: uma história de suas transformações. Rio de Janeiro: Civilização Brasileira, 2002.

_____. "Kola in the History of West Africa". *Cahiers d'Études Africaines* 20 (1-2), 1980, p. 97-134.

LOVEJOY, P.E. & RICHARDSON, D. "'This Horrid Hole': Royal Authority, Commerce and Credit at Bonny, 1690-1840". *Journal of African History*, 45 (3), 2004, p. 363-392.

MAITLAND, J. & FULLER, A. (ed.). *Grove's Dictionary of Music and Musicians*. Filadélfia: Theodore, 1918.

MANNING, P. *Slavery and African Life:* Occidental, Oriental, and African Slave Trades. Cambridge: Cambridge University Press, 1990.

_____. *Slavery, Colonialism, and Economic Growth in Dahomey, 1640-1960*. Cambridge: Cambridge University Press, 1982.

MARTIN, P.M. *The External Trade of the Loango Coast, 1576-1870:* The Effects of Changing Commercial Relations on the Vili Kingdom of Loango. Oxford: Clarendon, 1972.

MEDEIROS, E. "Moçambicanização dos escravos saídos pelos portos de Moçambique" [Artigo apresentado na Conferência Enslaving Connections: Africa and Brazil during the Era of the Slave Trade. Universidade York, 12-15/10/2000].

MEILLASSOUX, C. (ed.). *L'esclavage en Afrique précoloniale*. Paris: Maspero, 1975.

MELLAFE, R. *La introducción de la esclavitud negra en Chile:* Tráfico y rutas, 1958 [Reimpressão: Santiago: Universitaria, 1984].

MENARD, R. & SCHWARTZ, S.B. "Why African Slavery? –Labor Force Transitions in Brazil, Mexico, and the Carolina Lowcountry". In: BINDER, W. (ed.). *Slavery in the Americas*. Würzburg: Königshausen und Neumann, 1993, p. 89-114.

MERLET, A. *Autour du Loango, XIVème-XIXème siècle:* Histoire des peuples du sud-ouest du Gabon du temps du royaume de Loango et du "Congo français". Libreville/Paris: Centre Culturel Français Saint-Éxupéry (Sepia), 1991.

MILLER, J.C. "Central Africa during the Era of the Slave Trade, c. 1490s-1850s". In: HEYWOOD, L.M. (ed.). *Central Africans and Cultural Transformations in America*. Cambridge: Cambridge University Press, 2002, p. 21-69.

_____. *Way of Death:* Merchant Capitalism and the Angolan Slave Trade, 1730-1830. Madison: University of Wisconsin Press, 1988.

_____. "Lineages, Ideology, and the History of Slavery in Western Central Africa". In: LOVEJOY, P.E. (ed.). *Ideology of Slavery in Africa*. Beverly Hills: Sage, 1981, p. 40-71.

_____. *Kings and Kinsmen:* Early Mbundu States in Angola. Oxford: Clarendon, 1976.

MINTZ, S. & PRICE, R. *An Anthropological Approach to the Afro--American Past:* A Caribbean Perspective. Filadélfia: Institute for the Study of Human Issues, 1976 [Republicado com o título *The Birth of African-American Culture:* An Anthropological Perspective. Boston: Beacon, 1992].

MOORE, F. *Travels into the Inland Parts of Africa*. Londres: E. Cave, 1738. Apud BROOKS. *Eurafricans in Western Africa*, p. 228-229.

MORENO FRAGINALS, M. "Africa in Cuba: A Quantitative Analysis of the African Population in the Island of Cuba". In: RUBIN, V. & TRUDEN, A. (eds.). *Comparative Perspectives on Slavery in New World Plantation Societies*. Nova York: New York Academy of Sciences, 1977, p. 187-201.

MORGAN, P.D. *Slave Counterpoint:* Black Culture in the Eighteenth--Century Chesapeake and Lowcountry. Chapel Hill: University of North Carolina Press, 1998.

MULLIN, M. *Africa in America:* Slave Acculturation and Resistance in the American South and the English Caribbean, 1736-1831. Urbana: University of Illinois Press, 1992.

NGOU-MVE, N. *El Africa bantú en la colonización en México.* Madri: Consejo Superior de Investigaciones Científicos, 1994.

NIANE, D.T. Capítulo 1: "Introdução". In: NIANE, D.T. (ed.). *Unesco História Geral da África* – Vol. 4: África do século XII ao XVI. São Paulo: Universidade Federal de São Carlos, 2010, p. 1-16.

(Todos os oito volumes da coleção podem ser baixados gratuitamente em: http://www.unesco.org/new/pt/brasilia/education/inclusive-education/general-history-of-africa/)

_____. Capítulo 25: "Relações e intercâmbios entre as várias regiões". In: NIANE, D.T. (ed.). Unesco História Geral da África – Vol. 4: África do século XII ao XVI. São Paulo: Universidade Federal de São Carlos, 2010, p. 697-720. (Todos os oito volumes da coleção podem ser baixados gratuitamente em: http://www.unesco.org/new/pt/brasilia/education/inclusive-education/general-history-of-africa/)

_____. "Mali and the Second Mandingo Expansion". In: NIANE, D.T. (ed.). *Unesco General History of Africa* – Vol. 4: Africa from the Twelfth to the Sixteenth Century. Berkeley: University of California Press, 1984, p. 117-171.

_____. *Sundiata:* An Epic of Old Mali. Londres: Longmans, 1965 [Tradução de G.D. Pickett].

NORTHRUP, D. *Africa's Discovery of Europe, 1450-1850.* Nova York: Oxford University Press, 2002.

_____. "Igbo and Myth Igbo: Culture and Ethnicity in the Atlantic World, 1600-1850". *Slavery and Abolition*, vol. 21, n. 3, dez./2000, p. 1-20.

_____. *Trade without Rulers:* Pre-colonial Economic Development in South-eastern Nigeria. Oxford: Clarendon, 1978.

_____. "A Collection of Interviews Conducted in Southeastern Nigeria in 1972-1973" [Inédito].

OLDENDORP, C.G.A. *C.G.A. Oldendorp's History of the Mission of the Evangelical Brethren on the Caribbean Islands of St. Thomas, St. Croix, and St. John.* Ann Arbor, MI: Karoma, 1987 [Editado por Johann Jakob Bossard [Bossart]. Tradução de Arnold R. Highfield e Vladimir Barac].

ORIJI, J.N. "Igboland, Slavery, and the Drums of War and Heroism". In: DIOUF, S.A. *Fighting the Slave Trade:* West African Strategies. Athens, OH: Ohio University Press, 2003, p. 121-131.

ORTIZ, F. *Los negros esclavos.* Havana: Ciencias Sociales, 1996.

PALMER, C. *Human Cargoes:* The English Slave Trade to Spanish America, 1700-1739. Urbana: University of Illinois Press, 1981.

_____. *Slaves of the White God:* Blacks in Mexico, 1570-1650. Cambridge, MA: Harvard University Press, 1976.

PALMIÉ, S. "Ethnogenetic Processes and Cultural Transfer in Afro--American Slave Populations". In: BINDER, W. (ed.). *Slavery in the Americas.* Würzburg: Königshausen und Neumann, 1993, p. 337-364.

PEIXOTO, A.C. *Obra nova de língua geral de Mina.* Lisboa: República Portuguesa/Ministério das Colónias/Divisão de Publicações e Biblioteca/Agência Geral das Colónias, 1945 [Editado por Luis Silveira].

PELLETAN, J.G. *Mémoire sur la colonie du Sénégal.* Paris: Panckoucke, An IX, 1800.

PEREIRA, N. *A Casa das Minas* – Contribuição ao estudo das sobrevivências do culto dos Voduns, do panteão daomeano, no Estado do Maranhão, Brasil. Petrópolis: Vozes, 1979 [2. ed. de *A Casa das Minas* – Contribuição ao estudo das sobrevivências daomeianas no Brasil. Rio de Janeiro, 1947 [Introdução de Arthur Ramos]].

PIERSON, W.D. *Black Yankees:* The Development of an Afro-American Subculture in Eighteenth Century New England. Amherst: University of Massachussetts Press, 1988.

PORTUANDO ZUÑIGA, O. *Entre esclavos y libres de Cuba colonial.* Santiago de Cuba: Oriental, 2003.

POSTMA, J.M. *The Dutch in the Atlantic Slave Trade, 1600-1815.* Cambridge: Cambridge University Press, 1990.

RASHID, I. "'A Devotion to Liberty at Any Price': Rebellion and Anti-Slavery in the Upper Guinea Coast in the Eighteenth and Nineteenth Centuries". In: DIOUF, S.A. (ed.). *Fighting the Slave Trade: West African Strategies.* Athens, OH: Ohio University Press, 2003, p. 132-169.

REIS, J.J. "Ethnic Politics among Africans in Nineteenth-Century Bahia". In: LOVEJOY, P.E. & TROTMAN, D. (eds.). *Trans-Atlantic Dimensions of Ethnicity in the American Diaspora.* Londres: Continuum, 2003, p. 240-264.

RICHARDSON, D. "Shipboard Revolts, African Authority, and the Trans-Atlantic Slave Trade". In: DIOUF, S.A. (ed.). *Fighting the*

Slave Trade: West African Strategies. Athens, OH: Ohio University Press, 2003, p. 199-218.

ROBERTS, R. *Warriors, Merchants, and Slaves:* The State and the Economy in the Middle Niger Valley, 1700-1914. Stanford: Stanford University Press, 1987.

RODNEY, W. *How Europe Underdeveloped Africa.* Londres: Bogle--L'Ouverture, 1972.

_____. *A History of the Upper Guinea Coast, 1545-1800.* Oxford: Oxford University Press, 1970.

RODRIGUES, N. *Os africanos no Brasil.* 2. ed. rev. São Paulo: Companhia Editora Nacional, 1935.

ROUT JR., L.B. *The African Experience in Spanish America:* 1502 to the Present Day. Cambridge: Cambridge University Press, 1976.

RYDER, A. *Benin and the Europeans, 1485-1897.* Nova York: Humanities, 1969.

SANDOVAL, A. *Um tratado sobre la esclavitud.* Ed. de 1627. Madri: Alianza, 1987 [Editado por Enriqueta Vila Vilar].

_____. *De instauranda Aethiopium salute:* El mundo de la esclavitud negra en América. Bogotá: Empresa Nacional de Publicaciones, 1956 [Fac-símile da ed. de 1627].

_____. *Naturaleza, policia sagrada y profana, costumbres, abusos y tiros de todos los Etiopes que se conocen en el mundo; y de otras cosas notables, que se cuentan de sus Reinos...* Madri, 1647.

SCHULER, M. *Alas, Alas Kongo:* A Social History of Indentured African Immigration into Jamaica, 1841-1865. Baltimore: Johns Hopkins University Press, 1980.

SCHWARTZ, S.B. *Sugar Plantations in the Formation of Brazilian Society:* Bahia, 1550-1835. Cambridge: Cambridge University Press, 1985.

SEARING, J.F. *West African Slavery and Atlantic Commerce:* The Senegal River Valley, 1700-1860. Nova York: Cambridge University Press, 1993.

Sevilla a comienzos del siglo XII: El tratado de Ibn Abdūn. Madri: Monedo y Crédito, 1948 [Editado e traduzido por Emilio García Gomez e E. Lévi Provençal].

SHAKUNDI, al-A. *Elogio del Islam español.* Madri: E. Maestre, 1934 [Tradução de Emilio García Gomez].

SOARES, M.C. *Devotos da cor:* identidade étnica, religiosidade e escravidão no Rio de Janeiro, século XVIII. Rio de Janeiro: Civilização Brasileira, 2000.

STUDER, E.F.S. *La trata de negros en el Río de la Plata durant el siglo XVIII.* Montevideo: Libros de Hispanoamérica, 1984.

SUNDIATA, I.K. *From Slaving to Neoslavery:* The Bight of Biafra and Fernando Po in the Era of Abolition, 1827-1930. Madison: University of Wisconsin Press, 1996.

_____. *Black Scandal, America and the Liberian Labor Crisis, 1929-1936.* Filadélfia: Institute for the Study of Human Issues, 1980.

TALBI, M. "The Spread of Civilization in the Maghrib and Its Impact on Western Civilization". In: NIANE, D.T. (ed.). *Unesco General History of Africa* – Vol. 4: Africa from the Twelfth to the Sixteenth Century. Berkeley: University of California Press, 1984, p. 57-77.

TARDIEU, J.-P. "Origins of the Slaves in the Lima Region in Peru (Sixteenth and Seventeenth Centuries)". In: DIÈNE, D. (ed.). *From Chains to Bonds:* The Slave Trade Revisited. Paris: Unesco, 2001, p. 43-54.

TAYLOR, J.G. "The Foreign Slave Trade in Louisiana after 1808". *Louisiana History*, vol. 1, n. 1, 1960, p. 36-44.

THOMAS, H. *The Slave Trade:* The Story of the Atlantic Slave Trade, 1440-1870. Nova York: Simon and Schuster, 1997.

THORNTON, J.K. *A África e os africanos na formação do Mundo Atlântico.* São Paulo: Editora Campus, 2004.

_____. "Religious and Ceremonial Life in the Kongo and Mbundu Areas, 1500-1700". In: HEYWOOD, L.M. (ed.). *Central Africans and Cultural Transformations in the American Diaspora.* Cambridge: Cambridge University Press, 2002, p. 71-116.

_____. *The Kongolese Saint Anthony:* Dona Beatriz Kimpa Vita and the Antonian Movement, 1684-1706. Cambridge: Cambridge University Press, 1998.

_____. "African Dimensions of the Stono Rebellion". *American Historical Review*, 46, 1991, p. 1.101-1.113.

_____. *The Kingdom of Kongo:* Civil War and Transition, 1641-1718. Madison: University of Wisconsin Press, 1983.

_____. "African Political Ethics and the Slave Trade: Central African Dimensions" [Artigo inédito].

"Timeline of Slavery". In: FINKELMAN & MILLER (eds.). *Macmillan Encyclopedia of World Slavery*, vol. 2, p. 981.

VANHEE, H. "Central African Popular Christianity and the Making of Haitian Vodou Religion". In: HEYWOOD, L.M. (ed.). *Central Africans and Cultural Transformations in the American Diaspora*. Cambridge: Cambridge University Press, 2002, p. 243-266.

VANSINA, J. "Prefácio". In: HEYWOOD, L.M. (ed.). *Central Africans and Cultural Transformations in the American Diaspora*. Cambridge: Cambridge University Press, 2002, p. xi-xv.

_____. *Paths in the Rainforests:* Toward a History of Political Tradition in Equatorial Africa. Madison: University of Wisconsin Press, 1990.

_____. *Kingdoms of the Savanna*. Madison: University of Wisconsin Press, 1966.

VERGER, P. *Fluxo e refluxo do tráfico de escravos entre o Golfo do Benin e a Bahia de Todos os Santos, dos séculos XVII a XIX*. São Paulo: Editora Corrupio, 1987.

_____. *Trade Relations between the Bight of Benin and Bahia from the 17th to the 19th Century*. Ibadan: Ibadan University Press, 1976 [Tradução de Evelyn Crawford].

VILA VILAR, E. "The Large-Scale Introduction of Africans into Veracruz and Cartagena". In: RUBIN, V. & TUDEN, A. (eds.). *Comparative Perspectives on Slavery in New World Plantation Societies*. Nova York: New York Academy of Sciences, 1977, p. 267-280.

_____. *Hispanoamérica y el comércio de esclavos*. Sevilha: Escuela de Estudios Hispano-americanos, 1977.

VYDRINE, V. *Manding-English Dictionary (Mandinka/Bamana)*. Vol. 1. São Petersburgo: Dimitry Bulanin, 1999.

WALSH, L. "The Chesapeake Slave Trade: Regional Patterns, African Origins, and Some Implications". *William and Mary Quarterly*, vol. 58, n. 1, 2001, p. 139-170.

_____. *From Calabar to Carter's Grove:* The History of a Virginia Slave Community. Charlottesville: University Press of Virginia, 1997.

WAX, D.D. "Preferences for Slaves in Colonial America". *Journal of Negro History*, vol. 58, n. 4, 1973, p. 371-401.

WONDJI, C. WONDJI, C. Capítulo 14: "Os Estados e as culturas da costa da Guiné Inferior". In: OGOT, B.A. (ed.). *Unesco História Geral da África* – Vol. 5: África do séc. XVI ao XVIII. São Paulo: Universidade Federal de São Carlos, 2010, p. 475-518. (Todos os oito volumes da coleção podem ser baixados gratuitamente em: http://www.unesco.org/new/pt/brasilia/education/inclusive-education/general-history-of-africa/)

WOOD, B. *The Origins of American Slavery:* Freedom and Bondage in the English Colonies. Nova York: Hill and Wang, 1997.

YAI, O. "Texts of Enslavement: Fon and Yoruba Vocabularies from Eighteenth and Nineteenth-century Brazil". In: LOVEJOY, P.E. (ed.). *Identity in the Shadow of Slavery*. Londres: Continuum Press, 2000, p. 102-112.

Índice de ilustrações, figuras, mapas e tabelas

Ilustrações

Cultura Nok-Socotô*, Nigéria..., 30

Mulheres guerreiras desfilando diante do rei de Daomé e homens europeus, 48

Africanos de Moçambique no Brasil, 87

Africanos centro-ocidentais no Brasil, 88

Diferentes "nações" africanas no Brasil, 89

Homens e mulheres de Benguela e do Congo vivendo no Brasil, 90

Africanos tomados como escravos no Senegal do século XVIII, 122

Coleiras de madeira usadas no tráfico de escravos, 123

Um comboio de escravos vindos do interior do Senegal, 124

Cartaz anunciando a venda de africanos recém-chegados de Serra Leoa em Charleston..., 125

Revolta a bordo de um navio negreiro..., 126

Phillis Wheatley, cerca de 1773, em torno de 20 anos de idade..., 171

Job Ben Solomon..., 172

Abdul Rahaman..., 173

Povos acãs, grupo baulê..., 189

Povos edos, reino do Benim, "Ornamento de quadril em forma de máscara (uhunmwunekhue)"..., 190

---

* Sokotô, Sokoto, Socotó [N.R.].

Povos edos, reino do Benim, "Cabeça de obá (uhumwelao)"..., 192

Mahommah Gardo Baquaqua..., 195

Instrumentos musicais da Costa do Ouro do século XVII..., 196

Olaudah Equiano, um ibo..., 233

Povos quiocos. Escola de Muzamba..., 260

Povos congos. "Figura mágica (nkisi/inquice)"..., 261

Ilustração do século XIX de mulheres bantas cultivando o solo com enxadas, 268

Princesa Madia..., 278

Figuras

3.1 Aglomeração de etnias africanas nas paróquias da Louisiana, período espanhol..., 143

3.2 Aglomeração de etnias africanas nas paróquias da Louisiana, período inicial dos Estados Unidos..., 144

4.1 Viagens do tráfico atlântico de escravos para a Carolina do Sul..., 174

5.1 Minas na Louisiana por gênero..., 210

6.1 Viagens do tráfico atlântico de escravos para Maryland e Virgínia... 240

7.1 Congueses na Louisiana por gênero..., 277

Mapas

1.1 Dinastia almorávida..., 35

2.1 Etnias africanas proeminentes na América do Sul..., 64

2.2 Etnias africanas proeminentes na América do Norte e Caribe..., 65

4.1 Grande Senegâmbia/Alta Guiné..., 153

5.1 Oeste da Baixa Guiné..., 187

6.1 Leste da Baixa Guiné..., 226

7.1 África Centro-ocidental e Oriental..., 253

Tabelas

2.1 Informação de origem de escravos em documentos da Louisiana, 78

2.2 Africanos com designações de "nação" vendidos em Cuba..., 81

2.3 Africanos com designações étnicas registrados em fazendas de açúcar e café cubanas, 84

2.4 As dezoito etnias mais frequentes por gênero na Louisiana..., 92

2.5 Distribuição de nomes africanos entre escravos na Louisiana, por origem, 110

3.1 Viagens do tráfico transatlântico de escravos trazendo africanos escravizados para regiões de cultivo de arroz, 132

3.2 Lista da alfândega espanhola de escravos desembarcando na Louisiana..., 141

3.3 Local de nascimento ou etnia dos escravos desembarcando na Louisiana..., 146

3.4 Idade média dos africanos na Louisiana..., 148

4.1 Duração de viagens do tráfico de escravos para Cartagena..., 156

4.2 Viagens para Cartagena das Índias..., 161

4.3 Região africana de origem de escravos peruanos calculada a partir de descrições étnicas..., 162

5.1 Viagens do tráfico transatlântico de escravos da Costa do Ouro para colônias britânicas..., 197

5.2 Principais etnias do Golfo do Benim encontradas em propriedades na Louisiana, por década..., 220

5.3 Equilíbrio de gêneros entre as principais etnias do Golfo do Benim..., 221

6.1 Números, porcentagens e equilíbrio de gêneros dos ibos..., 230

6.2 Africanos escravizados enviados dos três principais portos do Golfo de Biafra, 234

6.3 Etnias africanas do Golfo de Biafra nas Antilhas britânicas..., 242

6.4 Africanos do Golfo de Biafra..., 244

7.1 Viagens para Cartagena..., 273

7.2 Africanos centro-ocidentais nas Antilhas Britânicas, 278

A.1 Escravos vendidos independentemente de espólios na Louisiana..., 296

A.2 Preço médio de venda das cinco etnias africanas..., 298

A.3 Preço médio de escravos por etnia e sexo..., 300

Índice analítico

Abacate 53
Abacaxi 53, 267
Acra 206
Acuamu, Império 49, 203, 208
Açúcar 39, 47, 56-58, 118, 131, 208, 247-260, 267, 272,
    275, 288s.
Adams, Capitão John 224s.
Afikpo 224
Afonso, rei do Congo 49, 254
África
  administradores na 105s.
  Centro-ocidental 49, 54s., 81, 83, 85, 91, 98s., 101, 119,
      121, 126-129, 142, 145, 156, 162, 168s., 173, 194, 198,
      217, 251-266, 271-281, 288
  colonização europeia da 15s.
Africanos novos 147-149
  cf. tb. *Bozal*; *Brut*
Afro-europeus 147, 171, 291
Afro-portugueses 117-120, 175, 252, 254, 257, 263s., 291
Agaja, rei de Daomé 52
Água 75s., 118, 121s.
Aguirre Beltrán, Gonzalo 67, 164, 206
Ajudá 52, 85, 129, 218s., 262
Alabama 168
Aladá 156, 161, 201
Algodão 56, 117, 157, 162, 247
Almada, Álvares de 167

Almóada, Dinastia 32s.

Almorávida, Dinastia 29-34

Alta Guiné 54, 75, 101, 129-131, 151s., 186, 194, 291

Alto Peru 71, 162s.

Ambuíla, Batalha de 258

Amendoim 53, 267

América
  Central 130
  do Sul 159, 162
    cf. tb. Alto Peru; Argentina; Baixo Peru; Brasil; Peru; Rio da
    Prata; Uruguai
  Espanhola 56s., 59, 80s., 109, 135, 155, 157, 160s., 200,
  264s. 269s., 271s.
    taxação na 158s., 163s.

Americanos nativos
  colheitas dos... introduzidas na África 53, 266s.
  cooperação dos... com africanos 158s.
  dizimação da população de 56
  e crioulização 284, 291s.
  na Louisiana 108, 146s., 201s.
  trabalho dos 118, 207s., 272s.

Amsterdã 39

Angoio 265

Angola 71, 96s., 118, 128s., 152, 155, 160-165, 173, 255-257,
  262-265, 271-275, 281
  significados variáveis de entre europeus 98, 127s.

Anguila (Antilhas Britânicas) 76, 280

Anil 56s., 129s., 167, 247

Anstey, Roger 176

Antilhas
  britânicas 71, 80, 115s., 134s., 176, 197s., 241s., 280
  dinamarquesas 203, 229

Antropologia
  metodologia da 61, 63, 102-108, 113

Antropólogos na África 105s.

Aponte, Conspiração (Cuba) 213s.

334

Árabes
  como traficantes de escravos 269s.
  na Espanha 28
Argentina 71, 129, 163
Armah, Ayi Kwe 75s.
Armas de fogo; cf. Guerra
Arroz 55s., 58, 100s., 130s., 156s., 164s., 167s., 169s., 181,
  247, 267
Arte 33s., 61
Asiento
  britânico 134s., 243s.
  português 118, 157s., 160s., 163s., 272
Axante, Império 52, 203, 204s.

Bagre 121s.
Bahia 53, 62, 199s., 213s., 283, 291
  tabaco da 129
Baixa Guiné 49, 76s., 185-249
Baixo Peru 71
Baltimore 145
Bambuk
  fonte de ouro 31, 132, 188,191
Bamenda 230
Banana 267
Bancos de dados 18, 21, 63, 72s., 76-79, 104s., 287, 293-303
  cf. tb. *Louisiana Slave Database; Trans-Atlantic Slave Database*
Banto do noroeste; cf. Língua(s): Banto do noroeste
Banza 252, 265
Barataria (Louisiana) 136
Barbados 130, 135, 197s., 244, 293
Barry, Boubacar 50, 66, 70, 72, 107, 152, 237
Bastide, Roger 62, 289
Batata 53
  -doce 53, 267
Baton Rouge 137
Bayamo (Cuba) 213

Bengo, Rio 257

Benguela 85, 90, 252, 258s.

Benim
  Estado independente 203s.
  Golfo do 51, 75, 91, 110, 142-144, 152, 163, 185, 219,
    276, 290
  reino do 51, 187s.

Berlin, Ira 246

Biafra, Golfo de 74, 77, 81, 101, 121, 137, 142, 152, 163, 172,
  191, 193s., 207, 223-249, 279s., 287, 291

Bijagós, Ilhas 97

Bissau 156

Blackburn, Robin 68

Boahen, A.A. 185

Bobangi, Rio 43

Bolívia 71, 163

Bonny 137, 223, 231s.

Bowser, Frederick 164

Boxer, C.R. 218

Bozal 94s., 138
  cf. tb. *Brut*; Africanos novos

Brandemburgo 186

Brasil 55, 57-59, 71, 80-82, 85, 98-100, 109, 118, 126, 128s.,
  156s., 173, 186, 203-207, 218-222, 254, 267s., 281, 285,
  291, 303

Brass, país 225

Bristol 223

Bronze 224

Brooks, George E. 85

Brut 94s., 138
  cf. tb. *Bozal*; Africanos novos

Buhnen, Stephan 85, 154, 164

Búlgaros 28

Buré
  como fonte de ouro 31, 132, 191

Burquina Faso 19

Cabildos de Naciones (em Cuba) 82, 205s., 209, 213, 218

Cabinda 85, 263

Cabo
  Lahou 75s.
  Lopez Gonzalez 121
  Palmas 185, 201
  Verde 83, 117s., 160-162, 291

Cachaça; cf. Rum

Cacheu
  posto português de tráfico de escravos 156s., 165, 216
  Rio 156

Cacongo, Reino de 265

Café 56, 84, 280

Caior 119

Calabar 93, 148, 223, 229s., 232s., 233-244, 249, 279
  cf. tb. Etnias africanas: Karabalí; Velha Calabar; Nova Calabar

Camarões, Rio 230

Caplaou; cf. Cabo Lahou

Caribe 40, 58, 67, 76, 126, 129, 155, 157, 162s., 167s., 180, 231, 239, 245, 263, 267, 274, 279, 281, 291
  relutância em comprar escravos do 136s.
  transbordo de escravos do 134-146, 293

Carolina do Sul 98, 125, 130s., 147, 168-170, 198, 223, 247, 275s., 293

Cartagena das Índias 120, 156, 161, 162-164, 188, 200s., 208, 216, 236, 273

Casamansa, Rio 122, 156, 165

Casta 78, 200s., 292

Cavalo 34

Centro de Recursos sobre a Diáspora Africana Harriet Tubman 23, 284n. 2

Cerâmica 34, 224, 266

Chambers, Douglas B. 80, 231, 238

Charleston 141, 245, 275

Chesapeake 169, 172, 231, 248

Chile 71, 163

337

Choctaw (Louisiana) 42

Cinturão Médio da África Ocidental 77, 193

Cobre 34, 47, 53, 57, 100, 106, 132, 252, 266, 273

Code Noir 299

Codera, Francisco 33

Cola, noz de 29, 34, 100

Colômbia 57, 132, 159, 162, 208

Colônias
  britânicas nas Américas 71, 127, 180, 197, 217
  francesas nas Américas 58, 67, 71, 127s., 188, 198, 264

Comerciantes ianques 15, 171, 175, 269

Comércio transaariano 28s., 31, 33, 100

Comida 75, 100, 118, 131, 209s.

Congo
  Estado Livre do 15
  reino do 55, 251-267
  Rio 55, 121, 253, 262, 266, 269, 274
    comunidades pesqueiras 99, 127
  cf. tb. Etnias africanas: Congo

Conhaque 54s.

Contracosta 83

Conversos; cf. Religião: Judeus

Coroa
  britânica 58
  francesa 58

Coromanti 206, 218

Costa
  da Malagueta 116, 185
  do Marfim 74-77, 116, 121, 185
  do Ouro 49, 55, 57, 74s., 77, 81, 99, 116-118, 120s., 127,
    129,132, 135, 142, 152, 170, 185-188, 191, 197s.,
    200-209, 211-218, 222, 236, 254, 289
  dos Escravos 48s., 51s., 74, 77s., 81, 83, 116, 120s., 127, 129,
    135, 152, 156, 161, 185-188, 191, 194, 198-208, 211,
    214s., 217, 220, 222
  dos Grãos 116, 185

Costa e Silva, Alberto da 156, 253

Costa Rica 19, 273

Costas africanas
definições de 66

Costa Windward 74-76, 216

Couro 29, 34, 57, 247

Crato 167

Crédito no tráfico atlântico de escravos 128s.

Crioulização
em Cabo Verde 118
em São Tomé 118
em Serra Leoa 285
na África 63, 105s., 107s., 118-149, 186, 225, 237s., 291
nas Américas 13, 18, 63, 96s., 102s., 111, 284s., 289-294

Cristãos novos; cf. Religião: Judeus

Cross, Rio 223

Cua; cf. Língua(s): Cua

Cuanza, Rio 255, 257

Cuba 19, 57, 62, 81s., 99, 126, 137, 143, 199, 205-207, 212-214,
220, 222, 224, 233, 245s., 269, 279, 283, 291, 293, 303
tráfico de escravos ilegal para 19, 276-281
cf. tb. *Cabildos de Naciones*

Curtin, Philip D. 50, 66-69, 72-76, 158, 177, 206

Dança 36, 61, 165

Daomé 45s., 48, 52s.
reino de 52, 85, 98, 201, 205

Davis, David B. 41

Debien, Gabriel 67, 75, 79, 98, 115, 203, 288

Dendi 195

Deniker, Joseph 205

Diamante 47, 106, 204

Dike, Kenneth 224s., 227s., 232, 237, 249

Dinamarca 186

Diop, Cheikh A. 107

Direito
na Espanha e Portugal islâmicos 34-36

DNA 63

Documentos em francês nas Américas 18s., 78-83, 86, 127s.
Doenças 78, 276
Dongo, Reino de 256
Dozy, Reinhart 32
Du Bois, W.E.B. 13s., 38

Ekejiuba, Felicia 228
Ekpe 227
Elem Kalabari; cf. Nova Calabar
Elmina 99, 187s., 201, 203-206, 214-218, 222
Eltis, David 23, 25, 40-42, 69, 135
Elton, Frederick 270
Emancipados
  em Cuba 15, 280s.
Equador 159
Era das Revoluções 171
Escravidão
  como categoria histórica, e não sociológica 38
  como os escravos eram "produzidos" na África 51
  contrastes entre a escravidão na África e nas Américas 42-49
  doméstica 47s., 50
  novo mercado criado para 50
  origem eslávica de "escravo" 27
  por dívida 128s., 231s.
  por que africanos, e não europeus, foram escravizados 38-43
  produção independente por escravos nas Américas 46s.
Escravos
  fugidos 79s., 89, 98s., 131s., 133s., 158s., 179s., 188, 207-210, 217s., 229s., 271s., 285
    em São Tomé 118s.
    cf. tb. *Palenques*
  islâmicos nas Américas 83, 155, 180s.
    nomes islâmicos nas Américas 110
Esmeralda 47
Espadas 34

Espanha 19, 27s., 57, 59, 154
  coroa da 157s.
Estados Unidos (coloniais e nacionais) 59, 114s., 129, 135, 142,
  144-147, 167s., 170-173, 186s., 197s., 238s., 274-281, 292s.
  cf. tb. Comerciantes ianques
Etnias africanas
  Acã 186, 188, 191, 197s., 205s., 211s.
  Agolin 85
  Aja 51, 92, 199-205, 218-221, 290
  Aku (Iorubá) 234
  Angola 83, 96-99
  Anlo 201
  Arará 52, 84, 92, 199, 219-221, 290
  Aro 227s.
  Arriata 113
  autoidentificação nas Américas 62, 83-109
  Axante 81, 213
  Baga 122
  Balanta 122, 151, 165
  Bamana 97, 110, 148, 177-180, 211, 300
  Bambara 61, 97, 176-180
    Conspiração Samba Bambara 179
    significa "bárbaro" na África 177
    significado de para europeus na África 179
  Banhum 151, 165
  Beafada 151, 157s., 164s., 166s.
  Berbere 29
    sanhaja 31
  Berom 146
  Bijagó 97, 121, 165
  Biofo 151
  Bioko 229s., 241
  Brame 151, 157, 165
  Bricamo 84
  Calabar 93, 148, 223-227, 229s., 232-234, 236, 239-244,
    249, 279
  Carabalí 207, 213
  Casanga 151, 165
  Cocoli 151

Congo 57, 81, 84, 90, 93, 99s., 132, 138s., 143-147, 248-267, 290, 298-301
  significados variáveis de entre europeus 127
Cru 74, 76s., 122, 186
Cuacua 76, 186
Daomé 85, 98, 194, 199, 201, 204s., 214, 218
Diacanquês 178
Diula 107, 121
Ecói 227, 229s., 241, 249
Edo 91, 93, 188, 219-221
Efique 225, 227, 236, 239, 243, 249
encontradas mais frequentemente em documentos
  americanos 116s., 298-300
Esan 229
Evé 186, 201, 203-205, 214, 290
Fante 206
Felupes 113, 122, 151
Fon 52, 85, 92, 194, 198-205, 214s., 219-221, 290
Fon/Daomé no Brasil 194
Fula 73, 92, 101, 107, 110, 147, 151, 170, 200s., 235s., 292
Gã 186, 202, 206, 211
Ganga
  significado em Cuba 81s., 84
Garama 173
Gola 146
Guagui
  significado de 206
Hauçá 74, 77, 92, 147, 148s., 193, 195, 199, 206, 221, 236, 243
Ianno 85
Iaô 124, 269
Ibibio 82, 84, 93, 148, 193, 224s., 227-234, 239, 241s., 244, 249, 279, 283
Ibo 82, 93, 115, 123, 133, 137, 148, 172, 188, 191-194, 207, 223-249, 279, 283, 286s., 298, 300s.
Ijó 193, 230, 239, 249
Imbangala 97

Iorubá 51, 62, 93, 148, 188, 199-201, 213-215, 218-221, 234, 277, 279s., 283, 285, 291, 301
Jaga 97, 255
Jalofo 92, 99, 101, 107, 110, 143, 147s., 151-160, 236, 248, 292, 298, 300
Jalom 107
Jeje 194
Karabalí 81s., 84, 201, 233, 291
Khaasonke 107
limites e formação de identidade 22
Lucumí 81, 84, 199, 219, 234, 279s., 283
   multilinguismo entre 89
Macua 84, 93, 124, 128, 138s., 143, 148, 269s.
Maki 52s., 85, 194, 204s.
Mandinga 72s., 80s., 84, 92, 97s., 100s., 107, 110, 138s., 143, 147-149, 151s., 171, 213s., 247s., 292, 298, 300
Mandongo 99, 148
Mané 107, 186
Marabi 84
Mina 49, 83-86, 92, 99s., 109, 132, 143, 147-149, 187s., 198-222, 298, 300
   Cabildo Mina Axante 213s.
   Mina Congo 100
   Mina Guagui 213
   Mina Nagô 100
   Mina Popó 199, 205s., 214, 220
Moco 93, 148, 193, 224, 228-230, 234, 239-245
Mondongo 84
Mondongue 99, 217, 288n. 7
Mouro 28s.
   escravos nas Américas 92, 107, 147-149
Mungola 99, 271
Naari caior 53
Nagô 115, 147s., 199s., 214s., 218-221, 234, 285, 291, 300s.
Nalu 151, 165, 211
Nar 92, 107, 147s.
Pau pau 100
Peul 73

Popó 100, 200s.
Quaw 225
Quincanga 73, 75s., 81, 92
Quissi 73, 92, 147s.
Sabaru 52s., 85
Samá 77, 92, 146-148, 193, 199, 219-221, 300s.
Sané 107
Sape 151
Serere 292
significados e ortografia variáveis ao longo do tempo e do
espaço 20
Sosso 115, 151
Timené 73, 85
Tucolor 107
Turê 107
Vili 127, 258, 264
Europa
demanda por mercadorias "legais" produzidas por escravos na
África 51, 266
mercadorias introduzidas na África por 53
população da 40

Família
entre escravos nas Américas 47, 77s., 211s., 275s., 299
Feijão 53
Fernando Pó 229s.
Ferramentas 34
Ferreira, João ("Ganagoga") 167
Ferro 53, 113, 185, 224, 266
Firestone, David 22
Fischer, David H. 177
Flechas envenenadas 121
Florentino, Manolo G. 71, 173
Flórida
espanhola 132, 167s., 279
oeste britânico da 171
Fome 77, 258
Foy, Louis 179-183
França 19, 39, 42, 59, 127, 156, 186

Freetown 234, 243
Futa Jalom 73

Gabão 121
Gabu 107
Gado 34, 72s., 101, 167, 247
Galam
  como fonte de ouro 31, 34
Galveston 279
Gâmbia, Rio 45, 84, 154, 175
Gana, reino antigo de 28
Garcia, rei do Congo 258
Gbe; cf. Língua(s): Gbe
Geba, Rio 85, 121, 154
Geggus, David 76, 80, 98, 239, 288, 290
Gen, Genyi (Acra, Costa do Ouro) 206
Geórgia 131, 167-170, 197
Gezo, rei de Daomé 45s.
Goma 100
Gomez, Michael A. 74, 80, 98, 231, 238
Goréa 177
Grã-Bretanha 53, 56, 59, 75s., 97s., 170, 176, 191
  asiento 135
  mercadorias introduzidas na África por 53
Grande Senegâmbia; cf. Senegâmbia
Grãos 34, 120
Greene, Sandra 201
Grumete 119
Guadalupe 76, 141, 230, 239, 279
Guerra(s) 49, 76, 100, 106, 138
  armas de fogo introduzidas na África 34, 53s., 188, 201s.
  de independência latino-americanas 279
  em Moçambique 268s.

Fria
na África 106s.
na África Centro-ocidental 119, 254-259, 266
na Costa do Ouro/Costa dos Escravos 201-205, 208s., 211
na Grande Senegâmbia 75
Guiné 91, 95, 148, 163s., 170, 173
-Bissau 122, 165
costa da 170, 152-155
significados variáveis de 82s., 160s., 163s.
Guinea La Cayana 141
Gumbo 181
Gur; cf. Língua(s): Gur

Habilidades
de africanos nas Américas 56-59, 77s., 128-132, 167s.,
180s., 188, 201s., 216s., 272s., 295
na África Centro-ocidental 266, 272
no Senegal, atribuídas a ciganos espanhóis 165s.
Haiti; cf. São Domingos/Haiti
Harms, Robert 43
Havana 139, 213, 287
Herskovits, Frances 61
Herskovits, Melville 61
Higman, Barry 76, 80, 116, 176
História
e escravidão 38s.
estudos quantitativos 13-15, 67-73, 127s., 157s., 160s., 163s.
línguas e valor relativo de documentos 64, 66s., 76-88, 90,
96-102, 113s., 127s., 203s., 238s., 241s., 258s., 286-288, 292
metodologias da 19, 61, 63-68, 73s., 103-108, 113, 147,
171-176, 235-238, 283-285
poder da 25, 32, 38s.
preconceitos entre historiadores 21s., 104s.
testemunho de escravos 77s., 80s., 89
cf. tb. Bancos de dados
Hitti, Philip K. 32
Holandeses 39s., 54s., 59, 118, 130, 156s., 162s., 186, 188,
204s., 215-218, 256s., 267s., 272s.
colônias nas Américas 127
Huegbadja, rei de Daomé 45s.

Ibn Hawḳal 28
Ibn Yasin 30
Idade de escravos 77s., 91, 93, 95, 145-149, 246-249, 295, 303
Illinois 180
Imbangala 97
Índia 53, 269
Índios; cf. Americanos nativos
Inglaterra; cf. Grã-Bretanha
Inhame 101, 224, 267
Inikori, Joseph E. 23, 56, 59, 69, 228, 252
Inquisição
  na América Espanhola 158
Irlandeses 40
Irmandades 82
  da Mina 85, 194, 207, 217s.
Islã 28s., 101, 292
  direito, língua, administração 36
  Espanha e Portugal islâmicos 28, 31s.

Jaime I, rei da Inglaterra 152
Jakin 52
Jalofo
  termo regional para o norte da Alta Guiné 84, 154
  cf. tb. Etnias africanas: Jalofo
Jamaica 19, 80, 99, 130, 135, 137, 141s., 169s., 197-199,
  244s., 271s.
Jinga, rainha em Angola 256
João I, rei do Congo 254
Johnson, Marion 74s.
Jones, Adam 74s.
Judeus; cf. Religião: Judeus

Kalabar; cf. Calabar
Karasch, Mary 99, 271
Keta 211
Koelle, Sigismund 234s.

Kogon, Rio 165
Kulibali, Mamari 178

Lã
  indústria na Inglaterra 39s.
Ladinos 154s., 188
Lafitte, Jean 279
Lamiral 179
Lançados 118s., 155, 167, 291
Latão 53
Law, Robin 23, 45, 52, 200, 206, 214
Leopoldo, rei da Bélgica 15
Le Page du Pratz 99, 133
Libéria 74, 77, 121s., 185
Lincoln, Abraham 15
Língua(s)
  Acã 100, 191, 201, 214, 218, 236
  africanas 62
    como fator de identidade 97s., 183
    de documentos nas Américas 77s., 102s.
  dificuldade de africanos novos para se comunicarem com
      senhores 95s.
    diversidades, continuidades e descontinuidades na África
      191-193, 264s.
    escolha de africanos com base em 132s.
    grupos linguísticos da África Centro-ocidental 127s.
    intérpretes entre africanos nas Américas 200s., 212s.
    multilinguismo e troca de línguas entre africanos 90,
      107s., 186
    significados variáveis de Angola e Congo entre europeus 127,
      264s., 271s.
  Afro-asiática 193s.
  Árabe
    fontes em 67s.
    impacto nas línguas ibéricas 36
    significado de Guiné em 151s.

Banto 44s., 193s., 251-281
cf. tb. Moçambique; Sudeste da África; África Centro-ocidental
Banto do noroeste 82, 193, 239-242
crioulas na África 119, 291
com base no português 193s., 291
crioulas nas Américas 85s., 96s., 180s., 214s., 220, 222, 285
Cua 76, 82, 186, 191, 193
Espanhol 19, 34, 36
Gbe 191, 194, 198-201, 203-205, 214s., 219-222, 285
Gur 193
Iorubá/Nagô 191, 285
Mandês
falantes na Louisiana 178-183
grupo linguístico 72s., 97s., 154s., 185, 191, 193s.
Mandinga
como língua franca 193s., 292
Mina 213s.
língua geral da Mina no Brasil 82s., 85s., 97s., 215s., 220, 222, 285
Oeste-atlântico
grupo linguístico 72, 185, 191, 193s.
Quicongo 127s., 271
Quimbundo 127, 262s., 265s.
Suaíli 62, 283
Tuí 195, 205
Lisboa 154
Littlefield, Daniel 80, 134, 244
Liverpool 223
Loango
Costa do 121, 127, 258s., 262-265, 271s., 274s.
reino de 264s.
Lockhart, James 67, 164
Lomué 270
Lopes, Duarte 265
Louisiana 42, 62, 72, 76, 78s., 83, 86, 88-97, 99, 101, 107, 109s., 130, 133, 136-147, 167-170, 182, 188, 210-213, 217-221, 229s., 234, 239-243, 244-248, 268s., 275s., 288, 295-303
Louisiana Slave Database 88, 91-94, 98, 108, 138, 142-146, 169

Lovejoy, Paul E. 23, 232, 284n. 2
Luanda 120, 127, 161, 252, 255-259, 263, 267, 272s.
Luís XV, rei da França 299

Madagascar 130s., 267
Madeira 75, 121
Maiombe 121, 265, 274
Malembo, Reino de 262
Mandega
termo regional para o centro da Alta Guiné 83, 154
cf. tb. Etnias africanas: Mandinga
Mandela, Nelson 17
Mandês; cf. Língua(s): Mandês
Mandinga; cf. Etnias africanas: Mandinga; Língua(s):
Mandinga como língua franca
Mandioca 53, 267
Manning, Patrick 22, 219, 297
Manumissão
na África 43-49
nas Américas 46-49, 285
Mar
distâncias, ventos e correntes 129, 149, 157, 174, 264, 288
economia de enclave ao longo de costas africanas 100s.
habilidades marítimas africanas 57, 74s., 121s., 185
rebentação 74s.
Maranhão 126, 129, 156s.
Marfim 34, 100, 120s., 127, 167, 188, 215s., 252, 259, 262, 269
Marrocos 19, 31, 33
Martinica 19, 80, 139,141s., 146, 241, 280
moeda na 299, 301
Maryland 146, 168, 197, 240
Mascarenhas, Ilhas 267
Massangano 257
Mediterrâneo, mundo 28-34, 37s., 186
Mercenários, soldados 31s., 49, 202, 211, 227, 255
Mesurado 76

Metais 47, 53

México (Nova Espanha) 67, 115, 126, 155, 157, 159, 162
  Golfo do 159, 168, 171, 279
  moeda de prata no 243-247

Migração na África 72s.

Milho 53, 247

Miller, Joseph C. 23

Mina
  Costa da 152, 204s.
  lugar na África 185s.
  cf. tb. Etnias africanas: Mina; Língua(s): Mina

Minas Gerais 204

Mineração
  transferência de tecnologia da África para as Américas 132

Mintz-Price (tese) 103, 289

Missionários; cf. Religião: Igreja Católica Romana

Mississipi 168
  Rio 132, 137, 142, 145, 147, 168, 275

Moçambique 84-87, 124, 128, 267-271, 277, 281
  no Brasil 128s.

Moedas 185
  anil 129s.
  cauris 53
  cobre 100
  fórmula de conversão para a Louisiana 298-301
  ouro 28s., 31, 33, 56s., 100
  prata mexicana 244
  rum 54s.
  zimbo 252

Mono, Rio 203

Monte, Capitão Ignacio Gonçales 85

Moore, F. 45

Moreno Fraginals, Manuel 62, 82, 279

Mouros 28s., 33
  escravos nas Américas 94, 106s., 147-149
  cf. tb. Etnias africanas: Nar

Muedra, Dra. Concepción 32n. 7

Mulheres 43s., 83, 92, 94, 217s., 221, 224, 231s., 234s., 239, 241, 243-249, 264s., 275s., 286, 296-298
Mullin, Michael 96s., 247
Música
  entre os "guinéus" 165
  na antropologia 61

Ngou-Mve, Nicolás 252, 266
Nguunu 264
Níger, Rio 30, 97, 188, 193, 223s., 227, 243, 251
Nomes
  africanos 107-111
    nas Américas 107-111
  islâmicos nas Américas 110s.
  sensibilidade quanto aos na África 175-178
Norfolk 145
Northrup, David 25, 46, 236, 286
Nova Calabar 223, 225, 232s.
Nova Orleans 180s., 211
Nuno, Rio 130
Nwokeji, G. Ugo 287

Oceano Índico 100, 107, 251
Oere, reino de 188
Ogboni; cf. Religião: Afro-cubana
Oió, Império 199
Oldendorp, C.G.A. 203, 229, 232
Ônix 29, 34
Opelousas 101
Opobo 225
Oriji, John 123
Ortiz, Fernando 61, 205
Ouidah; cf. Ajudá
Ouro 28s., 33, 100, 106, 120s., 129, 188, 203s., 215s., 217s., 266s.
  fontes subsaarianas de 33, 46s.

mina nas Américas 202s., 207s.
minadores na Colômbia 131s., 191
Ovimbundos, reinos 255

Painço 101
Palenques 208s.
  cf. tb. Escravos fugidos
Palmeira
  para óleo e vinho 54, 267
  Palmer, Colin 67, 135, 164, 243
Palo Maiombe; cf. Religião: Afro-cubana
Panos; cf. Tecidos
Pará 126, 129, 157
Paraguai 71, 163
Pedras preciosas 34, 47, 106
Peixoto, Antonio da Costa 215
Pelletan, Jean Gabriel 175
Pensilvânia 229
Pernambuco 257
Pérola 47, 57
Peru 67, 115, 126, 157s., 162s., 274
Petróleo 106
Pimenta 53, 100, 121, 188, 267
Pinda 55, 272
Pirataria 69, 121, 127, 130, 138, 159s., 171, 215s., 238s., 279
Pointe Coupée Post
  conspiração de 1795 em 229
  dados de preços comparáveis de 298
  macuas em 139, 211s.
Política, estrutura
  ao longo do Rio Congo 99
  descendência matrilinear como obstáculo à estabilidade
    política, formação de estado e expansão 76s., 96s.
  escravidão como ameaça à estabilidade da 38-42
  estruturas variáveis e em transformação na África 97s., 100s.
  fragilidade da... no reino do Congo 255, 264-266
  fragmentada na África Centro-ocidental 270s.
  segmentada 227s.

Pólvora 49, 53

Pombeiros
  na África Centro-ocidental 255

Popó
  Grande 205
  Pequeno 100, 200-203, 205s., 214s., 220, 222
  reino de 200s., 213s.
  cf. tb. Etnias africanas: Pau Pau; Etnias africanas: Popó

Porto Rico 159

Portugal 27-30, 39s., 44s., 49s., 54, 56, 59, 97s., 114, 116-118,
    121-124, 130, 151s., 154, 162s., 166s., 173s., 186
  coroa de 157s.
  na África Centro-ocidental 251-275

Prata 29, 34, 47, 164, 256, 274

Preços de escravos 48s., 50s., 77s., 100s., 156s., 163s., 211s.,
    243-249, 263s., 276, 295-303
  Preferências
  nos Estados Unidos 197s.
  por etnias africanas nas Américas 128-136, 147-149, 287
  por escravos da Costa do Ouro na Jamaica 194, 197
  por guinéus (da Grande Senegâmbia) no início da América
      Espanhola 156s., 163s.
  por ibos 242-249
  por produtos europeus ao longo das costas africanas 128s.

Quicongo
  reino de 257s., 271s.
  cf. tb. Língua(s): Quicongo
Quimbundo; cf. Língua(s): Quimbundo

Raça
  durante o tráfico atlântico de escravos 32s.
  entre historiadores 31s., 35, 103s.
  e religião 36s.
  ideologia da... na Espanha e Portugal islâmicos 27
  miscigenação racial e crioulização 284
  nas Américas espanhola e portuguesa 34-38
Rebelião Stono 167s., 275s.
Réclus, Elisée 206s.
Reconquista Ibérica 29, 32, 36

Redes comerciais 128s., 149, 160-163
Religião
  Afro-brasileira 218s., 291
    Candomblé 291
  Afro-cubana 213s., 291
    Ogboni, Shangó Tedum 213s.
    Palo Maiombe, Santeria 291
  conflitos na África levados para as Américas
  Cristãos-novos 118s., 157s., 166s.
  Dissidentes
    como colonos nas Américas 39s.
  e escravos fugidos 208s.
  e raça 36s.
  Ibo na África 225
  Igreja Católica Romana
    como protetora de americanos nativos 56s.
    concessão papal do monopólio do tráfico atlântico de
      escravos 157s.
    cristãos na Espanha medieval 31-34
    culpada por introduzir tráfico de escravos na África 51
    e batismo 62, 82s., 119, 191, 200s., 259
    e ladinos 154s.
    e sociedades de ajuda mútua 53, 82
    missionários da 104s., 167s., 214s., 229s., 252, 258s., 267
    na África Centro-ocidental 82s., 254, 266
    na Península Ibérica 35s.
    registros sacramentais da 82s.
    cf. tb. *Cabildos de Naciones*; Irmandades; Sandoval, Alonso de
  Judeus
    casamento com africanos 117s.
    como ancestrais de afro-portugueses 117s.
    conversões forçadas 116-119
    no tráfico de escravos como *asentistas* 157s.
    reconversões ao judaísmo na África 119
  na África 165s., 186, 198s., 259, 262, 285
  Vodu 290
Resistência
  ao tráfico atlântico de escravos 74s., 120-126, 173-175
  por escravos nas Américas 80s., 89, 182s., 216s.
  cf. tb. Escravos fugidos

Revolução
Americana 55
Francesa 175s., 262s.
Haitiana 41s., 138s., 262s.
Rhode Island 55, 194-199
Richardson, David 173, 232
Rio da Prata 71, 129, 162s., 274
Rio de Janeiro 53, 82s., 85, 99s., 110s., 217s., 268s., 271s.
Rios da Guiné
significado geográfico de 156-163, 174s.
Rios dos Escravos (Costa dos Escravos) 187s.
Rodney, Walter 101
Rodrigues, Nina 61, 206s., 213s.
Rosenberg, Robert A. 298
Rufisque
sinagogas em 119
Rum 54-57, 162, 272s.
da Nova Inglaterra 129, 197s.

Saara, Deserto do
comércio de caravanas de camelos através do 33s., 186, 252
Sael 107s., 177s.
aignes, Miguel Acosta 213s.
Saint Louis (Senegal) 179s.
Sal 29, 33s., 162, 202
Sandoval, Alonso de 34, 152, 161s., 200s., 219s., 228s., 236s., 265s., 292
Santa Lúcia (Antilhas britânicas) 75s., 276s.
Santiago
Cabo Verde 117
de Cuba 57, 80s., 132s., 233, 273
Santo Domingo (ilha no Caribe) 155, 158s.
assentamentos de escravos fugidos em 209s., 216s.
São Cristóvão (Antilhas britânicas) 76s., 241s., 276s.
São Domingos/Haiti 52, 62, 75s., 79s., 98s., 110s., 115, 130, 133, 138-142, 147, 198s., 209s., 219s., 230s., 232s., 239, 290
refugiados de 80s., 221, 244, 267-269, 296-300

São Jorge da Mina; cf. Elmina

São Luís (Brasil) 218s.

São Salvador (reino do Congo) 252-254, 258s.

São Tomé 117-120, 155s., 160s., 200s., 207s., 252, 254, 291
  construção de navios e marinheiros em 117-120
  indústria açucareira e tumulto em 118

Sape
  termo regional para o sul da Alta Guiné 84s., 154s.
  cf. tb. Etnias africanas: Sape

Ŝaqudī, Al- 34

Sá, Salvador da 55

Sea, Ilhas (EUA) 168s.

Seca 72s., 76s., 101s., 118

Seck, Ibrahima 109n. 59

Segu, reino de 52, 96s., 177s., 182s.

Senegal 19, 73s., 92, 99s., 151, 164-167
  como nome na Louisiana 108s.
  e produção de anil na Louisiana 129s.
  escravidão doméstica no 50
  ocupação britânica de portos de tráfico de escravos no Rio 29,
    31-34, 72s., 101s., 166s., 177s.
  cf. tb. Etnias africanas: Jalofo

Senegâmbia 66, 72s., 80s., 110s., 119, 130s., 170
  Grande Senegâmbia 46, 55, 69-76, 84s., 107s., 117, 119-123,
    126, 130s., 147-149, 151-185, 188, 191, 193s., 272s., 275s.

Sequestro
  de africanos 49s., 54s., 75s., 100s., 121s., 227, 237
  de europeus 38s.

Serra Leoa 55, 66, 73s., 81, 86, 131s., 151s., 168s., 175s.,
    215s., 234s., 242s., 284s.
  Rio 72s., 156s., 175s.

Shango Tedum; cf. Religião: Afro-cubana

Sistema judiciário
  usado na África para "produzir" escravos 51

Soares, Mariza 23, 53

Sorgo 101

Suaíli; cf. Língua(s): Suaíli

Sudão 28, 107, 186, 193, 199
Sudeste da África 251, 267-271
Suécia 186
Suriname 198s., 217, 289

Tabaco 54, 58
  da Bahia 129
  da Virgínia 129, 247
Tacrur, reino do 31
Taifa 31
Talbot, Dr. 249
Tamayo, Blas 213
Tapeçarias 34
Tecidos 34, 53, 113, 117s., 161s., 188, 262
  do leste da Índia e britânicos 100s.
Tendirma 30
Ternero, Salvador 213
Texas 168
Thomas, Hugh 68
Thornton, John K. 49s., 253-256
Tintas
  anil 56s., 129
  madeira vermelha 121, 259s.
Togo 203
Toledo 31
Tomate 53
Trabalhadores contratados 15, 124, 268s., 280s.
Trabalho forçado 38, 56, 208
Tráfico
  atlântico de escravos
    impacto na África 40
    responsabilidade por 42s., 59
  ilegal de escravos 15, 68, 76s., 86s., 138s., 142, 144-149,
    161s., 168s., 171, 175s., 188, 191, 234s., 245s., 275-281, 285
Trans-Atlantic Slave Trade Database (The) 74s., 98s., 130-133,
  142s., 159s., 169-174, 197s., 215s., 232s., 267-269, 280s.

Transbordo de escravos nas Américas 65-67, 71s., 115s., 134-146, 156s., 163s., 168s., 197s., 238s., 244s., 267s., 275s., 288, 291
Transferências de tecnologia 32s., 129-134
Tribo
  como termo inapropriado 97s.
Trinidad 188, 241, 280
Tuí; cf. Língua(s): Tuí

Ualata 30
Uar-Jabe, rei do Tacrur 31
Universidade das Américas 32n. 7
Urânio 106
Uruguai 71, 129, 163, 281

Valência 84, 154
Vanony-Frisch, Nicole 240
Vansina, Jan 253, 265
Velha Calabar 223, 225, 232-234
Venezuela 159, 209
Veracruz 272s.
Verger, Pierre 218
Vestuário 166s., 182, 185
Viagens de tráfico de escravos
  duração das 155
  revoltas durante 73
  Vício
  na promoção do tráfico de escravos na África 54
Vila Vilar, Enriqueta 158-162
Vinho 54, 113
Virgínia 54, 129, 146s., 168, 172, 198s., 238, 243, 247
Vodu; cf. Religião: Vodu
Volta, Rio 100, 121, 186, 198s., 201s., 213s.

Walsh, Lorena S. 136, 172, 231, 237s.
Williams, Eric R. 58

Yai, Olabayi 215
Yarrow 101

Zaire, Rio; cf. Congo, Rio

Coleção África e os Africanos

– *No centro da etnia – Etnias, tribalismo e Estado na África*
Jean-Loup Amselle e Elikia M'Bokolo (orgs.)

– *Escravidão e etnias africanas nas Américas – Restaurando os elos*
Gwendolyn Midlo Hall

– *Atlas das escravidões – Da Antiguidade até nossos dias*
Marcel Dorigny e Bernard Gainot

– *Sair da grande noite – Ensaio sobre a África descolonizada*
Achille Mbembe

– *África Bantu – de 3500 a.C. até o presente*
Catherine Cymone Fourshey, Rhonda M. Gonzales e Christine Saidi

– *A invenção da África – Gnose, filosofia e a ordem do conhecimento*
V.Y. Mudimbe

– *O poder das culturas africanas*
Toyin Falola

– *A ideia de África*
V.Y. Mudimbe

– *A história da África*
Molefi Kete Asante

– *Religiões africanas – Uma brevíssima introdução*
Jacob K. Olupona

– *Mulheres africanas e feminismo – Reflexões sobre a política da sororidade*
Editado por Oyèrónké Oyěwùmí

– *A diáspora iorubá no mundo atlântico*
Toyin Falola, Matt D. Childs (orgs.)